AF900874

## E-Book inklusive

Mit folgendem Code können Sie die E-Book-Ausgabe dieses Buches als PDF downloaden:

| |
|---|
| 3wk90-c1wkq-yuwqf-bayr0-237q0 |

Registrieren Sie sich unter

**plus.hanser-fachbuch.de/ebookinklusive**

Das E-Book-PDF können Sie auf Ihrem Rechner*, Tablet-PC und E-Book-Reader nutzen.

* Systemvoraussetzungen: Internet-Verbindung und Adobe® Reader®

Bernd Klein, Philip Klein

**Funktionale Programmierung mit Python**

Bernd Klein, Philip Klein

# Funktionale Programmierung mit Python

HANSER

Die Autoren:
*Bernd Klein, Singen*
*Philip Klein, Freiburg*

MIX
Papier aus verantwortungsvollen Quellen
FSC® C016439

Print-ISBN: 978-3-446-48191-6
E-Book-ISBN: 978-3-446-48200-5
E-Pub-ISBN: 978-3-446-48379-8



Bibliografische Information der Deutschen Nationalbibliothek:
Die Deutsche Nationalbibliothek verzeichnet diese Publikation in der Deutschen Nationalbibliografie; detaillierte bibliografische Daten sind im Internet über http://dnb.d-nb.de abrufbar.



Aus Gründen der besseren Lesbarkeit wird auf die gleichzeitige Verwendung der Sprachformen männlich, weiblich und divers (m/w/d) verzichtet. Sämtliche Personenbezeichnungen gelten gleichermaßen für alle Geschlechter.


Kolbergerstraße 22 | 81679 München | info@hanser.de
*www.hanser-fachbuch.de*

Lektorat: Brigitte Bauer-Schiewek
Copy editing: Jürgen Dubau, Freiburg
Layout: die Autoren mit LaTeX
Herstellung: le-tex publishing services GmbH, Leipzig
Coverkonzept: Marc Müller-Bremer, www.rebranding.de, München
Covergestaltung: Thomas West
Titelmotiv: © vectorpouch / Shutterstock
Druck: CPI Books GmbH, Leck
Printed in Germany

# Inhalt


**Teil I Einleitung** ........ **1**

**1 Vorwort** ........ **3**

**2 Danksagung** ........ **5**

**3 Einleitung** ........ **7**

3.1 Einführung ........ 7

3.2 Zielsetzung des Buches ........ 7

3.3 Aufbau des Buches ........ 8

3.4 Leserschaft ........ 10

3.5 Zusätzliche Unterlagen ........ 10

**Teil II Python-Grundlagen unter funktionalen Aspekten** ........ **11**

**4 Variablen und Datentypen** ........ **13**

4.1 Variablen ........ 13

4.1.1 Gültige Variablennamen ........ 15

4.1.2 Konventionen für Variablennamen ........ 15

4.2 Übersicht Datenstrukturen ........ 16

4.2.1 Unveränderliche (immutable) Datentypen ........ 16

4.2.2 Veränderliche (mutable) Datentypen ........ 16

4.3 Datenstrukturen im Detail ........ 17

4.3.1 Integer ........ 17

4.3.2 Floats ........ 17

4.3.3 Zeichenketten oder Strings ... 18
4.3.4 Bytesequenz ... 20
4.3.5 Listen ... 21
4.3.6 Mengen ... 22
4.3.7 Dictionaries ... 23

**5 Kontrollstrukturen ... 25**
5.1 Sequenz ... 26
5.2 Bedingte Anweisungen ... 26
5.2.1 Vollständiges if ... 26
5.2.2 Ternäres if ... 28
5.3 Schleifen ... 29
5.3.1 while-Schleife ... 29
5.3.1.1 Allgemeine Arbeitsweise ... 29
5.3.1.2 while-Schleife mit else ... 30
5.3.2 while-Schleife als rekursive Funktion ... 31
5.3.3 Allgemeine while-Funktion ... 33
5.3.4 for-Schleife ... 34
5.3.5 for-Schleife in funktionaler Programmierung ... 36

**6 Das Modul collections ... 37**
6.1 Übersicht ... 37
6.2 `namedtuple` ... 38
6.3 `Deque` ... 41
6.4 `ChainMap` ... 42
6.5 `Counter` ... 44

**Teil III Funktionale Programmierung ... 47**

**7 Begriffsbestimmung ... 49**
7.1 Einführung ... 49
7.2 Verschiedene Programmierparadigmen ... 50
7.3 Funktionale Programmierung ... 50

**8 Funktionen ... 53**
8.1 Einleitung ... 53
8.2 Funktionen ... 53
8.2.1 Einfache Funktionen ... 53

8.2.2 Typehints ..... 55
8.2.2.1 Einführende Beispiele ..... 55
8.2.2.2 Typehints mit mypy ..... 56
8.2.3 Default-Parameter und Schlüsselwortparameter ..... 57
8.2.4 Weitere Typehints ..... 57
8.2.5 Lokale Funktionen ..... 58
8.2.6 Globale und lokale Variablen in Funktionen ..... 59
8.2.7 Gültigkeit von Variablen in verschachtelten Funktionen ..... 60
8.3 Dataclasses und Pattern Matching ..... 63
8.3.1 Dataclasses ..... 63
8.3.1.1 Standardargumente und Fabrikfunktionen ..... 64
8.3.1.2 Unterschiede zum namedtuple ..... 66
8.3.2 Pattern Matching ..... 69
8.3.2.1 Einführung ..... 69
8.3.2.2 Binärbäume mit Pattern Matching durchlaufen ..... 69
8.4 Aufgaben ..... 70
8.5 lambda ..... 71
8.5.1 lambda mit sorted ..... 73
8.6 Aufgaben ..... 74
8.7 Rekursive Funktionen ..... 75
8.7.1 Einführung ..... 75
8.7.2 Definition der Rekursion ..... 76
8.7.3 Iterative Lösung im Vergleich zur rekursiven Lösung ..... 77
8.7.4 Kategorien der Rekursion ..... 77
8.7.4.1 Lineare Rekursion ..... 78
8.7.4.2 Gegenseitige/Wechselseitige Rekursion ..... 79
8.7.4.3 Baumartige Rekursion ..... 80
8.7.4.4 Endrekursion ..... 85
8.8 Aufgaben ..... 85
8.9 Funktionen als Erste-Klasse-Objekte ..... 87
8.9.1 Definition ..... 87
8.9.2 Zuweisung an Variable ..... 88
8.9.3 Funktionen in Datenstrukturen ..... 89
8.9.4 Funktionen als Argumente ..... 92
8.9.5 Funktionen innerhalb von Funktionen ..... 93
8.9.5.1 Kapselung und Verbergen ..... 93
8.9.5.2 Fabrikfunktionen ..... 95
8.10 Aufgaben ..... 98

**9 Dekoratoren** ..... **99**
9.1 Einführung Dekoratoren ..... 99
9.2 Ein einfacher Dekorator ..... 100
9.3 @-Syntax für Dekoratoren ..... 101
9.4 Dekoratoren für beliebige Signaturen ..... 102
9.5 Anwendungsfälle für Dekoratoren ..... 103
9.5.1 Erweiterung von Funktionen ..... 104
9.5.2 Logging-Dekorator ..... 105
9.5.3 Authentifizierung und Autorisierung ..... 106
9.5.4 Validierung: Überprüfung von Argumenten ..... 107
9.5.5 Profiling: Funktionsaufrufe mit einem Dekorator zählen ..... 108
9.6 Dekoratoren mit Parametern ..... 109
9.6.1 Einführendes Beispiel ..... 109
9.6.2 Weiteres Beispiel ..... 110
9.7 Benutzung von Wraps aus functools ..... 112
9.8 Mehrfache Dekoration einer Funktion ..... 114
9.8.1 Veranschaulichung ..... 114
9.8.2 Python-Beispiel ..... 115
9.8.3 Praktisches Beispiel einer Mehrfachdekoration ..... 116
9.9 Eine Klasse als Dekorator benutzen ..... 119
9.10 Klassendekoration ..... 120
9.11 Dekorator-Aufgaben ..... 123

**10 Memoisation** ..... **125**
10.1 Bedeutung und Herkunft des Begriffs ..... 125
10.2 Memoisation mit Dekoratorfunktionen ..... 126
10.3 Memoisation mit einer Klasse ..... 129
10.4 Memoisation mit functools.lru_cache ..... 129
10.5 Aufgaben zur Memoisation ..... 131

**11 Closures** ..... **133**
11.1 Einleitung ..... 133
11.1.1 Definition ..... 134
11.1.2 Praktische Anwendungen von Closures ..... 136
11.2 Aufgaben ..... 136

**12 Komposition von Funktionen** ... **137**
12.1 Einführung ... 137
12.2 Funktionskomposition in Python ... 138
12.3 Komposition mit beliebiger Argumentenzahl ... 140
12.4 Komposition einer beliebigen Anzahl von Funktionen ... 141
12.5 Aufgaben ... 142

**13 Currying in Python** ... **143**
13.1 Einführung ... 143
13.1.1 Zugrundeliegende Idee ... 143
13.1.2 Herkunft des Names ... 144
13.2 Currying von Funktionen ... 144
13.2.1 Definition und Beispiel ... 144
13.2.2 BMI als Beispiel ... 145
13.2.3 BMI als Beispiel ... 145
13.3 Benutzung von partial ... 146
13.4 Praktisches Beispiel für Currying: E-Mail-Vorlagen ... 146
13.5 Dekorator für Currying ... 148
13.6 Weitere Beispiele ... 150
13.6.1 Arithmetische Operatoren ... 150
13.6.2 Beispiel aus der Finanzwelt ... 151
13.6.3 Currying zur Listenfilterung ... 154
13.7 Currying-Funktion mit einer beliebigen Anzahl von Parametern ... 154
13.8 Aufgaben ... 157

**14 Funktionale Emulation von OOP-Konzepten** ... **159**
14.1 Einführung ... 159
14.2 Imitation einer Klasse durch eine Funktion ... 160
14.2.1 Erstes Beispiel: Geradengenerierung ... 160
14.2.2 Private Attribute ... 161
14.2.3 Klasse mit Gettern und Settern als Funktion ... 162
14.2.4 Nachahmung von Vererbung ... 165
14.2.5 Überlagern von Funktionen ... 169
14.3 Aufgaben ... 171

**15 Generatoren und Iteratoren** ........ **175**
15.1 Definitionen ........ 175
15.2 Einführung ........ 175
15.2.1 Iterierbar ........ 176
15.2.2 Iterator und Arbeitsweise der for-Schleife ........ 176
15.3 Eigenen Iterator erzeugen ........ 179
15.3.1 Beispiel einer Iteratorklasse ........ 179
15.4 Generatoren und Generatorfunktionen ........ 180
15.4.1 Unendliche Generatoren ........ 184
15.5 Endlos-Generatoren zähmen mit firstn und islice ........ 185
15.6 Beispiele aus der Kombinatorik ........ 188
15.6.1 Permutationen ........ 188
15.6.2 Variationen und Kombinationen ........ 189
15.7 Generator-Ausdrücke ........ 191
15.8 yield from ........ 192
15.9 return-Anweisungen in Generatoren ........ 193
15.10 send-Methode ........ 196
15.10.1 Arbeitsweise ........ 196
15.10.2 Umprogrammierung mittels send ........ 198
15.10.3 Radio-Beispiel mit send ........ 199
15.11 Die close-Methode ........ 201
15.12 Die throw-Methode ........ 202
15.13 Dekoration von Generatoren ........ 206
15.14 Aufgaben ........ 207

**16 Iteratoren der Standardbibliothek** ........ **211**
16.1 Einführung ........ 211
16.2 Wichtige Iteratoren und iteratorähnliche Funktionen in der Python-Standardbibliothek ........ 212
16.3 `enumerate` ........ 212
16.4 map, filter und reduce ........ 214
16.4.1 map ........ 214
16.4.2 Filtern von sequentiellen Datentypen mittels „filter“ ........ 215
16.4.3 reduce ........ 216
16.4.4 Zusammenspiel von map, filter und reduce ........ 218
16.5 Listen-Abstraktion ........ 218
16.5.1 Alternative zu map und filter ........ 218
16.5.2 Syntax ........ 219

16.5.3 Weitere Beispiele ... 220
16.5.4 Die zugrunde liegende Idee ... 220
16.5.5 Anspruchsvolleres Beispiel ... 221
16.5.6 Mengen-Abstraktion ... 222
16.5.7 Generatoren-Abstraktion ... 222
16.5.8 map und filter oder Listen-Abstraktion ... 223
16.5.9 Dict-Komprehension in Python ... 223
16.6 reversed ... 224
16.7 Die zip-Funktion ... 224
16.8 zip in Kombination mit map und filter ... 226
16.9 Aufgaben ... 227

**17 Das Modul itertools ... 229**
17.1 Übersicht ... 229
17.2 Unendliche Iteratoren ... 230
17.2.1 itertools.count ... 231
17.2.1.1 Beispiel: Teilbarkeit ... 232
17.2.1.2 Beispiel: Quadratpolynome ... 232
17.2.1.3 Beispiel: Bestellungsmanager ... 233
17.2.2 chain und chain.from_iterable ... 234
17.2.3 cycle ... 237
17.2.4 tee ... 237
17.2.4.1 Effiziente Implementierung von cycle ... 238
17.2.4.2 Beispiel: Aufgaben und Mitarbeiter ... 239
17.2.5 repeat ... 240
17.3 Iteratoren über endliche Sequenzen ... 240
17.3.1 slice und islice ... 241
17.3.1.1 slice ... 241
17.3.1.2 islice ... 241
17.3.1.3 slice und islice im Vergleich ... 243
17.3.2 accumulate ... 244
17.3.2.1 Praktisches Börsenbeispiel ... 244
17.3.3 compress ... 246
17.3.3.1 Einführung ... 246
17.3.3.2 Umfangreiches Beispiel ... 247
17.3.4 dropwhile ... 248
17.3.5 takewhile ... 249
17.3.6 filterfalse ... 251

17.3.7 groupby ... 252
17.3.8 pairwise ... 254
17.3.9 n_grams und map_n ... 256
17.3.10 zip_longest ... 258
17.3.11 starmap ... 258
17.4 Kombinatorische Generatoren ... 260
17.4.1 product ... 260
17.4.2 permutations ... 262
17.4.3 combinations ... 265
17.4.3.1 Arbeitsweise ... 265
17.4.3.2 Beispiel: Speisekartengenerierung ... 265
17.4.3.3 Beispiel: Benachbarte Kantengraphen ... 268
17.4.4 combinations_with_replacement ... 269
17.4.5 Umfangreiches praktisches Beispiel: csv-Datei lesen ... 270
17.5 Aufgaben ... 274

**Teil IV Lösungen zu den Aufgaben ... 279**

**18 Lösungen zu den Aufgaben ... 281**
18.1 Lösungen zu Abschnitt 8.9 (Funktionen als Erste-Klasse-Objekte) ... 281
18.2 Lösungen zu Abschnitt 8.3 (Dataclasses und Pattern Matching) ... 283
18.3 Lösungen zu Abschnitt 8.5 (lambda) ... 284
18.4 Lösungen zu Abschnitt 8.7 (Rekursive Funktionen) ... 285
18.5 Lösungen zu Abschnitt 8.9 (Funktionen als Erste-Klasse-Objekte) ... 289
18.6 Lösungen zu Kapitel 9 (Dekoratoren) ... 290
18.7 Lösungen zu Kapitel 10 (Memoisation) ... 298
18.8 Lösungen zu Kapitel 11 (Closures) ... 303
18.9 Lösungen zu Kapitel 16 (Iteratoren der Standardbibliothek) ... 304
18.10 Lösungen zu Abschnitt 16.5 (Listen-Abstraktion) ... 306
18.11 Lösungen zu Kapitel 15 (Generatoren und Iteratoren) ... 308
18.12 Lösungen zu Kapitel 17 (Das Modul itertools) ... 316
18.13 Lösungen zu Kapitel 12 (Komposition von Funktionen) ... 331
18.14 Lösungen zu Kapitel 13 (Currying in Python) ... 334
18.15 Lösungen zu Kapitel 14 (Funktionale Emulation von OOP-Konzepten) ... 335

**Stichwortverzeichnis ... 341**

# TEIL I

## Einleitung

# 1 Vorwort

Willkommen zu unserem Buch über funktionale Programmierung in Python. In einer Welt, die zunehmend von datengetriebenen Entscheidungen und komplexen Systemen geprägt ist, wird die Fähigkeit immer wichtiger, robuste und elegante Software zu entwickeln. Dieses Buch bietet eine fundierte Einführung in die funktionale Programmierung unter Python, ein Paradigma, das eine andere Herangehensweise an das Programmieren bietet und helfen kann, Probleme auf eine klarere und effizientere Weise zu lösen.

Obwohl Python keine rein funktionale Sprache ist, bietet sie eine Vielzahl von funktionalen Werkzeugen und Konzepten, die es wert sind, erkundet zu werden. Dieses Buch ist darauf ausgelegt, die Prinzipien und die Möglichkeiten der funktionalen Programmierung unter Python aufzuzeigen und zu demonstrieren, wie man diese Prinzipien effektiv in der Praxis anwenden kann. Neben theoretischen Erklärungen legen wir großen Wert auf praktische Anwendungen, um das Gelernte direkt umzusetzen. Jedes Kapitel enthält praktische Beispiele und Aufgaben, um die erlernten Fähigkeiten weiterzuentwickeln und die Kenntnisse zu vertiefen.

Dieses Buch richtet sich sowohl an erfahrene Programmierer aus anderen Programmiersprachen, die ihre Kenntnisse in Python und funktionaler Programmierung erweitern möchten, als auch an Anfänger mit geringen Kenntnissen in Python, die ein neues Paradigma kennenlernen wollen.

Viel Erfolg und Freude beim Lesen des Buches und beim Ausprobieren der zahlreichen Beispiele und Aufgaben!

# 2 Danksagung

Ein Buch entsteht über einen langen Zeitraum und ist das Ergebnis der gemeinsamen Anstrengung vieler engagierter Menschen. Neben den Autoren, die den wesentlichen Beitrag leisten, sind auch zahlreiche andere Personen direkt oder indirekt an der Entstehung beteiligt. Unser besonderer Dank gilt Karola und Melisa, die die zusätzliche Belastung mit großem Verständnis und Geduld getragen haben.

Ein solches Werk wäre ohne die Unterstützung eines gut funktionierenden und anerkannten Verlages nicht möglich. Deshalb möchten wir uns herzlich beim Hanser Verlag bedanken, der uns die Gelegenheit gegeben hat, dieses Buch zu veröffentlichen. Unser besonderer Dank gilt Frau Brigitte Bauer-Schiewek und Frau Kristin Rothe für ihre kontinuierliche und hervorragende Unterstützung sowie ihr unermüdliches Engagement, das dieses Projekt maßgeblich vorangebracht hat.

Ein weiterer Dank gilt den zahlreichen Teilnehmerinnen und Teilnehmern unserer Python-Kurse, deren Fragen, Anregungen und Rückmeldungen uns geholfen haben, unsere didaktischen und fachlichen Fähigkeiten stetig weiterzuentwickeln – Fähigkeiten, die beim Verfassen dieses Buches von unschätzbarem Wert waren. Ein besonderer Dank geht zudem an die Besucherinnen und Besucher unserer Online-Tutorials auf *www.python-kurs.eu* und *www.python-course.eu*, insbesondere an diejenigen, die uns durch konstruktive Anmerkungen und wertvolles Feedback unterstützt haben.

Wir möchten auch Herrn Jürgen Dubau für das hervorragende Lektorat danken, das wesentlich zur sprachlichen Klarheit und Präzision dieses Werkes beigetragen hat. Ebenso gebührt unser Dank Herrn Stephan Korell und Frau Irene Weilhart für ihre wertvolle Unterstützung bei der Umsetzung in LaTeX. Ihre Expertise und Sorgfalt haben die technische Umsetzung dieses Buches erheblich erleichtert.

Abschließend möchten wir all jenen danken, die durch ihre kritischen Anmerkungen, ihr Lob und ihre Unterstützung dazu beigetragen haben, dass dieses Buch in seiner jetzigen Form entstehen konnte. Ihre Beiträge sind für uns von unschätzbarem Wert.

Bernd Klein, Singen
Philip Klein, Freiburg

*August 2024*

# 3 Einleitung

## 3.1 Einführung

Dieses Buch widmet sich einem speziellen und faszinierenden Aspekt der Programmierung mit Python: der funktionalen Programmierung. Während Python vor allem für seine Einfachheit und Vielseitigkeit bekannt ist, bietet es auch mächtige Werkzeuge und Paradigmen, die es ermöglichen, Probleme auf eine neue und elegante Weise zu lösen. Eines dieser Paradigmen ist die funktionale Programmierung.

Funktionale Programmierung ist ein Programmierparadigma, das darauf abzielt, Berechnungen als Auswertung mathematischer Funktionen zu behandeln und Zustandsveränderungen zu vermeiden. Dies steht im Gegensatz zum imperativen Paradigma, das den Schwerpunkt auf die Ausführung von Befehlen und die Manipulation von Zuständen legt. Durch die Anwendung der Prinzipien der funktionalen Programmierung können Programme oft klarer, kompakter und weniger fehleranfällig gestaltet werden.

## 3.2 Zielsetzung des Buches

Dieses Buch ist nicht als umfassende und systematische Einführung in die funktionale Programmierung konzipiert. Der Grund dafür liegt darin, dass Python keine rein funktionale Programmiersprache ist, sondern eine vielseitige Sprache, die sowohl imperative als auch objektorientierte Paradigmen unterstützt. Obwohl Python viele funktionale Prinzipien integriert, bietet es oft Kompromisse zugunsten dieser anderen Paradigmen. Der Schwerpunkt dieses Buches liegt daher auf den Bereichen der funktionalen Programmierung, in denen Python besonders stark ist. Dies wird durch zahlreiche praktische Anwendungen und anschauliche Beispiele verdeutlicht. Jedes Kapitel endet mit einer Reihe von Aufgaben, die das Gelernte vertiefen und erweitern. Zu allen Aufgaben werden ausführliche Lösungen bereitgestellt, um das Verständnis zu fördern und die Lernziele zu erreichen.

## 3.3 Aufbau des Buches

Das Buch besteht aus zwei Hauptteilen:

1. Python-Grundlagen unter funktionalen Aspekten
2. Funktionale Programmierung

Im ersten Teil des Buches befassen wir uns mit den grundlegenden Datenstrukturen von Python wie Integer, Gleitkommazahlen, Strings, Listen, Tupel und Dictionaries. Darüber hinaus behandeln wir die Kontrollstrukturen, darunter bedingte Anweisungen und Schleifen, wobei wir dabei auf die Besonderheiten im Vergleich zur funktionalen Programmierung bereits ein wenig eingehen.

Das Modul `collections` in Python ist wichtig, weil es erweiterte Datenstrukturen wie `deque`, `defaultdict`, `Counter` und `namedtuple` bietet, die über die Standard-Datenstrukturen hinausgehen und häufige Programmieraufgaben erleichtern. Diese spezialisierten Container ermöglichen effizientere und lesbarere Lösungen für komplexe Aufgabenstellungen. In der funktionalen Programmierung erleichtert das Modul `collections` die Arbeit mit unveränderlichen und strukturierten Daten, indem es z. B. `namedtuple` bereitstellt, um benannte und unveränderliche Datentypen zu erstellen. Außerdem bietet `Counter` eine praktische Möglichkeit, Daten zu aggregieren und zu zählen, was funktionale Techniken wie Map- und Reduce-Operationen unterstützen kann.

Da die funktionale Programmierung bei all diesen Themen nicht im Vordergrund steht, haben wir sie in diesem ersten Teil des Buches zusammengefasst. Dieser Abschnitt richtet sich insbesondere an Personen, die bereits über Programmiererfahrung verfügen, jedoch noch keine Vorkenntnisse in Python besitzen.

Im zweiten Teil geht es dann um die funktionalen Aspekte. Zunächst bemühen wir uns um eine Begriffsbestimmung des funktionalen Programmierstils und einer Abgrenzung zu anderen Programmierparadigmen in Kapitel 7 (Begriffsbestimmung). Das folgende Kapitel 8 (Funktionen) widmet sich ganz den Funktionen: beginnend bei einfachen Funktionen, lambda-Funktionen und rekursiven Funktionen bis hin zum Prinzip der First-Class-Funktionen. Dann sind wir bereit für das Thema Dekoratoren in Kapitel 9 (Dekoratoren). Dekoratorfunktionen in Python ermöglichen es, das Verhalten von Funktionen oder Methoden modular und wiederverwendbar zu erweitern oder zu modifizieren, ohne den ursprünglichen Code zu verändern. In diesem Kapitel finden sich viele interessante Anwendungen für Dekoratoren in Form von Beispielen und Aufgaben. Einer der faszinierendsten Anwendungen, nämlich der Memoisation, ist ein eigenes Kapitel 10 (Memoisation) gewidmet.

Die Komposition von Funktionen ist in der funktionalen Programmierung von großer Bedeutung, da sie hilft, sauberen, wartbaren und flexiblen Code zu schreiben. Sie fördert die Modularität, Lesbarkeit und Wiederverwendbarkeit von Funktionen, unterstützt die Vermeidung von Seiteneffekten und ermöglicht eine höhere Abstraktionsebene, die die Entwicklung komplexer Systeme vereinfacht. Dieses Thema behandeln wir deshalb auch in einem eigenen Kapitel 12 (Komposition von Funktionen).

Mit dem Thema „Currying“ beschäftigen wir uns in Kapitel 13 (Currying in Python). Dabei handelt es sich um ein zentrales Konzept der funktionalen Programmierung, das die

Umwandlung von Funktionen mit mehreren Argumenten in eine Serie von Funktionen mit jeweils einem Argument ermöglicht. Dies verbessert die Modularität und Wiederverwendbarkeit des Codes. In Python unterstützt Currying elegante und flexible Code-Strukturen, die den Prinzipien der funktionalen Programmierung entsprechen.

Funktionale Programmierung und objektorientierte Programmierung sind mächtige, aber unterschiedliche Paradigmen. In Kapitel 14 (Funktionale Emulation von OOP-Konzepten) zeigen wir, dass es sich nicht um unvereinbare oder gegensätzliche Paradigmen handelt. Wir zeigen, wie wir Klassendefinitionen in der funktionalen Programmierung durch First-Class-Funktionen unter Wahrung der objektorientierten Ziele realisieren können. Zudem demonstrieren wir, dass sich selbst objektorientierte Konzepte wie Vererbung funktional emulieren lassen.

Iteratoren und Generatoren sind in Python von großer Bedeutung, da sie eine effiziente Speicherverwaltung ermöglichen. Anstatt Daten vollständig auf einmal zu laden, erzeugen und verarbeiten sie diese bei Bedarf. Dies führt zu einer verbesserten Leistung und Skalierbarkeit von Programmen, insbesondere bei der Verarbeitung großer Datenmengen oder endloser Sequenzen. Deshalb haben wir dieser Thematik gleich drei Kapitel gewidmet. In Kapitel 15 (Generatoren und Iteratoren) zeigen wir, wie man mit Generatorfunktionen Iteratoren erzeugt, die Werte schrittweise mit dem Schlüsselwort `yield` zurückgeben, wodurch sie speichereffizient große Datenmengen oder unendliche Sequenzen verarbeiten können. In Kapitel 16 (Iteratoren der Standardbibliothek) lernen wir dann wichtige Iteratoren wie `zip`, `enumerate`, `map`, `filter`, `reduce`, der Standardbibliothek kennen. In den Beispielen demonstrieren wir, wie man mit ihrer Hilfe effizienteren Code schreiben kann. Das effizientere Laufzeitverhalten bei der Verwendung von Iteratoren und Generatoren kann allgemein dadurch erklärt werden, dass sie Daten „on-the-fly" erzeugen, anstatt ganze Listen oder andere Datenstrukturen im Speicher zu halten.

Besonders intensiv gehen wir in Kapitel 17 (Das Modul itertools) auf das Modul `itertools` ein, da es im Zusammenhang mit funktionaler Programmierung von besonderer Wichtigkeit ist, weil es eine Sammlung von effizienten, speichersparenden Iteratoren zur Verfügung stellt, die sich ideal für funktionale Programmierparadigmen eignen. Diese Werkzeuge ermöglichen es, komplexe Iterationen und Kombinationen von Daten in einem deklarativen Stil auszudrücken, ohne explizit Schleifen oder temporäre Datenstrukturen zu verwenden. Dies führt zu sauberem, lesbarem und wartbarem Code, der die Prinzipien der funktionalen Programmierung wie Unveränderlichkeit und First-Class-Funktionen unterstützt.

Die `itertools`-Bibliothek in Python bietet vielseitige Funktionen für die Arbeit mit Iterationen. Zu den wichtigsten gehören unendliche Iteratoren wie `count`, `cycle` und `repeat`, die unendlich lange Sequenzen erzeugen. Endliche Kombinations- und Permutations-Iteratoren wie `chain`, `product`, `permutations` und `combinations` ermöglichen die Erzeugung komplexer Kombinationen und Anordnungen von Daten. Zudem bietet `itertools` leistungsfähige Filter- und Mapping-Tools wie `starmap`, `takewhile`, `dropwhile` und `accumulate`, die es ermöglichen, Sequenzen nach bestimmten Kriterien zu filtern und zu transformieren. Insgesamt erleichtert `itertools` die effiziente und speicherschonende Verarbeitung von Daten.

## 3.4 Leserschaft

Auch wenn wir im Buch extra einen Abschnitt zu den Grundlagen von Python aufgenommen haben, wäre es dennoch hilfreich, bereits etwas Programmiererfahrung mit Python zu besitzen. Ansonsten richtet sich dieses Buch an Personen mit Programmiererfahrung in Sprachen wie C, C++, C#, JavaScript oder Java, die die funktionale Denkweise und die Programmierung in Python erlernen möchten. Es vermittelt sowohl das notwendige theoretische Wissen als auch praktische Fähigkeiten, um die Prinzipien der funktionalen Programmierung erfolgreich in der Praxis anzuwenden.

Letztlich ist es jedoch immer eine individuelle Entscheidung, ob ein Buch für jemanden geeignet ist oder nicht. Kein Buch kann für jeden „ideal" sein. Wir sind jedoch überzeugt, dass dieses Buch für viele Programmierende und Studierende neue Perspektiven eröffnen und ihren Programmierhorizont erheblich erweitern kann.

## 3.5 Zusätzliche Unterlagen

Auf unserer Webseite *https://python-kurs.eu/funktional* stellen wir die Beispiele und Lösungen als Jupyter-Notebooks zur Verfügung. Denn was nutzt das beste Buch, wenn man den Code der Programme nicht zur Verfügung hat und mühsam eintippen muss, um Beispiele und Aufgaben nachvollziehen zu können? Deshalb haben wir uns entschieden, Jupyter-Notebooks mit Programmcode online zur Verfügung zu stellen.

# TEIL II

## Python-Grundlagen unter funktionalen Aspekten

# 4 Variablen und Datentypen

Auch erfahrenen Programmierenden anderer Programmiersprachen empfehlen wir, dieses Kapitel keinesfalls zu überspringen. Selbst bei Python-Programmierenden gibt es leider immer wieder falsche Vorstellungen bezüglich der Implementierung von Variablen in Python, was dann in manchen Kontexten immer wieder zu Verwirrungen, Verständnisproblemen und in vielen Fällen sogar Fehlern führt.

## 4.1 Variablen

Es bestehen signifikante Unterschiede zwischen Python und anderen Programmiersprachen hinsichtlich der Behandlung von Variablen. In Python sind Variablen lediglich und ohne Ausnahme Referenzen zu Objekten und keine festen Speicherplätze wie in vielen anderen Programmiersprachen. Eine Variable in Python ist ein Bezeichner, der auf ein Objekt verweist. Anders als in den meisten Programmiersprachen ist weder ein Speicherplatz noch ein Datentyp einer Variablen fest zugewiesen. Variablen ist also kein Datentyp zugeordnet. Sie können während des Programmlaufes verschiedene Objekte mit verschiedenen Datentypen referenzieren.

Schauen wir uns dies an einem konkreten Beispiel an. Im Folgenden weisen wir einer Variablen x einen Integer-Wert 42 zu. Genau genommen müsste man sagen, dass wir ein Integer-Objekt „42" erzeugen und es mit dem Namen x referenzieren.

**Bild 4.1** Variable, eine Referenz auf ein Objekt

Besonders interessant wird es, wenn wir nun die Zuweisung `y = x` ausführen. Wie in Bild 4.2 gezeigt, referenzieren beide Variablen nun dasselbe Objekt.

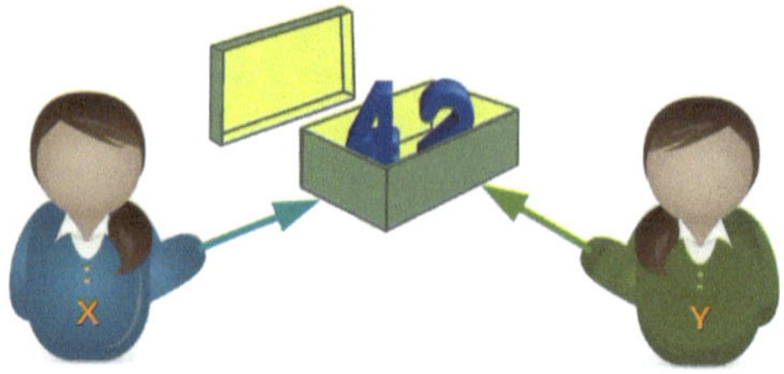


**Bild 4.2** Zwei Variablen referenzieren dasselbe Objekt.

Wir können dies mithilfe der Identitätsfunktion `id` beweisen. Dies ist eine Funktion, die für eine Variable die Identität des referenzierten Objektes zurückgibt. Die Identität ist ein eindeutiger Bezeichner für ein Objekt, die in den meisten Python-Implementierungen der Speicheradresse des Objektes entspricht. Erhält man für zwei Variablennamen die gleiche Identität, so weiß man, dass sie das gleiche Objekt referenzieren.

```
x = 42
y = x
print(id(x) == id(y))
```

Ausgabe:

```
True
```

Im folgenden Code benutzen wir eine Variable `i`. Auch in der Zuweisung `i = i + 1` ebenso wie `i += 1` wird immer ein neues Integerobjekt erzeugt, da Integerobjekte unveränderlich sind. Unveränderliche Objekte sind natürlich im Sinne der funktionalen Programmierung. Aus der Sicht der Variablenreferenz: Zunächst referenziert `i` ein Integerobjekt welches `42` enthält. Bei der Ausführung des Codes `i = i + 1` wird ein neues Integerobjekt `43` erzeugt, und `i` zeigt dann auf dieses. Das alte Objekt `42` wird automatisch entsorgt, wenn es von keiner anderen Variablen referenziert wird.

```
i = 42
print(f'{id(i)=}')
i = i + 1
print(f'{id(i)=}')
i += 1
print(f'{id(i)=}')
```

An den drei verschiedenen Werten für die `id`-Funktion in der Ausgabe können wir erkennen, dass jeweils ein neues Objekt erzeugt worden ist.

Ausgabe:

```
id(i)=140633329536592
id(i)=140633329536624
id(i)=140633329536656
```

**Wichtige funktionale Aspekte:** Beim Einsatz von Referenzen in funktionalen Programmiersprachen besteht die Gefahr unerwarteter Seiteneffekte, insbesondere wenn veränderliche Zustände (mutable states) über diese Referenzen manipuliert werden. Dies widerspricht dem Prinzip der Unveränderlichkeit (immutability) und kann die Verständlichkeit sowie die Wartbarkeit des Codes beeinträchtigen. Diese Problematik betrifft natürlich auch andere, nicht-funktionale Programmiersprachen.

### 4.1.1 Gültige Variablennamen

Variablennamen müssen mit einem Buchstaben oder Unterstrich „_“ beginnen. Die folgenden Zeichen dürfen sich aus einer beliebigen Folge von Buchstaben, Ziffern und dem Unterstrich zusammensetzen. Variablennamen sind case sensitive.[1] Dies bedeutet, dass Python zwischen Groß- und Kleinschreibung unterscheidet:

```
# Gültige Variablennamen
name = "Max"
alter = 25
ist_student = True
durchschnitts_note = 2.3
liste_von_zahlen = [1, 2, 3, 4, 5]
meine_funktion = lambda x: x * 2
MAX_WERT = 1000
gesamt_verkauf_2023 = 500000.0
```

Zu den gültigen Buchstaben gehören aber nicht nur „lateinische“ Buchstaben, sondern auch alle anderen Unicode-Buchstaben wie beispielsweise kyrillische, griechische usw.

### 4.1.2 Konventionen für Variablennamen

Man bevorzugt in der Python-Community Kleinschreibung bei Variablennamen, z. B. `minimum` statt `Minimum`. Außerdem werden Variablennamen, die aus mehreren Wörtern bestehen, mittels Unterstrich (_) separiert, also beispielsweise `minimale_breite`. Variablennamen mit Binnenversalien – bei Programmierenden besser als „camel case“ oder „CamelCase“ bekannt – sind in der Python-Welt nicht beliebt: `MinimaleBreite` oder `minimaleBreite`.

Ansonsten zeichnet sich ein guter Programmierstil dadurch aus, dass man möglichst sprechende Variablennamen verwendet. Also beispielsweise `aktueller_kontostand` oder `maximale_beschleunigung` statt nichtssagender Namen wie `ak` oder `mb`.

Wie wir in den vorigen Beispielen gesehen haben sind Typdeklaration nicht erforderlich. Sie sind sogar nicht möglich. Python kennt keine Typdeklarationen.[2]

Auch wenn den Variablennamen keine Typen zugeordnet sind, so entspricht jedes in Python definierte Objekt einem Typ oder genauer gesagt der Instanz einer Klasse.

1 Für diesen Begriff gibt es keine schöne deutsche Übersetzung, im Prinzip müssten wir sagen „groß-/kleinschreibungsabhängig“.

2 Typehints und Type Annotations sind zwar ein ähnliches Konzept, aber sie werden von Python wie Kommentare betrachtet.

## 4.2 Übersicht Datenstrukturen

In Python kann man die Grunddatentypen in unveränderliche (engl. immutable) und veränderliche (engl. mutable) untergliedern. Dies ist besonders im Hinblick auf funktionale Programmierung wichtig. In der funktionalen Programmierung werden unveränderliche Datentypen oft bevorzugt, da sie viele Vorteile bieten wie z. B. eine einfachere Handhabung von parallelen Threads, eine bessere Referenztransparenz und einfachere Debugging- und Testmöglichkeiten. Veränderliche Datentypen können jedoch in bestimmten Situationen effizienter sein, insbesondere wenn große Datenmengen manipuliert werden müssen. Es ist wichtig, die Vor- und Nachteile jeder Art von Datenstruktur zu verstehen und sie entsprechend den Anforderungen und Zielen des Programms auszuwählen.

### 4.2.1 Unveränderliche (immutable) Datentypen

1. Integer
2. Float
3. String
4. Bytesequenz

### 4.2.2 Veränderliche (mutable) Datentypen

1. **Listen (`list`):**
   - Eine Liste repräsentiert eine geordnete Sammlung von Elementen.
   - Beispiele: `[1, 2, 3]`, `['a', 'b', 'c']`, `[]`.
   - Veränderlich: Die Elemente einer Liste können nach ihrer Erstellung geändert, hinzugefügt oder entfernt werden.
2. **Dictionary (`dict`):**
   - Ein Dictionary repräsentiert eine Sammlung von Schlüssel-Wert-Paaren.
   - Beispiele: `{'name': 'John', 'age': 30}`, `{1: 'one', 2: 'two'}`, `{}`.
   - Veränderlich: Die Schlüssel und Werte eines Dictionaries können nach ihrer Erstellung geändert, hinzugefügt oder entfernt werden.
3. **Mengen (`set`):**
   - Eine Menge repräsentiert eine Sammlung eindeutiger Elemente.
   - Beispiele: `{1, 2, 3}`, `{'a', 'b', 'c'}`, `set()`.
   - Veränderlich: Die Elemente eines Sets können nach ihrer Erstellung hinzugefügt oder entfernt werden.

# 4.3 Datenstrukturen im Detail

## 4.3.1 Integer

Integers sind in der Mathematik als ganze Zahlen bekannt:

```
..., -3, -2, -1, 0, 1, 2, 3, ...
```

Das heißt, die Zahlen reichen von minus unendlich bis unendlich. Selbstverständlich können wir „unendlich" in „int" nicht darstellen, aber die Zahlen in Python können extrem groß bzw. extrem klein werden.

In Python sind Ganzzahlen (Integers) nicht durch eine feste Anzahl von Bits begrenzt, wie es beispielsweise bei anderen Programmiersprachen der Fall ist. Stattdessen kann eine Ganzzahl in Python so groß sein, wie es der verfügbare Speicherplatz im System erlaubt.

Das bedeutet, dass Python-Ganzzahlen dynamisch an die Größe des benötigten Speicherplatzes angepasst werden können. Daher kann man in Python extrem große Zahlen ohne explizite Deklaration von Datentypen verwenden. Dies macht Python besonders flexibel und einfach zu verwenden, wenn es um numerische Berechnungen mit großen Zahlen geht.

```
x = 42 ** 42
print(x)
```

Dies liefert folgende Zahl:

```
150130937545296572356771972164254457814047970568738777235893533016064
```

## 4.3.2 Floats

Floats in Python sind Datentypen, die verwendet werden, um Gleitkommazahlen darzustellen. Sie ermöglichen die Darstellung von Dezimalzahlen sowie sehr großer oder sehr kleiner Zahlen mit hoher Genauigkeit.

Hier ist ein einfaches Beispiel, wie Floats in Python verwendet werden können:

```
x = 3.141592
y = 1.23e-5
z = 2.5e6
```

In diesem Beispiel werden die Variablen `x`, `y` und `z` als Floats initialisiert. `x` repräsentiert die Dezimalzahl `3.141592`, `y`, repräsentiert die wissenschaftliche Notation `1.23e-5` (entspricht $1.23 \times 10^{-5}$), und `z` repräsentiert die Zahl `2.5e6` (entspricht $2.5 \times 10^{6}$).

Floats bieten eine hohe Genauigkeit, aber aufgrund von Rundungsfehlern können sie manchmal unerwartetes Verhalten aufweisen, insbesondere bei Berechnungen mit sehr kleinen oder sehr großen Zahlen.

### 4.3.3 Zeichenketten oder Strings

Ein weiterer wichtiger Datentyp in Python sind die Zeichenketten, die man meist auch als Strings bezeichnet. Strings können auf verschiedene Arten definiert werden: mit einfachen Anführungszeichen, mit doppelten Anführungszeichen oder mit drei einfachen bzw. drei doppelten Anführungszeichen. Wir demonstrieren diese Varianten im folgenden Beispiel. Wir verwenden auch das Nummernzeichen „#", um Kommentare einzuleiten:

```
# Strings mit einfachen Anführungszeichen
string1 = 'Hallo Welt!'

# Strings mit doppelten Anführungszeichen
string2 = "Python ist großartig!"

# Strings mit drei einfachen Anführungszeichen für mehrzeilige Strings
string3 = '''Um wirklich zu sagen
wie toll Python ist,
langt meistens nicht eine einzige Zeile'''

# Strings mit drei doppelten Anführungszeichen für mehrzeilige Strings
string4 = """Python
ist eine
wunderbare
Programmiersprache"""

# Ausgabe der Strings
print(string1)
print(string2)
print(string3)
print(string4)
```

Dieser Code liefert folgende Ausgabe:

```
Hallo Welt!
Python ist großartig!
Um wirklich zu sagen
wie toll Python ist,
langt meistens nicht eine einzige Zeile
Python
ist eine
wunderbare
Programmiersprache
```

Strings können indiziert werden, dabei entspricht das erste Zeichen dem Index 0. Das letzte Zeichen eines Strings können wir mit dem Index `-1` ansprechen, d. h. mit negativen Zahlen erhält man eine Indizierung von rechts:

```
text = 'Python'
print(f'1. Zeichen: text[0]=')
print(f'2. Zeichen: text[1]=')
print(f'Letztes Zeichen: text[-1]=')
```

Ausgabe

```
1. Zeichen: text[0]=
2. Zeichen: text[1]=
Letztes Zeichen: text[-1]=
```

Während man mit dem Indizieren nur einzelne Zeichen, also Strings der Länge 1, aus einem String erhalten kann, ermöglicht der Teilbereichsoperator (Slicing) das „Herausschneiden" von beliebigen Teilstrings:

```
text = "Ein grüner Fisch an der Wand singt nie schräg!"
# Teil des Strings von Index 7 bis Index 10 (exklusive):
teil_string1 = text[7:10]
print(teil_string1)

# Teil des Strings von Index 7 bis zum Ende
teil_string2 = text[7:]
print(teil_string2)

# Teil des Strings vom Anfang bis Index 6 (exklusiv)
teil_string3 = text[:6]
print(teil_string3)

# Negativer Index: Teil des Strings vom vorletzten Zeichen bis zum
↪ Ende
teil_string4 = text[-2:]
print(teil_string4)
```

Ausgabe

```
ner
ner Fisch an der Wand singt nie schräg!
Ein gr
g!
```

Finden von Teilstrings in Strings:

```
s = "A horse, a horse! "
s += "My kingdom for a horse!"
print(f'{s.find("horse")=}')
print(f'{s.find("horse", 3)=}')
print(f'{s.find("horse", 16)=}')
print(f'{s.find("horse", 36)=}')
print(f'{s.rfind("horse")=}')   # Suche beginnt von hinten
```

Ausgabe:

```
s.find("horse")=2
s.find("horse", 3)=11
s.find("horse", 16)=35
s.find("horse", 36)=-1
s.rfind("horse")=35
```

Es gibt noch zahlreiche Stringmethoden, die es verdienten aufgeführt zu werden, dies würde aber den Rahmen des Buches sprengen. Außerdem sind sie im Großen und Ganzen sehr leicht zu verstehen. Eine Übersicht der verfügbaren Methoden, kann man sich mittels `help(str)` verschaffen.

Wichtig ist vor allen Dingen im Hinblick auf die funktionale Programmierung, wie wir bereits geschrieben haben, die Unveränderlichkeit von Strings. Diese Eigenschaft ermöglicht eine effiziente Speicherung und Verarbeitung von Zeichenfolgen in Python und fördert zugleich die Sicherheit und Vorhersehbarkeit von Programmen.

### 4.3.4 Bytesequenz

Eine *Bytesequenz* (englisch: *byte sequence*) wird zur Darstellung von Daten im Binärformat verwendet wird. Im Gegensatz zu regulären Zeichenketten, die aus lesbaren Zeichen bestehen, enthalten binäre Zeichenketten rohe Byte-Daten, die nicht unbedingt als Text interpretiert werden können.

In Python werden Bytesequenzen mit einem Präfix `b` vor der Zeichenkette dargestellt, z. B. `b'A'`, was äquivalent zu `b'\x41'` ist. Jede Zeichenkette, die mit `b'` beginnt, wird als eine Sequenz von Bytes interpretiert. Diese Bytesequenzen sind nützlich für die Verarbeitung von Daten auf niedriger Ebene wie z. B. beim Umgang mit Netzwerkprotokollen, kryptografischen Operationen oder Binärdateien.

Ein binäres Zeichen kann Werte von 0 bis 255 (8 Bit) annehmen. Da es sich um Rohdaten handelt, können binäre Zeichenketten keine speziellen Zeichen oder Unicode-Zeichen direkt enthalten, es sei denn, sie werden korrekt codiert.

```
unicode_string = 'Grüße aus Österreich, wo Bäume und Flüsse fröhlich
 ↪  fließen!'

# Konvertierung zu einer Binärzeichenkette
binary_string = unicode_string.encode('utf-8')

# Rückkonvertierung zu einer Unicode-Zeichenkette
decoded_string = binary_string.decode('utf-8')

# Ergebnisse anzeigen
print("Originale Unicode-Zeichenkette:\n", unicode_string)
print("Binärzeichenkette:\n", binary_string)
print("Decodierte Zeichenkette:\n", decoded_string)
```

Die Ausgabe sieht wie folgt aus:

```
Originale Unicode-Zeichenkette:
 Grüße aus Österreich, wo Bäume und Flüsse fröhlich fließen!
Binärzeichenkette:
 b'Gr\xc3\xbc\xc3\x9fe aus \xc3\x96sterreich, wo B\xc3\xa4ume und
  ↪  Fl\xc3\xbcsse fr\xc3\xb6hlich flie\xc3\x9fen!'
Decodierte Zeichenkette:
 Grüße aus Österreich, wo Bäume und Flüsse fröhlich fließen!
```

### 4.3.5 Listen

Listen werden mittels eckiger Klammern in Python erzeugt. Eine Liste kann beliebige Python-Objekte enthalten, die durch Komma getrennt sind:

```
lst = ["rot", "grün", "blau"]
lst2 = ["rot", 12, [3, 6.78]]
```

Auf Listenelemente kann man wie bei Strings über Indices zugreifen oder man greift auf mehrere Listenelemente mit dem Teilbereichsoperator zu. Außerdem können wir mittels Indizierung der Liste auch neue Werte zuweisen:

```
lst = ["rot", 12, "gelb", 123, [3, "Noch ein String"]]
print(f'{lst[0]=}')
print(f'{lst[4]=}')
print(f'{lst[4][1]=}')
print(f'{lst[1:4]=}')
lst[0] = "orange"
print(f'{lst=}')
```

Ausgabe:

```
lst[0]='rot'
lst[4]=[3, 'Noch ein String']
lst[4][1]='Noch ein String'
lst[1:4]=[12, 'gelb', 123]
lst=['orange', 12, 'gelb', 123, [3, 'Noch ein String']]
```

Weitere interessante Funktionalitäten des `list`-Datentyps zeigen wir in folgendem selbsterklärenden Beispiel:

```
einkaufsliste = ["Milch", "Eier", "Brot"]

# Ein Element am Ende hinzufügen, wenn es noch nicht in der Liste ist
neues_element = "Butter"
if neues_element not in einkaufsliste:
    einkaufsliste.append(neues_element)

print("Liste nach dem Append:", einkaufsliste)
# Entfernen des letzten Elements mit pop
letztes_element = einkaufsliste.pop()
print("Entferntes Element:", letztes_element)
print("Liste nach dem Pop:", einkaufsliste)

# Einfügen eines Elements an Index 1 mit insert, falls nicht in Liste
neues_element = "Käse"
if neues_element not in einkaufsliste:
    einkaufsliste.insert(1, neues_element)

print("Liste nach dem Insert:", einkaufsliste)

# Entfernen des Elements "Eier" mit remove
element_zum_entfernen = "Eier"
```

```
if element_zum_entfernen in einkaufsliste:
    einkaufsliste.remove(element_zum_entfernen)

print("Liste nach dem Remove:", einkaufsliste)

# Konkatenation von Listen
weitere_einkaeufe = ["Mehl", "Zucker"]
einkaufsliste += weitere_einkaeufe
print("Liste nach der Konkatenation:", einkaufsliste)
# Kopieren einer Liste
kopie_einkaufsliste = einkaufsliste.copy()
print("Kopie der Einkaufsliste:", kopie_einkaufsliste)
```

Ausgabe des Listenbeispiels:

```
Liste nach dem Append: ['Milch', 'Eier', 'Brot', 'Butter']
Entferntes Element: Butter
Liste nach dem Pop: ['Milch', 'Eier', 'Brot']
Liste nach dem Insert: ['Milch', 'Käse', 'Eier', 'Brot']
Liste nach dem Remove: ['Milch', 'Käse', 'Brot']
Liste nach der Konkatenation: ['Milch', 'Käse', 'Brot', 'Mehl', 'Zucker']
Kopie der Einkaufsliste: ['Milch', 'Käse', 'Brot', 'Mehl', 'Zucker']
```

### 4.3.6 Mengen

Mengen, in Python als `set` bezeichnet, sind eine Sammlung von einzigartigen und unveränderlichen Elementen. Hier sind einige wichtige Eigenschaften und Operationen von Mengen in Python:

- **Einzigartigkeit von Elementen**: In einer Menge kann jedes Element nur einmal vorkommen. Wenn man versucht, ein bereits vorhandenes Element hinzuzufügen, wird die Menge nicht verändert, es wird also nicht nochmals hinzugefügt.
- **Veränderlichkeit**: Nachdem eine Menge erstellt wurde, können Elemente hinzugefügt oder entfernt werden.
- **Ungeordnet**: Die Elemente in einer Menge werden nicht in einer bestimmten Reihenfolge gespeichert. Daher gibt es keine Indexierung oder Sortierung in Mengen.
- **Effiziente Operationen**: Mengen bieten effiziente Operationen wie das Hinzufügen von Elementen, das Entfernen von Elementen und die Überprüfung der Mitgliedschaft (überprüfen, ob ein Element in der Menge enthalten ist).

Hier ist ein einfaches Beispiel, wie Mengen in Python verwendet werden können:

```
meine_menge = {1, 2, 3, 4, 5}

# Hinzufügen eines Elements
meine_menge.add(6)

# Entfernen eines Elements
meine_menge.remove(3)
```

```
# Überprüfen der Mitgliedschaft
ist_enthalten = 5 in meine_menge  # True

# Iteration über die Elemente
for element in meine_menge:
    print(element)
```

Ausgabe:

```
1
2
4
5
6
```

Weitere Operationen auf Mengen:

```
meine_menge = {1, 2, 3, 4, 5}

# Hinzufügen eines Elements
meine_menge.add(6)

# Entfernen eines Elements
meine_menge.remove(3)

# Überprüfen der Mitgliedschaft
ist_enthalten = 5 in meine_menge  # True

# Iteration über die Elemente
for element in meine_menge:
    print(element)
```

Ausgabe:

```
1
2
4
5
6
```

### 4.3.7 Dictionaries

Dictionaries gehören wohl zu den Datenstrukturen, die Python besonders attraktiv machen. Während bei Listen der Zugriff auf ein Element über die Position, also den Index, erfolgt, geschieht dies bei Dictionaries über Schlüssel (englisch: keys). Jedem Schlüssel ist ein Wert zugeordnet. Man kann sich ein Dictionary also als eine Menge von Schlüssel-Wert-Paaren vorstellen. Dictionaries sind äußerst nützlich, wenn man Schlüssel-Wert-Paare speichern muss und schnellen Zugriff auf Werte benötigt.

Python-Dictionaries sind eine flexible und mächtige Datenstruktur, die eine Sammlung von Schlüssel-Wert-Paaren darstellt. Jeder Schlüssel ist eindeutig und unveränderlich und ist mit einem Wert verknüpft. Dictionaries werden in geschweiften Klammern {} erstellt, wobei jedes Schlüssel-Wert-Paar durch einen Doppelpunkt : getrennt wird.

Auch diesen Datentyp wollen wir nur anhand eines selbsterklärenden Beispiels kurz einführen:

```
# Ein einfaches Wörterbuch von Englisch nach Deutsch erstellen
worterbuch = {
    "hello": "hallo",
    "apple": "Apfel",
    "car": "Auto",
    "book": "Buch",
    "house": "Haus"
}

# Eintrag hinzufügen
worterbuch["computer"] = "Computer"

# Eintrag entfernen
del worterbuch["book"]

# Eintrag nachschlagen
suchwort = "car"
if suchwort in worterbuch:
    print(f"'{suchwort}' auf Deutsch: '{worterbuch[suchwort]}'")
else:
    print("Das Wort ist nicht im Wörterbuch.")

# Wörterbuch anzeigen
print("Wörterbuch:")
for englisch, deutsch in worterbuch.items():
    print(f"{englisch}: {deutsch}")
```

Ausgabe:

```
'car' auf Deutsch: 'Auto'
Wörterbuch:
hello: hallo
apple: Apfel
car: Auto
house: Haus
computer: Computer
```

# 5 Kontrollstrukturen

Mithilfe von Kontrollstrukturen legen Programmierende fest, in welcher Reihenfolge die Handlungsschritte eines Algorithmus abgearbeitet werden sollen. In imperativen Programmiersprachen werden sie mithilfe von Kontrollanweisungen, auch als Steuerkonstrukte bekannt, implementiert. Diese Strukturen ermöglichen es Programmen, flexibel auf verschiedene Zustände zu reagieren, indem bestimmte Programmteile nur unter Bedingungen (bedingte Anweisungen) oder wiederholt (Schleifen) ausgeführt werden.

In der funktionalen Programmierung liegt der Schwerpunkt jedoch weniger auf Kontrollstrukturen wie if-Anweisungen und Schleifen, sondern eher auf der Verwendung von Funktionen und Datenmanipulationstechniken wie Filtern, Map und Reduce. Anstatt den Programmfluss direkt zu steuern, werden in funktionalen Programmiersprachen oft höhere Abstraktionsebenen verwendet, um Bedingungen und Iterationen auszudrücken. Das ermöglicht eine klarere und oft elegantere Darstellung von Algorithmen, da sie sich auf die Transformation von Daten konzentrieren, ohne sich um den Zustand oder den Programmfluss kümmern zu müssen.

- **Sequenz:** Anweisungen werden linear ausgeführt. Es ist der einfachste Kontrollfluss, bei dem eine Aktion nach der anderen abgearbeitet wird.
- **Blockstruktur:** Mehrere Anweisungen werden in einem Block gruppiert. Diese werden in Python durch Einrückungen erzeugt, aber nur in Verbindung mit anderen Strukturen wie Verzweigungen, Schleifen und so weiter.
- **Bedingte Anweisung und Verzweigung:** Hier werden Anweisungen oder Anweisungsfolgen nur unter bestimmten Bedingungen ausgeführt. Das ermöglicht es, verschiedene Pfade im Code zu nehmen, je nachdem, ob eine Bedingung erfüllt ist oder nicht.
- **Schleife oder Iteration:** Anweisungen werden wiederholt ausgeführt, solange eine bestimmte Bedingung erfüllt ist. Das ist besonders nützlich, um denselben Codeblock mehrmals auszuführen.
- **Rekursion:** ist eine der mächtigsten Problemlösungstechniken. Eine spezielle Form der Iteration, bei der eine Funktion sich selbst wieder aufruft. Dies kann nützlich sein, um komplexe Probleme in kleinere, leichter lösbare Probleme zu zerlegen. In der funktionalen Programmierung sind rekursive Funktionen ein zentraler und wesentlicher Bestandteil. Wir werden diesem Thema deswegen ein eigenes Kapitel im nächsten Teil unseres Buches widmen.

## 5.1 Sequenz

Wie bereits geschrieben, handelt es sich um einen einfachen Kontrollfluss, in denen Anweisungen rein linear abgearbeitet werden. Hier ein simples Python-Programm:

```
# Seitenlängen eines Dreiecks
a = 3
b = 4
c = 5
print("Der Umfang beträgt: ", a + b + c)
```

Ausgabe:

```
Der Umfang beträgt:  12
```

## 5.2 Bedingte Anweisungen

### 5.2.1 Vollständiges if

Manchmal sind Entscheidungen unvermeidlich, wie man im Foto sehen kann. Ein sinnvolles Programm zu schreiben, das ohne jegliche Verzweigung auskommt, gestaltet sich als äußerst schwierig. Nur wenige Probleme lassen sich durch einen strikten, linearen Programmablauf realisieren. Codeblöcke nur unter bestimmten Bedingungen auszuführen ist häufig zwingend notwendig. Dazu benötigen wir Verzweigungen oder bedingte Anweisungen. Bei einer bedingten Anweisung werden Codeteile nur unter bestimmten Bedingungen ausgeführt, d. h. liegt die Bedingung vor, wird ein bestimmter Code nicht ausgeführt. Liegt die Bedingung andererseits nicht vor, wird gegebenenfalls anderer Code ausgeführt. Anders ausgedrückt: Eine Verzweigung legt fest, welcher von zwei (oder auch mehr) Programmteilen (Alternativen) in Abhängigkeit von einer (oder mehreren) Bedingungen ausgeführt wird.

**Bild 5.1** Verzweigungen in einem Labyrinth

In Python gibt es dazu die `if ... elif ... else ...`-Anweisung. `elif` und `else` sind optional.

Dadurch ergeben sich folgende Möglichkeiten:

```
zahl = -1
if zahl < 0:
    print("Die Zahl war kleiner Null!")
print("Sonst gibt es nichts zu sagen!")
```

Ausgabe:

```
Die Zahl war kleiner Null!
Sonst gibt es nichts zu sagen!
```

Nun der positive Fall:

```
zahl = 42
if zahl < 0:
    print("Die Zahl war kleiner Null!")
print("Sonst gibt es nichts zu sagen!")
```

Ausgabe:

```
Sonst gibt es nichts zu sagen!
```

Die Einrückung nach dem `if` ist wichtig. In Python ist die Einrückung ein wesentliches strukturelles Element des Codes. Die Einrückung dient dazu, Blöcke von Anweisungen zu definieren, die zusammengehören. Im vorliegenden Beispiel wird die Einrückung nach dem `if` verwendet, um den Block von Anweisungen zu kennzeichnen, der bei Erfüllung der Bedingung ausgeführt wird. Allerdings bestand der Block nur aus einem `print`-Aufruf. Wichtig ist, dass alle Anweisungen eines Blocks die gleiche Einrückungstiefe haben. Zum Einrücken dürfen nur Leerzeichen verwendet werden:

```
zahl = 42
if zahl < 0:
    # Dies ist der Beginn des Blocks nach dem if
    print("Die Zahl war kleiner Null!")
    # wandeln in positive Zahl:
    x = -x
    # Ende des Blocks nach dem if
print("Sonst gibt es nichts zu sagen!")
```

Es folgt nun ein Beispiel mit allen Möglichkeiten der bedingten Anweisungen:

```
x = int(input("Bitte eine ganze Zahl eingeben: "))

if x < -10:
    print("Die eingegebene Zahl ist kleiner als -10")
elif x < 0:
    print("Wert kleiner als 0 aber nicht kleiner als -10")
elif x == 0:
    print("0? Warum nicht :-)")
elif x < 10:
    print("Naja, so richtig groß ist die Zahl nicht!")
else:
    print("Die Zahl könnte ganz schön groß sein!")
    print("Aber ich habe es nicht getestet!")
```

)

Das Schlüsselwort „elif" ist eine Kurzform für „else if" und verhindert eine „ausufernde" Verschachtelungstiefe, wie wir leicht sehen können, wenn wir das obige Programm ohne „elif" umschreiben:

)

```
x = int(input("Bitte eine ganze Zahl eingeben: "))

if x < -10:
    print("Die eingegebene Zahl ist kleiner als -10")
else:
    if x < 0:
        print("Wert kleiner als 0 aber nicht kleiner als -10")
    else:
        if x == 0:
            print("0? Warum nicht :-)")
        else:
            if x < 10:
                print("Naja, so richtig groß ist die Zahl nicht!")
            else:
                print("Die Zahl könnte ganz schön groß sein!")
                print("Aber ich habe es nicht getestet!")
```

)

### 5.2.2 Ternäres if

Der ternäre Operator in Python ermöglicht es, eine bedingte Zuweisung in einer einzigen Zeile auszudrücken. Er verwendet die Syntax `Ausdruck_if_True if Bedingung else Ausdruck_if_False`. Dies ist besonders nützlich für einfache Entscheidungen, bei denen je nach Erfüllung einer Bedingung entweder `Ausdruck_if_True` oder `Ausdruck_if_False` zugewiesen wird. Der ternäre Operator verbessert die Lesbarkeit und Effizienz des Codes, indem er bedingte Ausdrücke kompakt und direkt darstellt. Für komplexere Logik oder mehrere bedingte Ausdrücke ist jedoch eine herkömmliche `if-else`-Anweisung oft vorzuziehen.

```
# Beispiel für den ternären Operator
alter = 25
status = "erwachsen" if alter >= 18 else "jugendlich"
print(status)
```

Ausgabe:

```
erwachsen
```

**Wichtige funktionale Aspekte:**

In der funktionalen Programmierung werden Bedingungen typischerweise durch die Verwendung von Funktionen und Higher-Order-Funktionen ausgedrückt anstatt durch imperative Kontrollstrukturen wie `if`-Anweisungen. In vielen Fällen eignet sich jedoch das „ternäre if“ bei funktionalen Ansätzen, da es sich dabei um Ausdrücke handelt, die man als Argumente an Funktionen übergeben kann.

# 5.3 Schleifen

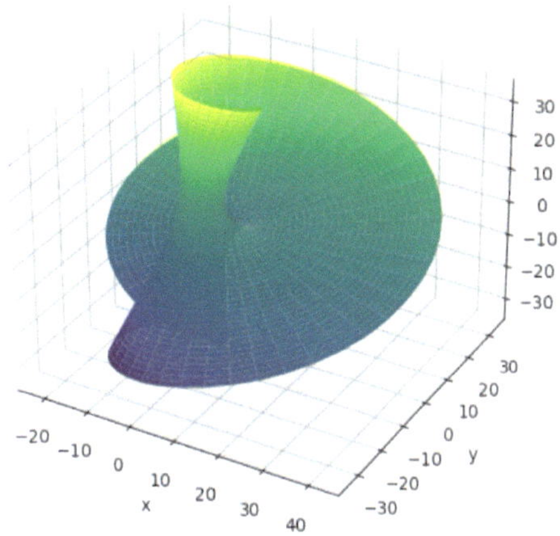


**Bild 5.2** Moebius-ähnliche Schleife

Schleifen sind ein essentieller Bestandteil von imperativen und objektorientierten Sprachen. Python bedient, wie wir bereits im Anfang des Buches festgestellt haben, mehrere Programmierparadigmen wie die imperative, objektorientierte und die funktionale Programmierung. Was viele Leute, die auf rein funktionale Programmiersprachen wie LISP und Haskel umsteigen, besonders erschrickt oder abschreckt, ist die Vorstellung, dass diese Sprachen keine Schleifen verwenden. Sie fragen sich „Was soll das heißen, es gibt keine Schleifen? Das ist doch ein so grundlegendes Werkzeug. Was macht man stattdessen?" Stattdessen bevorzugt man in der funktionalen Programmierung Rekursionen (oder Funktionen höherer Ordnung) gegenüber Schleifen, aber darauf gehen wir erst im zweiten Teil unseres Buches ein.

Schleifen werden benötigt, um einen Codeblock, also eine oder mehrere Python-Anweisungen, wiederholt auszuführen. Einen solchen Codeblock bezeichnet man auch als Schleifenkörper oder Body. Python kennt zwei Schleifentypen: die while- und die for-Schleife.

## 5.3.1 while-Schleife

### 5.3.1.1 Allgemeine Arbeitsweise

Die Syntax der while-Schleife sieht wie folgt aus:

```
while <Ausdruck>:
    <Folge1>
else:
    <Folge2>
```

`<Folge1>` steht für eine beliebige Anweisungsfolge in gleicher Einrückungstiefe. Diese Anweisungsfolge wird solange ausgeführt, wie der Ausdruck „`<Ausdruck>`" den Wert `True` liefert. Zuerst wird „`<Ausdruck>`" ausgewertet, und im `True`-Fall wird „`<Folge1>`" ausgeführt. Falls „`<Ausdruck>`" den Wert `False` liefert, wird „`<Folge2>`" ausgeführt, falls vorhanden. Der `else`-Teil ist optional. Eine `while`-Schleife kann auch durch ein `break`-Statement innerhalb von „`<Folge1>`" abgebrochen werden. In diesem Fall wird jedoch „`<Folge2>`" übersprungen, falls der `else`-Teil überhaupt vorhanden ist.

Im folgenden Code benutzen wir eine `while`-Schleife, um die Zahlen von 1 bis 4, gefolgt von ihrem jeweiligen Quadrat, auszugeben:

```
i = 1
while i <= 4:
    print(i, i**2)
    i += 1
```

Wir erhalten folgende Ausgabe:

```
1 1
2 4
3 9
4 16
```

Im folgenden Beispiel zeigen wir, wie man mit `break` eine Schleife vorzeitig abbricht:

```
zahlen = [4, 5, 12, 9, -1, 8, 9]
summe = 0
while zahlen != []:
    zahl = zahlen.pop()
    if zahl < 0:
        break
    summe += zahl

print(summe, zahlen)
```

Wir erhalten folgende Ausgabe:

```
17 [4, 5, 12, 9]
```

Das obige Programm beendet die Summation der Zahlen, sobald es auf eine negative Zahl trifft. Man beachte, dass die Summation der Zahlen von rechts beginnt.

Möchte man jedoch negative Zahlen lediglich überspringen, kann `break` hilfreich sein. Mit `continue` springen wir zum Anfang der Schleife, also der Überprüfung der Bedingung, zurück:

```
zahlen = [4, 5, 12, 9, -1, 8, 9]
summe = 0
while zahlen != []:
    zahl = zahlen.pop()
    if zahl < 0:
        continue
    summe += zahl

print(summe, zahlen)
```

Ausgabe:

```
47 []
```

Diesmal haben wir die Summe aller nicht-negativen Zahlen berechnet, und die Liste enthält nun keine Elemente mehr.

#### 5.3.1.2 while-Schleife mit else

`else` wird relativ selten in `while`-Schleifen verwendet. Dennoch kann die Verwendung von `else` in verschiedenen Situationen sinnvoll sein, insbesondere wenn man nach dem Durchlaufen der Schleife noch bestimmte Aktionen ausführen möchten. Hier sind einige Szenarien, in denen die Verwendung von `else` in einer `while`-Schleife sinnvoll sein kann:

- Überprüfen auf das Vorhandensein bestimmter Elemente: Wenn man eine Schleife verwendet, um nach einem bestimmten Element in einer Sequenz zu suchen, kann man den `else`-Block verwenden, um eine Meldung auszugeben, wenn das Element nicht gefunden wird.

```
while condition:
    if element_found:
        # Verarbeite das gefundene Element
        break
else:
    print("Element wurde nicht gefunden.")
```

- Nachbearbeitung oder Erfolgsmeldung nach Schleifenende: Wenn man nach dem erfolgreichen Durchlaufen der Schleife noch zusätzliche Aufgaben ausführen möchte, kann man den `else`-Block verwenden, um diese Aufgaben auszuführen. „Erfolgreich durchlaufen" bedeutet, dass der Programmfluss nicht auf ein `break` gestoßen ist.

```
while condition:
    # Führe Aktionen innerhalb der Schleife aus
    # möglicherweise kommt im Code auch ein break vor
    # in diesem Fall würde der else-Teil nicht ausgeführt
else:
    # Führe Nachbearbeitung nach Schleifenende aus
    print("Schleife wurde beendet.")
```

- Bestätigung des erfolgreichen Durchlaufs der Schleife: Wenn die Schleife erfolgreich durchlaufen wurde, können Sie den `else`-Block verwenden, um eine Bestätigung auszugeben. „Erfolgreich durchlaufen" bedeutet wiederum, dass der Programmfluss nicht auf ein `break` gestoßen ist.

```
while condition:
    # Führe Aktionen innerhalb der Schleife aus
    # möglicherweise kommt im Code auch ein break vor
    # in diesem Fall würde der else-Teil nicht ausgeführt
else:
    print("Die Schleife wurde erfolgreich durchlaufen.")
```

Zusammenfassend kann man sagen: Der `else`-Block in einer Schleife bietet den Vorteil, dass er nur dann ausgeführt wird, wenn die Schleife nicht durch einen `break`-Befehl vorzeitig beendet wird. Dies ermöglicht es, auf elegante Weise festzustellen, ob die Schleife vollständig durchlaufen wurde oder ob sie aufgrund einer bestimmten Bedingung abgebrochen wurde. Der `else`-Block hilft dabei, den Code klarer und lesbarer zu gestalten, da er die Notwendigkeit für zusätzliche Flags zur Überprüfung eines vollständigen Schleifendurchlaufs reduziert. Dadurch wird der Code kürzer und intuitiver, was die Lesbarkeit und Wartbarkeit verbessert.

### 5.3.2 while-Schleife als rekursive Funktion

Im Folgenden präsentieren wir einige Beispiel, in denen `while`-Schleifen durch Rekursion ersetzt werden können:

1. Zählschleifen
2. Durchlaufen von Datenstrukturen
3. Erzeugen oder Berechnen einer Sequenz

Wenn eine Aufgabe eine bestimmte Anzahl von Malen ausgeführt werden muss, wie das Iterieren über Elemente in einer Liste oder wenn man beispielsweise eine Berechnung eine bestimmte Anzahl von Malen durchführen will.

Der folgende Code in Python besteht aus zwei Versionen, die beide dazu dienen, Zahlen von 0 bis 4 zu drucken, aber unterschiedliche Ansätze verwenden: eine Version mit einer `while`-Schleife und eine rekursive Version.

```
# while-Schleifen-Version
count = 0
while count < 5:
    print(count)
    count += 1
```

Ein Aufruf liefert dann, wie erwartet, folgende Ausgabe:

```
0
1
2
3
4
```

Im vorigen Code wird eine Variable `count` initialisiert und auf 0 gesetzt. Die `while`-Schleife wird so lange ausgeführt, wie `count` kleiner als 5 ist. In jeder Iteration wird der aktuelle Wert von `count` gedruckt und dann um 1 erhöht.

Die rekursive Version:

```
# Rekursive Version
def print_numbers(count):
    if count < 5:
        print(count)
        print_numbers(count + 1)
print_numbers(0)
```

Ausgabe:

```
0
1
2
3
4
```

In dieser rekursiven Version wird die Funktion `print_numbers` definiert, die einen Parameter `count` akzeptiert. Wenn `count` kleiner als 5 ist, wird `count` gedruckt und die Funktion `print_numbers` mit dem Argument `count + 1` rekursiv aufgerufen. Dieser Prozess wiederholt sich, bis `count` den Wert 5 erreicht.

Die Ausgabe der rekursiven Version wird mit „Outputs of the recursive version:“ eingeleitet, gefolgt von den Zahlen von 0 bis 4, die durch die rekursive Funktion gedruckt werden.

### 5.3.3 Allgemeine while-Funktion

Das bereitgestellte Code-Snippet zeigt, wie man einen funktionalen `while`-Loop ganz allgemein in Python als Funktion implementiert. Anstelle eines mutierbaren Zustands, wie er in imperativen Programmierparadigmen üblich ist, basiert der Code auf funktionalen Konzepten, um das Schleifenverhalten zu erreichen.

Im Kern der Implementierung steht die Funktion `functional_while`, die zwei Funktionen als Argumente akzeptiert: `condition_func` und `action_func`. Die `condition_func` definiert die Abbruchbedingung für die Schleife, während die `action_func` die auszuführende Aktion in jeder Iteration beschreibt.

Durch die Kraft der Rekursion konstruiert und gibt die Funktion `functional_while` eine Schleifenfunktion (`loop`) zurück. Diese Schleifenfunktion wendet die Aktionsfunktion wiederholt auf den aktuellen Zustand an, bis die Abbruchbedingung erfüllt ist.

Die resultierende Schleifenfunktion kapselt das iterative Verhalten auf eine rein funktionale Weise ein, vermeidet einen mutierbaren Zustand und folgt den Prinzipien der funktionalen Programmierung.

Dieser Ansatz zeigt die Vielseitigkeit funktionaler Programmierungstechniken und demonstriert, wie traditionelle imperative Konstrukte in einem funktionalen Paradigma neu gedacht werden können. Lassen Sie uns den Code genauer erkunden, um zu verstehen, wie er funktioniert und wie er sich von konventionellen iterativen Ansätzen unterscheidet.

```
def functional_while(condition_func, action_func):
    def loop(state):
        if condition_func(state):
            return loop(action_func(state))
        else:
            return state
    return loop

# Example usage:
count = 0

def condition(state):
    return state < 5

def action(state):
    global count
    count += 1
    return state + 1

result_func = functional_while(condition, action)
result = result_func(0)
print(result)
print("Number of iterations:", count)
```

Ausgabe:

```
5
Number of iterations: 5
```

### 5.3.4 for-Schleife

Die `for`-Schleife dient in Python dazu, über beliebige iterierbare Objekte zu iterieren. Iterierbare Objekte sind beispielsweise Listen, Tupel, Strings und Dictionaries.

```
einkaufsliste = ["Butter", "Milch", "Brot", "Salat", "Spam"]

for artikel in einkaufsliste:
    if artikel == "Spam":
        print("Spam mag ich nicht!")
    else:
        print("Ich werde " + artikel + " kaufen!")
```

Ausgabe:

```
Ich werde Butter kaufen!
Ich werde Milch kaufen!
Ich werde Brot kaufen!
Ich werde Salat kaufen!
Spam mag ich nicht!
```

Weitere selbsterklärende Beispiele von `for`-Schleifen:

```
wort = "Python"
for buchstabe in wort:
    print(buchstabe)

liste = [(4, 5, 9.1), "Python", [4, ["abc", "xyz"]]]
for element in liste:
    print(element)
```

Ausgabe:

```
P
y
t
h
o
n
(4, 5, 9.1)
Python
[4, ['abc', 'xyz']]
```

Ein wichtiges iterierbares Objekt für die `for`-Anweisung stellt die `range`-Klasse[1] zur Verfügung. Mit den von `range` erzeugten Objekten lassen sich `for`-Schleifen im Stil von C und Java simulieren. Das Verhalten von `range` erklären wir durch die folgenden Beispiele:

```
range(4)
for i in range(4):
    print(i, end=", ")
```

[1] `while` ist keine Funktion, sondern eine Klasse.

```
lst = [34, 55, 2, 10]
for i in range(len(lst)):
    print(i, lst[i])


von, bis, schrittweite = 3, 21, 4
lst = list(range(von, bis, schrittweite))
print(lst)
```

Ausgabe:

```
0, 1, 2, 3, 0 34
1 55
2 2
3 10
[3, 7, 11, 15, 19]
```

Im folgenden Beispiel finden wir noch die `break`- und die `continue`-Anweisung im Einsatz. Mit `break` erzeugen wir einen vorzeitigen Abbruch der Schleife, während mit `continue` nur der aktuelle Durchlauf beendet wird, um dann mit dem nächsten Objekt fortzufahren. In diesem Beispiel finden wir auch noch eine Besonderheit der `for`-Schleife in Python: Die `for`-Schleife kann auch ein `else`-Statement enthalten. Nur wenn die Schleife nicht mit einem `break` verlassen worden ist, werden die Anweisungen unter dem `else`-Teil bearbeitet.

```
string = input("Bitte einen String eingeben: ")

for buchstabe in string:
    zaehler = 0
    if buchstabe.isalpha():
        print(buchstabe)
    else:
        if buchstabe == ".":
            print("Punkt wurde gelesen!")
            print("Die restlichen Zeichen werden nicht mehr
             ↪ bearbeitet!")
            break
        else:
            print("Sonderzeichen wird ignoriert!")
            continue
    zaehler += 1
else:
    print("Der String enthielt keinen Punkt")
```

Starten wir das Programm, erhalten wir folgende Ausgabe:

```
Bitte einen String eingeben: Hi, you!
H
i
Sonderzeichen wird ignoriert!
Sonderzeichen wird ignoriert!
y
o
u
Sonderzeichen wird ignoriert!
Der String enthielt keinen Punkt
```

### 5.3.5 for-Schleife in funktionaler Programmierung

Was wir im Kapitel über `while`-Schleifen über Zählschleifen und über das Durchlaufen von Datenstrukturen geschrieben haben, kann man nahezu analog auf `for`-Schleifen anwenden.

# 6 Das Modul collections

## 6.1 Übersicht

Obwohl das `collections`-Modul nicht speziell für funktionale Programmierung entwickelt wurde, bietet es Datenstrukturen, die im funktionalen Programmierstil nützlich sein können, insbesondere durch ihre Unveränderlichkeit oder durch die Bereitstellung effizienter und klarer Datenverarbeitungswerkzeuge. Diese Datenstrukturen unterstützen den funktionalen Ansatz zur Datenverarbeitung, indem sie unveränderliche und effiziente Alternativen zu den Standard-Datenstrukturen bieten.

**Bild 6.1** Schmetterlingssammlung

Das `collections`-Modul implementiert spezialisierte Container-Datentypen, die interessante und nützliche Alternativen zu den allgemeinen, eingebauten Containern wie `dict`, `list`, `set` und `tuple` bieten. Dieses Modul erweitert die Funktionalität dieser Container, und neue bzw. erweiterte Datenstrukturen eignen sich für verschiedene Anwendungsfälle, in denen es mit den Grundtypen umständlicher wäre.

In diesem Kapitel werden wir einige der Schlüsselkomponenten des `collections`-Moduls vorstellen. Die Verwendung dieser spezialisierten Container kann dazu beitragen, den Code effizienter und lesbarer zu gestalten, indem maßgeschneiderte Lösungen für häufig auftretende Probleme bereitgestellt werden.

1. **`namedtuple()`:**

   Funktion zur Erstellung von Tupel-Unterklassen mit benannten Feldern.

2. **`deque`:**

   Listen-ähnliche Klasse mit schnellem Hinzufügen und Entfernen an beiden Enden.

3. **`ChainMap`:**

   dict-ähnliche Klasse zur Erstellung einer einzelnen Ansicht mehrerer Mappings.

4. **`Counter`:**

   Subklasse von dict zum Zählen von hashbaren Objekten.

## 6.2 namedtuple

Ein namedtuple ist im Wesentlichen eine spezielle Form eines Tupels, bei dem jedes Feld einen Namen hat. Dies ermöglicht den Zugriff auf die Werte über den Namen anstelle von Indexpositionen. Die Verwendung von namedtuple() vereinfacht den Code, macht ihn lesbarer und verhindert Fehler, die durch den Zugriff auf Tuple-Werte über Indizes entstehen können. Die Funktion namedtuple() des collections-Moduls ist eine Fabrikfunktion in Python, die es ermöglicht, Tupel-Unterklassen mit benannten Feldern zu erstellen. Sie bietet eine elegante Möglichkeit, benannte Attribute für Tupel zu definieren, was die Lesbarkeit des Codes verbessert. Instanzen der benannten Tupel-Klasse haben auch einen hilfreichen docstring (mit Typname und Feldbezeichnern) und eine hilfreiche __repr__()-Methode, die den Tupelinhalt in einem name=value-Format auflistet.

Die Feldnamen sind eine Folge von Strings wie ['name', 'alter', 'geschlecht']. Jeder gültige Python-Bezeichner kann für einen Feldnamen verwendet werden, mit Ausnahme von Namen, die mit einem Unterstrich beginnen. Alternativ können die Feldbezeichner auch mit einer einzelnen Zeichenkette definiert werden, bei der die Feldnamen durch Leerzeichen und/oder Kommata getrennt sind, zum Beispiel 'name alter geschlecht' oder 'name,alter,geschlecht'.

Im folgenden Beispiel erstellen wir einen benannten Tupel-Typ namens Person, welches Felder für Name (name), Alter (alter) und Geschlecht (geschlecht) zur Verfügung stellt. Dann wird eine Instanz dieses benannten Tupels erstellt, und auf die Werte kann dann über die Feldnamen zugegriffen werden.

```
from collections import namedtuple
# Benanntes Tupel erstellen:
Person = namedtuple('Person', ['name', 'alter', 'geschlecht'])
# Instanz eines benannten Tuples erstellen
person = Person(name='Jane', alter=42, geschlecht='weiblich')
# Zugriff erfolgt über die Feldnamen
print(person.name)
print(person.alter)
print(person.geschlecht)

print(person)
```

Ausgabe:

```
Jane
42
weiblich
Person(name='Jane', alter=42, geschlecht='weiblich')
```

Da der Aufruf von namedtuple eine Unterklasse von der tuple-Klasse erzeugt, schreiben wir den Namen für das erzeugt Objekt, – in unserem Beispielfall Person –, beginnend mit einem Großbuchstaben, wie es der Konvention für Klassennamen entspricht. Die Instanziierung eines Personenobjektes erfolgt über Person(name='Jane', alter=42, geschlecht='weiblich').

Im folgenden, etwas umfänglicheren Beispiel möchten wir demonstrieren, wie einfach man mit benannten Tupels arbeiten kann und wie sehr sich dies positiv auf die Lesbarkeit des Codes auswirkt. Es geht um die Berechnung des Flächeninhaltes und des Umfangs eines beliebigen Dreiecks:

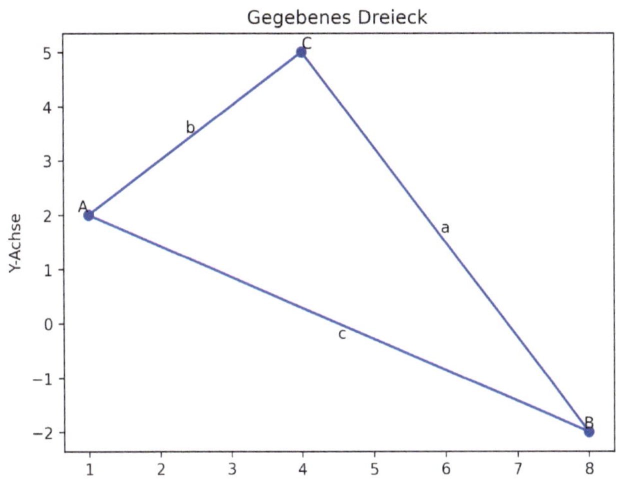


Die Formel für den Umfang lautet:

$$U = a + b + c$$

Die Formel für den Flächeninhalt lautet:

$$A = \sqrt{s \cdot (s - a) \cdot (s - b) \cdot (s - c)}$$

wobei $s = \frac{a+b+c}{2} = \frac{U}{2}$

```
from collections import namedtuple

def flächeninhalt(dreieck):
    s = perimeter / 2
    return (s * (s - distance(dreieck.A, dreieck.B)) * (s -
    ↪  distance(dreieck.B, dreieck.C)) *
            (s - distance(dreieck.C, dreieck.A)))**0.5

# Benannten Tuple-Typ für einen Punkt im 2D-Raum erstellen
Punkt = namedtuple('Punkt', ['x', 'y'])

# Benannten Tupel-Typ für ein Dreieck mit den Eckpunkten A, B, C
↪  erstellen
DreieckPunkte = namedtuple('DreieckPunkte', ['A', 'B', 'C'])
# Benannter Tupel-Typ für ein mit Seitenlängen gegebenes Dreieck
DreieckSeitenlängen = namedtuple('DreieckSeitenlängen', ['a', 'b',
↪  'c'])
```

```
# Instanzen von punkt2D für die Eckpunkte erstellen
punkt_A = Punkt(x=1, y=2)
punkt_B = Punkt(x=4, y=5)
punkt_C = Punkt(x=8, y=-2)

# Instanz von Dreieck aus Punkten erstellen
dreieck = DreieckPunkte(A=punkt_A, B=punkt_B, C=punkt_C)

# berechne die Seiten a, b und c

def DreieckPunkte2DreieckSeitenlängen(dreieck):
    """ Erzeugt ein aus einem mit Punkten gegebenen Dreieck
    ein Dreieck, was mit Seitenlängen definiert ist"""
    def abstand(punkt1, punkt2):
        """ berechnet den euklidischen Abstand zwischen zwei
        ↪ Punkten"""
        return ((punkt1.x - punkt2.x)**2 + (punkt1.y -
        ↪ punkt2.y)**2)**0.5

    c = abstand(dreieck.A, dreieck.B)
    b = abstand(dreieck.A, dreieck.C)
    a = abstand(dreieck.B, dreieck.C)
    return DreieckSeitenlängen(a, b, c)

def dreiecksumfang(dreieck):
    if isinstance(dreieck, DreieckPunkte):
        dreieck = DreieckPunkte2DreieckSeitenlängen(dreieck)
    # Dreieck lieft nun in Seitenlängen vor
    umfang = dreieck.a + dreieck.b + dreieck.c
    return umfang

def dreiecksfläche(dreieck):
    if isinstance(dreieck, DreieckPunkte):
        dreieck = DreieckPunkte2DreieckSeitenlängen(dreieck)
    s = dreiecksumfang(dreieck)
    fläche = (s*(s-dreieck.a)*(s-dreieck.b)*(s-dreieck.c))**2
    return fläche

dreieck_seitenlängen = DreieckPunkte2DreieckSeitenlängen(dreieck)
print(dreieck_seitenlängen)
print(f"Umfang des Dreiecks: {dreiecksumfang(dreieck)}")
print(f"Fläche des Dreiecks: {dreiecksfläche(dreieck)}")
```

Ausgabe:

```
DreieckSeitenlängen(a=8.06225774829855, b=8.06225774829855,
↪ c=4.242640687119285)
Umfang des Dreiecks: 20.367156183716382
Fläche des Dreiecks: 2472556754.253332
```

## 6.3 Deque

Ruft man deque mit einem iterierbaren Objekt auf, so wird ein deque-Objekt zurückgeliefert. Es wird mit Daten aus dem iterierbaren Objekt erzeugt, indem diese von links nach rechts durch Aufruf von append an das deque-Objekt angehängt werden. Wird kein iterierbares Objekt beim Aufruf angegeben, so erhält man ein leeres deque-Objekt.

Deques sind eine Verallgemeinerung von Stapeln (engl. stacks) und Warteschlangen (der Name wird „deck" ausgesprochen und ist die Abkürzung für „double-ended queue"). Deques unterstützen thread-sichere, speichereffiziente Appends und Pops von beiden Seiten der Deque mit ungefähr der gleichen O(1)-Leistung in beiden Richtungen.[1]

Obwohl Listenobjekte ähnliche Operationen unterstützen, sind sie für schnelle Operationen auf Listen mit fester Länge optimiert und verursachen[2] Speicherverschiebungskosten für pop(0)- und insert(0, v)-Operationen, die sowohl die Größe als auch die Position der zugrunde liegenden Datendarstellung ändern.

Wenn maxlen nicht angegeben wird oder None gesetzt ist, können Deques auf eine beliebige Länge anwachsen. Andernfalls wird das Deque auf die angegebene Maximallänge begrenzt. Sobald ein Deque mit begrenzter Länge voll ist, wird beim Hinzufügen neuer Elemente eine entsprechende Anzahl von Elementen am anderen Ende verworfen. Deques mit begrenzter Länge bieten eine ähnliche Funktionalität wie der Tail-Filter in Unix. Sie sind auch nützlich für die Verfolgung von Transaktionen und anderen Datenbeständen, bei denen nur die jüngste Aktivität von Interesse ist.

```
from collections import deque

# Eine leeres Deque erstellen
my_deque = deque()

# Elemente hinzufügen
my_deque.append(1)          # Am Ende hinzufügen
my_deque.append(2)
my_deque.appendleft(3)      # Am Anfang hinzufügen
my_deque.extend([4, 5])     # Mehrere Elemente am Ende hinzufügen
my_deque.extendleft([42, 43, 44]) # in UMGEKEHRTER Reihenfolge an den
  ↪ Anfang

print("Deque nach dem Hinzufügen:", my_deque)

# nun entfernen wir Elemente
removed_element = my_deque.pop()       # Entferne das letzte Element
removed_element_from_left = my_deque.popleft()  # Entferne das erste
  ↪ Element
```

[1] Die O-Notation (ausgesprochen: „Groß O Notation") wird eingesetzt, um die Komplexität von Algorithmen zu beschreiben. O(1) bedeutet konstanter Aufwand.

[2] O(n) bedeutet „linearer Aufwand", d. h. der Aufwand wächst linear mit der Anzahl der Eingabeelemente n: Verdoppelt sich n, dann verdoppelt sich auch ungefähr der Aufwand.

```
print("Entferntes Element (vom Ende):", removed_element)
print("Entferntes Element (vom Anfang):", removed_element_from_left)

print("Deque nach dem Entfernen:", my_deque)
```

Die Ausgabe:

```
Deque nach dem Hinzufügen: deque([44, 43, 42, 3, 1, 2, 4, 5])
Entferntes Element (vom Ende): 5
Entferntes Element (vom Anfang): 44
Deque nach dem Entfernen: deque([43, 42, 3, 1, 2, 4])
```

deque ist kein allgemeiner Ersatz für Listen, sondern eignet sich besonders gut für Szenarien, in denen effizientes Hinzufügen und Entfernen von Elementen sowohl am Anfang als auch am Ende der Sequenz erforderlich ist. Es ist also besonders nützlich und geeignet, wenn man eine Datenstruktur benötigt, die wie eine Liste fungiert, aber hauptsächlich das Hinzufügen und Entfernen von Elementen am Anfang und Ende notwendig ist und man gerne möglichst effizient sein muss. Dies ist beispielsweise bei Queue- oder Stack-Implementierungen nötig.

In anderen Szenarien, in denen der Zugriff auf Elemente durch Index wichtig ist oder in denen umfangreiche Slicing-Operationen erforderlich sind, könnte eine Liste möglicherweise besser geeignet sein.

## 6.4 ChainMap

`ChainMap` ist eine Datenstruktur aus dem `collections`-Modul in Python, die es ermöglicht, mehrere Dictionaries oder Mapping-Objekte miteinander zu verknüpfen. Diese verknüpften Mappings können als eine einzige Einheit behandelt werden, ohne die ursprünglichen Dictionaries zu verändern. `ChainMap` ist besonders nützlich, wenn man mehrere Kontexte oder Namensräume kombinieren möchte, wie zum Beispiel beim Arbeiten mit lokalen und globalen Variablen.

Die Zugriffsreihenfolge in einer `ChainMap` entspricht der Reihenfolge, in der die Dictionaries beim Erstellen der `ChainMap` übergeben werden. Wenn ein Schlüssel in mehreren verknüpften Dictionaries vorhanden ist, wird der Wert des Schlüssels aus dem ersten Dictionary zurückgegeben, in dem dieser Schlüssel vorkommt. Die nachfolgenden Dictionaries werden nur dann durchsucht, wenn der Schlüssel in den vorherigen nicht existiert. Dadurch hat das erste Dictionary in der `ChainMap` die höchste Priorität, gefolgt von den weiteren in der Reihenfolge ihrer Übergabe.

```
from collections import ChainMap

dict1 = {'a': 1, 'b': 2}
dict2 = {'b': 3, 'c': 4}
chain = ChainMap(dict1, dict2)
print(chain['a'])
print(chain['b'])
print(chain['c'])
```

Die Ausgabe:

```
1
2
4
```

Ändert man die Reihenfolge die Dictionaries in `ChainMap`, wird der Wert von `b` aus `dict2` ausgegeben.

```
from collections import ChainMap

dict1 = {'a': 1, 'b': 2}
dict2 = {'b': 3, 'c': 4}
chain = ChainMap(dict2, dict1)
print(chain['b'])
```

Das folgende Python-Programm zeigt, wie man mithilfe der `ChainMap`-Datenstruktur aus dem `collections`-Modul mehrere Konfigurationsquellen miteinander kombiniert, um eine konsolidierte Konfiguration zu erstellen.

In vielen Anwendungen ist es notwendig, Konfigurationswerte aus unterschiedlichen Quellen zu beziehen, wie beispielsweise aus Standardwerten, Umgebungsvariablen oder benutzerspezifischen Einstellungen. `ChainMap` ermöglicht es, diese verschiedenen Konfigurationsquellen so zu verknüpfen, dass sie als eine einzige, durchsuchbare Struktur fungieren. Dabei hat die Reihenfolge der übergebenen Mappings eine entscheidende Bedeutung: Werte aus früheren Mappings in der `ChainMap` haben Vorrang vor Werten aus späteren Mappings.

Im Beispiel wird eine `ChainMap` erstellt, die drei verschiedene Konfigurationsquellen kombiniert: `default_config`, `env_config` (Umgebungsvariablen) und `user_config`. Die `user_config` hat hierbei die höchste Priorität, gefolgt von den Umgebungsvariablen und schließlich den Standardwerten. Beim Zugriff auf die `config`-`ChainMap` werden die Werte in dieser Reihenfolge durchsucht, was bedeutet, dass benutzerspezifische Einstellungen die Standardkonfiguration überschreiben können, sofern sie vorhanden sind. Das Programm gibt den Wert für den `debug`-Modus aus, der aus den benutzerspezifischen Einstellungen stammt, und den `port`, der aus den Standardwerten übernommen wird.

```
import os
from collections import ChainMap

default_config = {'debug': False, 'port': 8000}
env_config = os.environ
user_config = {'debug': True}

config = ChainMap(user_config,
                  env_config,
                  default_config)
print(config['debug'])
print(config['port'])
```

Die Ausgabe

```
True
8000
```

## 6.5 Counter

`Counter` ist eine Klasse im `collections`-Modul von Python, und sie ist eine Unterklasse von `dict`. Mit dieser Klasse wird das Zählen von Elementen in einer Sequenz erleichtert. Sie erstellt im Wesentlichen ein Wörterbuch (Dictionary), in dem die Elemente der Sequenz als Schlüssel und deren Häufigkeit als zugehörige Werte abgebildet werden.

Im folgenden Beispiel zeigen wir, wie man die Häufigkeit der Elemente in einer Liste zählen kann:

```
from collections import Counter

my_list = [1, 2, 4, 2, 3, 7, 3, 4, 4, 7, 4, 1]

# Erstelle einen Counter für die Liste:
my_counter = Counter(my_list)

# Zugriff auf Elementhäufigkeiten:
print(my_counter[3])

# Die Häufigkeiten für alle Elemente:
print(f"{my_counter=}")
```

Ausgabe:

```
2
my_counter=Counter({4: 4, 1: 2, 2: 2, 3: 2, 7: 2})
```

Dies geht auch analog für Zeichenketten und andere iterierbare Datentypen:

```
from collections import Counter

ein_spruch = "Zahlen zählen nicht, und sie laufen auch nicht fort"
noch_einer = "Wer zählen kann ist im Vorteil!"

counter1 = Counter(ein_spruch)
counter2 = Counter(noch_einer)

print(f"{counter1=}")
print(f"{counter2=}")

# die Addition beider Counter:
print(f"{(counter1+counter2)=}")
```

Ausgabe:

```
counter1=Counter({' ': 8, 'n': 6, 'h': 5, 'e': 4, 'a': 3, 'l': 3, 'i': 3,
↪  'c': 3, 't': 3, 'u': 3, 'f': 2, 'Z': 1, 'z': 1, 'ä': 1, ',': 1, 'd':
↪  1, 's': 1, 'o': 1, 'r': 1})
counter2=Counter({' ': 5, 'e': 3, 'n': 3, 'i': 3, 'r': 2, 'l': 2, 't': 2,
↪  'W': 1, 'z': 1, 'ä': 1, 'h': 1, 'k': 1, 'a': 1, 's': 1, 'm': 1, 'V':
↪  1, 'o': 1, '!': 1})
(counter1+counter2)=Counter({' ': 13, 'n': 9, 'e': 7, 'h': 6, 'i': 6, 'l':
↪  5, 't': 5, 'a': 4, 'c': 3, 'u': 3, 'r': 3, 'z': 2, 'ä': 2, 's': 2,
↪  'f': 2, 'o': 2, 'Z': 1, ',': 1, 'd': 1, 'W': 1, 'k': 1, 'm': 1, 'V':
↪  1, '!': 1})
```

# TEIL III

## Funktionale Programmierung

# 7 Begriffsbestimmung „Funktionale Programmierung“

## 7.1 Einführung

Die funktionale Programmierung wird manchmal im Gegensatz zur objektorientierten Programmierung (OOP) und zur prozeduralen Programmierung gesehen. Das könnte irreführend sein, da sich diese Ansätze nicht gegenseitig ausschließen und in Programmiersprachen oft gemeinsam verwendet werden können. Ein Beispiel hierfür ist JavaScript, das trotz seiner primären Ausrichtung auf objektorientierte und prozedurale Programmierung auch funktionale Programmierungstechniken unterstützt[1]. Ebenso ermöglicht Scala die Kombination von funktionalen und objektorientierten Programmierstilen zur Strukturierung von Programmen.[2]

Die funktionale Programmierung ist ein Programmierparadigma, also eine grundlegende Herangehensweise oder Methode, um Programme zu entwerfen, zu strukturieren und zu entwickeln. Es definiert und beeinflusst also die Art und Weise, wie Code zu schreiben ist bzw. geschrieben werden soll.

1 „JavaScript is not a functional programming language like Lisp or Haskell, but the fact that JavaScript can manipulate functions as objects means that we can use functional programming techniques in JavaScript.“ („JavaScript ist keine funktionale Programmiersprache wie Lisp oder Haskell, aber die Tatsache, dass JavaScript Funktionen als Objekte manipulieren kann, bedeutet, dass wir funktionale Programmierungstechniken in JavaScript verwenden können.“) David Flanagan, JavaScript: The Definitive Guide, 6. Auflage (Sebastopol, CA: O'Reilly Media, 2011), S. 191

2 „With Scala, you can combine both functional and object-oriented programming styles to help structure programs.“ („Mit Scala können Sie sowohl funktionale als auch objektorientierte Programmierstile kombinieren, um Programme zu strukturieren.“) Startseite der offiziellen Webseite von Scala: *https://www.scala-lang.org/*

## 7.2 Verschiedene Programmierparadigmen

Es gibt verschiedene Programmierparadigmen. Wir wollen hier einige wichtige nennen, ohne eine vollständige Kategorisierung anzustreben. In der Literatur gibt es auch unterschiedliche Kategorisierungen:

- Imperative / prozedurale Programmierung: Dieses Paradigma legt den Fokus auf die Verwendung von Anweisungen, die den Computer explizit anweisen, wie er Aufgaben ausführen soll. Programme bestehen aus einer Sequenz von Anweisungen, die den Zustand des Programms ändern. Die Begriffe „imperative Programmierung" und „prozedurale Programmierung" werden häufig synonym verwendet, aber die prozedurale ist eine Unterform der imperativen Programmierung, die Programme in Prozeduren oder Funktionen strukturiert.
- Objektorientierte Programmierung (OOP): In der OOP werden Programme durch die Definition und Interaktion von Objekten und Klassen strukturiert. Diese Objekte können Daten (Attribute) und Verhalten (Methoden) haben und können miteinander interagieren.
- Funktionale Programmierung: Die funktionale Programmierung konzentriert sich auf die Verwendung von Funktionen, die als „Erstklassige Bürger" behandelt werden. Programme bestehen aus Funktionen, die Daten in reine Funktionen transformieren und keine Seiteneffekte haben.
- Logische Programmierung: In der logischen Programmierung werden Programme in Form von Regeln und Fakten geschrieben, und die Ausführung basiert auf logischen Schlussfolgerungen. Prolog ist ein Beispiel für eine logische Programmiersprache.
- Einige andere nicht aufgeführte Paradigmen, die sich teilweise mit den obigen schneiden, sind „Parallele Programmierung", „Ereignis-orientierte Programmierung", „Deklarative Programmierung", „Meta-Programmierung" und andere.

Die Wahl des geeigneten Programmierparadigmas hängt von der Art des Problems ab, das gelöst werden soll, sowie von persönlichen Vorlieben und den Anforderungen des Projekts. Oftmals werden in modernen Softwareprojekten mehrere Paradigmen kombiniert, um die Vorteile verschiedener Ansätze zu nutzen.

Jedes Programmierparadigma legt bestimmte Prinzipien, Regeln und Konzepte fest, die die Art und Weise beeinflussen, wie Programme erstellt werden.

## 7.3 Funktionale Programmierung

Python ist eine multiparadigmatische Programmiersprache, die alle drei Haupt-Programmierparadigmen unterstützt: objektorientierte Programmierung (OOP), funktionale Programmierung und prozedurale Programmierung. Python ist flexibel und erlaubt es Entwicklern, die beste Herangehensweise für ihre spezifischen Anforderungen auszuwählen, sei es OOP, funktionale Programmierung, prozedurale Programmierung oder eine Kombination davon.

Bei der funktionalen Programmierung werden Programme durch Anwendung und Komposition von Funktionen erstellt. Die ideale Funktion in der funktionalen Programmierung – und nicht nur dort – ist eine reine Funktion. Also eine Funktion, deren Ergebnisse nur von den Eingabeparametern abhängen und deren Operation keine Seiteneffekte verursacht, d. h. außer dem Rückgabewert keine weiteren Auswirkungen hat.

**Wichtige funktionale Aspekte:** Objekte erster Klasse: Die funktionale Programmierung ist ein Programmierparadigma, bei dem Funktionen als „Objekte erster Klasse"[3] behandelt werden. Dies bedeutet, dass Funktionen wie alle anderen Objekte an Variablennamen gebunden werden können, dass sie an andere Funktionen als Argumente übergeben und von Funktionen wieder als Ergebnis zurückgegeben werden können. Natürlich können Funktionen dadurch auch lokal innerhalb von Funktionen definiert werden. Anders gesagt bedeutet dies, dass Funktionen zur Laufzeit entstehen und verändert werden können. In der funktionalen Programmierung können Funktionen Variablen nutzen, die dem Kontext angehören, in dem ihre Erstellung erfolgt ist. Wir hatten dies bereits in Kapitel 4 „Variablen und Datentypen" kennengelernt. Durch die Anwendung von verschachtelten Funktionen können auch sogenannte Closure-Variablen entstehen, also Variablen, deren Wertebereich bereits verlassen worden ist, aber ihre Belegung eingefroren haben. Closure-Variablen werden wir in Kapitel 9 Dekoratoren kennenlernen.

Interessant ist auch, dass der funktionale Programmierstil älter als die Computer selbst ist.[4] Funktionale Programmiersprachen kommen aus der Mathematik. Sie gehen auf das Lambda-Kalkül zurück, welches in den 1930er Jahren von Alonzo Church und Stephen Cole Kleene eingeführt worden ist und heute zu den wesentlichen Konstrukten der theoretischen Informatik gehört. Lambda-Funktionen werden uns auch in diesem Buchteil begegnen, und ihren Namen haben sie nicht zufällig, sondern vom Lambda-Kalkül.

Einen wichtigen Aspekt der funktionalen Programmierung dürfen wir nicht vergessen: Funktionale Programmierung erleichtert die Programmverifikation durch die Betonung von Konzepten wie referenzieller Transparenz, Unveränderlichkeit von Datenstrukturen, hochwertigen Funktionen und deklarativer Programmierung. Diese Prinzipien reduzieren Seiteneffekte, ermöglichen isolierte Tests, fördern eine klare, modulare Struktur und bieten mathematische Grundlagen, wodurch die formale Überprüfung der Korrektheit von Programmen erleichtert wird.

Wir möchten hier nicht tiefer in die Theorie der funktionalen Programmierung eintauchen, insbesondere nicht eine Abgrenzung zur „rein funktionalen Programmierung" vornehmen, bei der es sich um eine Teilmenge der funktionalen Programmierung handelt.

Funktionale Programmiersprachen sind beispielsweise Common Lisp, Scheme, Clojure und Haskell. Python gilt nicht als funktionale Programmiersprache, aber Python unterstützt und ermöglicht in hohem Maße einen funktionalen Programmierstil.

In den nächsten Kapiteln werden wir funktionale Programmiertechniken kennenlernen, wie beispielsweise `lambda`, `map` und `filter`, und uns insbesondere in Kapitel 9 mit Dekoratoren beschäftigen.

3 In Englisch meistens als „first-class citizen" bezeichnet.

4 Zumindest gab es in den 1930er Jahren keine Rechenmaschinen, die eine ausgeklügelte Programmiersprache benötigt hätten.

# 8 Funktionen

## 8.1 Einleitung

Funktionen sind zentrale Bausteine in Python, die es ermöglichen, wiederverwendbare Codeabschnitte zu erstellen und komplexe Probleme in kleinere, handhabbare Teile zu zerlegen. In der funktionalen Programmierung spielen Funktionen eine noch wichtigere Rolle: Hier werden sie als erstklassige Objekte (Erste-Klasse-Bürger) behandelt, was bedeutet, dass Funktionen wie jede andere Variable übergeben, zurückgegeben und in Datenstrukturen gespeichert werden können.

Bild 8.1 Funktionsobjekte

Die funktionale Programmierung betont die Verwendung von Funktionen ohne Nebenwirkungen, besser bekannt als Seiteneffekte, und fördert dabei einen deklarativen Programmierstil, der sich auf das „Was" und nicht auf das „Wie" konzentriert. Durch Funktionen wie `map`, `filter` und `reduce` ermöglicht Python es, Daten auf eine elegante und ausdrucksstarke Weise zu transformieren und zu manipulieren.

In diesem Kapitel werden wir Funktionen in all ihren Facetten kennenlernen und ihre Bedeutung für die funktionale Programmierung hervorheben.

## 8.2 Funktionen

### 8.2.1 Einfache Funktionen

Funktionen werden mit dem Schlüsselwort „def" eingeleitet. Danach folgt der Name der Funktion, eine Folge von formalen Parametern in runden Klammern und am Ende der Zeile ein Doppelpunkt. Der Funktionskörper besteht aus beliebigen eingerückten Anweisungen. Unmittelbar nach der eben beschriebenen Kopfzeile kann noch optional ein String-Literal stehen. Dies ist ein Dokumentationsstring, docstring, der in der help-Funktionalität verwendet wird.

```
def f():
    """
    Diese Funktion hat keine Parameter und liefert None zurück,
    wenn sie aufgerufen wird!
    """
    pass

print(f())
```

Ausgabe:

```
None
```

„pass“ ist eine leere Anweisung, die als Platzhalter fungiert. Diese Anweisung wird verwendet, wenn in einem Kontext eine Anweisung erforderlich ist, aber keine Aktion ausgeführt werden soll. In Funktionen muss mindestens eine Codezeile nach der Kopfzeile stehen, weswegen wir ein pass verwendet haben.

Ein wesentliches Merkmal von Funktionen ist die Rückgabe von Werten. Unsere Beispielfunktion hat automatisch das None-Objekt zurückgegeben, weil es kein explizites `None` in der Funktion gibt. Man kann auch explizit mit der `return`-Anweisung Rückgaben definieren. Trifft der Programmablauf innerhalb einer Funktion auf eine `return`-Anweisung, wird die Funktion verlassen und das Objekt zurückgeliefert, das in dem Ausdruck der `return`-Anweisung erzeugt wird.

```
def poly(x):
    return 3 * x**2 + 2*x - 9

print(f"{poly(1)=}\n{poly(2)=}")
```

Die Ausgabe

```
poly(1)=-4
poly(2)=7
```

Eine Funktion kann zwar nur ein Objekt zurückliefern, aber man kann natürlich auch mehrere Objekte, die man zurückgeben möchte, in einem Tupel vereinen. Die folgende Funktion liefert den Umfang und die Fläche eines Rechtecks zurück, dessen Länge und Breite als Parameter an die Funktion übergeben werden:

```
def umfang_flaeche(laenge, breite):
    return (2*(laenge+breite), laenge*breite)

umfang_flaeche(3, 4)
umfang, flaeche = umfang_flaeche(3, 4)
print(f"{umfang=}, {flaeche=}")
```

Ausgabe:

```
umfang=14, flaeche=12
```

Funktionsnamen sind – wie andere Variablen auch – Referenzen auf Objekte, in diesem Fall Funktionsobjekte. Wir können also unserer Funktion `umfang_flaeche` einen kürzeren zusätzlichen Namen geben:

```
uf = umfang_flaeche
uf(1, 2)
```

### 8.2.2 Typehints

Wir unterbrechen unsere Einführung in Python-Funktionen, um Typehints einzuführen, die wir im Folgenden bei den Funktionen verwenden wollen. Typehints helfen dabei, den Code klarer und verständlicher zu machen, indem sie explizit angeben, welche Datentypen erwartet und zurückgegeben werden. Dies erleichtert nicht nur das Verständnis des Codes, sondern unterstützt auch Entwicklungswerkzeuge und IDEs bei der statischen Analyse und Fehlersuche.

#### 8.2.2.1 Einführende Beispiele

Typehints sind ein Werkzeug in Python, das es ermöglicht, den Datentyp von Variablen, Funktionen und Rückgabewerten zu annotieren. Dies verbessert die Lesbarkeit des Codes und unterstützt die statische Code-Analyse, ohne die dynamische Natur von Python zu beeinträchtigen. Typehints sind kompatibel mit bestehendem Python-Code und können schrittweise in bestehende Projekte eingeführt werden, ohne dass bestehende Funktionalität geändert werden muss.

Variablen können mit Typehints versehen werden, um ihren erwarteten Datentyp klar zu definieren, was die Codequalität und Wartbarkeit weiter verbessert.

1. Einfache Typen:

   ```
   name: str = "Alice"
   age: int = 30
   height: float = 1.75
   is_student: bool = True
   ```

2. Komplexe Typen wie Listen und Dictionaries:

   ```
   from typing import Any

   numbers: list[int] = [1, 2, 3, 4, 5]
   person: dict[str, Any] = {"name": "Bob",
                             "age": 25,
                             "is_student": False}
   ```

3. Funktionen mit Rückgabetype:

   ```
   def double_value(x: float) -> float:
       return x * 2
   ```

4. Funktionen mit komplexen Typen:

```
def process_data(data: list[tuple[str, int]]) -> None:
    for name, age in data:
        print(f"{name.capitalize()} is {age} years old")
```

Diese Beispiele zeigen verschiedene Arten von Variablen und Funktionen, die mit Typehints versehen sind.

Die Vorteile von Typehints können wir wie folgt zusammenfassen:

1. **Unterstützung von funktionalen Konzepten:**
   Typehints sind besonders nützlich in der funktionalen Programmierung, die oft unveränderliche Daten und Funktionen höherer Ordnung betont. Sie helfen sicherzustellen, dass Funktionen korrekt zusammengesetzt und die erwarteten Typen beibehalten werden, wodurch potenzielle Fehler vermieden werden.
2. **Dokumentation:**
   Typehints dienen als eine Form der eingebetteten Dokumentation. Anstatt Kommentare schreiben zu müssen, die möglicherweise veralten oder ungenau werden, geben die Typehints direkt im Code Auskunft über die erwarteten Datentypen, was das Verständnis des Codes erleichtert.
3. **Fehlervermeidung:**
   Durch die Verwendung von Typehints kann der Code bereits zur Entwicklungszeit auf Typfehler überprüft werden, was zur Vermeidung von Laufzeitfehlern beiträgt. Dies erhöht die Zuverlässigkeit und Robustheit des Codes.
4. **Unterstützung durch Tools und IDEs:**
   Moderne Entwicklungsumgebungen (IDEs) und Tools bieten erweiterte Unterstützung für Typehints wie z. B. Autovervollständigung, statische Analyse und Refactoring-Tools. Diese Funktionen verbessern die Entwicklungserfahrung und helfen dabei, effizienter und fehlerfreier zu arbeiten.

Beachten Sie, dass Typehints in Python rein optional sind und das Laufzeitverhalten nicht beeinflussen, sondern lediglich zur Dokumentation und besseren Code-Verständlichkeit beitragen.

#### 8.2.2.2 Typehints mit mypy

`mypy` ist ein Werkzeug für die statische Code-Analyse in Python, das speziell dafür entwickelt wurde, die Korrektheit von Typen im Programmcode zu überprüfen. Es analysiert den Code basierend auf den bereitgestellten Typehints und meldet potenzielle Typfehler und Inkonsistenzen.

Um `mypy` benutzen zu können, muss man es zuerst installieren, falls es noch nicht installiert ist. Dies geschieht mit:

```
pip install mypy
```

Nehmen wir an, dass das folgende Programm

```
# example.py

def double_numbers(numbers: list[int]) -> list[int]:
    doubled = [x * 2 for x in numbers]
    return doubled
```

```
numbers = [1, 2, 3, 4, 5]
doubled_numbers = double_numbers(numbers)
print(doubled_numbers)
```

unter `example.py` abgespeichert worden ist. Dann kann man es in einer Systemshell mit folgender Anweisung von `mypy` prüfen lassen:

```
mypy example.py
```

Wenn alles korrekt konfiguriert ist, sollte `mypy` keine Fehler melden, da die Typehints im Code korrekt angegeben sind und die Funktion entsprechend definiert wurde.

### 8.2.3 Default-Parameter und Schlüsselwortparameter

Man hat auch die Möglichkeit, die Parameter einer Funktion mit Standardwerten – meist auch als Default-Werte bezeichnet – zu versehen. Diese Parameter sind dann optional beim Aufruf der Funktion, d. h. man kann für einen solchen Parameter ein Argument zur Verfügung stellen, muss es aber nicht. Wird kein Wert angegeben, wird der Standardwert für diesen Parameter eingesetzt.

```
def greet(name: str, greeting: str = "Hello") -> str:
    return f"{greeting}, {name}!"

# Beispiele für Funktionsaufrufe unter Benutzung des Defaultverhaltens
print(greet("Alice"))
print(greet("Bob", "Hi"))
```

Ausgabe:

```
Hello, Alice!
Hi, Bob!
```

### 8.2.4 Weitere Typehints

1. Die Argumente einer Funktion müssen natürlich nicht exakt einem Typ entsprechen, sondern können auch ein Typ aus einer Gruppe von Typen sein. Dies kann entweder mit dem logischen Oder „|" oder einer Union erreicht werden. Die moderne Version, welche wir im Buch nutzen werden, ist „|", welches wir im folgenden Beispiel sehen. Hier kann der Typ entweder ein gültiger Zeitstempel sein oder ein Integer.

   ```
   from datetime import datetime, timedelta

   def calc_time_difference(ts: datetime | int) -> timedelta:
       """Berechnet ein timedelta zwischen einem gegebenen Zeitpunkt
       ↪ und dem Aufruf der Funktion."""
       now = datetime.now()
       if isinstance(ts, datetime):
           return now - ts
       if isinstance(ts, int):
           ts_datetime = datetime.fromtimestamp(ts)
   ```

```
            return now - ts_datetime
        raise TypeError("Input muss ein datetime objekt oder int sein")
```

2. Eigene Typen in Variablen speichern. Wenn wir den Datentyp von oben häufiger benötigen, können wir diesen in einer Variablen abspeichern und diese als Annotation nutzen. Im Folgenden ist auch die Schreibweise mit Union zu sehen, welche denselben Typ wie die Zeile nächste Zeile mit „|" beschreibt.

```
from datetime import datetime, timedelta
from typing import Union

MyTimeStamp = Union[datetime, int]  # Unterstützt ab Python 3.5
MyTimeStamp = datetime | int        # Unterstützt ab Python 3.10
def calc_time_difference(ts: MyTimeStamp) -> timedelta:
    pass
```

3. Generische Typen. Mithilfe von generischen Typen können Funktionen geschrieben werden, die beliebige Argumente akzeptieren, diese müssen aber vom selben Typ sein. Dies ist im folgenden, simplen Beispiel verdeutlicht. Die Funktion akzeptiert jeden Typ und gibt diesen Typ zurück. Dieses Muster ist nützlich, wenn du Funktionen schreibst, die mit beliebigen, aber konsistenten Typen arbeiten sollen.

```
from typing import TypeVar

T = TypeVar('T')

def identity(value: T) -> T:
    return value
```

4. Generische Typen auf einzelne Typen beschränken. Wir können natürlich auch die generischen Typen auf einzelne Typen reduzieren. Dies ist häufig nötig.

```
from typing import TypeVar

T = TypeVar('T', str, float)

def add(a: T, b: T) -> T:
    return a + b

print(add(3, 9))                 # erlaubt
print(add("hello", " world"))    # erlaubt
print(add(3, "9"))               # mypy wird einen Fehler melden!
```

### 8.2.5 Lokale Funktionen

Man kann innerhalb einer Funktion eine oder mehrere andere Funktionen definieren, die dann lokal in dieser Funktion sind. Sie können also nur innerhalb der Funktion benutzt werden.

```
def f(x: float) -> float:
    def g(x: float) -> float:
```

```
        return 2.3 * x

    return g(x) - 2

print(f(1))
```

Das obige Programm gibt `0.2999999999999998` als Ergebnis zurück. Die obige Funktion ist allerdings nicht sehr sinnvoll.

Wir hatten festgestellt, dass Funktionen beliebige Objekte zurückliefern können. Dies bedeutet, dass Funktionen auch Referenzen auf Funktionen zurückliefern können. Im Folgenden definieren wir eine Funktion, die eine Referenz auf ein Polynom zweiten Grades zurückliefert:

```
from typing import Union, Callable

def polynomial_creator(a: float,
                       b: float,
                       c: float) -> Callable[[float], float]:
    def polynomial(x: float) -> float:
        return a * x**2 + b * x + c
    return polynomial

p1 = polynomial_creator(2, 3, -1)
p2 = polynomial_creator(-1, 2, 1)

for x in range(-2, 2, 1):
    print(x, p1(x), p2(x))
```

Im obigen Programm erzeugen wir mithilfe des `polynomial_creator` zwei Polynome `p1` und `p2`. Das Programm liefert die folgende Ausgabe zurück:

Ausgabe:

```
-2 1 -7
-1 -2 -2
0 -1 1
1 4 2
```

### 8.2.6 Globale und lokale Variablen in Funktionen

Globale Variablen können, auch wenn man es normalerweise nicht tun sollte, innerhalb des Funktionsrumpfs einer Funktion „lesend" benutzt werden. Man spricht dann von freien Variablen:

```
def f():
    print(s)


s = "Ich bin ein String!"
f()
```

Der Funktionsrumpf von f() besteht nur aus der `print(s)`-Anweisung. Weil es keine lokale Variable s gibt, d. h. keine Zuweisung an s innerhalb des Funktionsrumpfs von f, wird der Wert der globalen Variablen s benutzt. Dieser Wert kann allerdings nicht verändert werden, wie wir weiter unten in diesem Kapitel sehen werden. Es wird also der String „Ich bin ein String! " ausgegeben.

Wird innerhalb einer Funktion eine Variable definiert, so ist diese lokal, auch wenn es im aufrufenden Kontext eine Variable mit gleichem Namen gibt:

```
def f():
    s = "Ich bin ein lokaler String!"
    print(s)


s = "Ich bin ein String!"
f()
print(s)
```

Starten wir das Skript, erhalten wir folgende Ausgabe:

```
Ich bin ein lokaler String!
Ich bin ein String!
```

Man kann auch den Wert von globalen Variablen innerhalb einer Funktion verändern. Dazu muss man sie jedoch explizit mittels des Schlüsselworts `global` als global deklarieren:

```
def f():
    global s
    print(s)
    s = "Ich bin das globale s!"
    print(s)


s = "f wird mich ändern!"
f()
print(s)
```

Ausgabe:

```
f wird mich ändern!
Ich bin das globale s!
Ich bin das globale s!
```

## 8.2.7 Gültigkeit von Variablen in verschachtelten Funktionen

In Python gibt es drei Haupttypen von Variablen, die in verschachtelten Funktionen verwendet werden: `local`, `nonlocal` und `global`. Hier ist eine Erklärung dieser Konzepte:

### 1. Lokale und globale Variablen

Wie wir bereits im vorigen Abschnitt erfahren haben, ist eine **lokale** Variable eine Variable, die innerhalb einer Funktion definiert wird und nur innerhalb dieser Funktion sichtbar ist. Sie wird beim Betreten der Funktion erstellt und beim Verlassen der Funktion gelöscht. Aber in verschachtelten Funktionen sieht es etwas komplizierter aus.

Das folgende Python-Programm zeigt, wie lokale und globale Variablen in verschachtelten Funktionen verwendet werden und wie das `global`-Schlüsselwort den Wert einer globalen Variable beeinflusst:

```
city = "Konstanz"  # Globale Variable

def f():
    # Lokale Variable innerhalb der Funktion f:
    city = "Hamburg"

    def g():
        #  Bezug auf die globale Variable city
        global city
        city = "München"

    # Gibt den Wert der lokalen city-Variable aus:
    print("Vor dem Aufruf von g: " + city)
    print("Aufruf von g jetzt:")
    g()
    # Gibt den geänderten Wert der globalen city-Variable aus:
    print("Nach dem Aufruf von g: " + city)

f()
# Gibt den Wert der globalen city-Variable aus;
print("Wert der city im Hauptprogramm: " + city)
```

Ausgabe:

```
Vor dem Aufruf von g: Hamburg
Aufruf von g jetzt:
Nach dem Aufruf von g: Hamburg
Wert der city im Hauptprogramm: München
```

Erklärung des Codes:

- **Vor dem Aufruf von g:** Die Funktion `f` zeigt den Wert der lokalen Variable `city`, die auf `"Hamburg"` gesetzt ist. Daher lautet die Ausgabe `"Vor dem Aufruf von g: Hamburg"`.
- **Aufruf von g jetzt:** Die Funktion `g` wird aufgerufen, und sie verwendet das `global`-Schlüsselwort, um die globale Variable `city` zu ändern. Die globale Variable wird auf `"München"` gesetzt, also von `"Konstanz"` auf `"München"`
- **Nach dem Aufruf von g:** Nach dem Aufruf von `g` wird wieder der lokale Wert von `city` in `f` angezeigt, also `"Hamburg"`. Daher lautet die Ausgabe `"Nach dem Aufruf von g: Hamburg"`.
- **Wert der city im Hauptprogramm:** Im Hauptprogramm, nach dem Aufruf von `f` und `g`, zeigt `print("Wert der city im Hauptprogramm: "+ city)` den Wert der globalen Variable `city`, der `"München"` ist. Daher lautet die Ausgabe `"Wert der city im Hauptprogramm: München"`.

## 2. Nonlocal-Variablen

Eine **nonlocal**-Variable ist eine Variable, die in einer verschachtelten Funktion auf eine Variable in der nächsthöheren (nicht-globalen) Umgebungsfunktion verweist. Ändern wir also `city` in `g` zu einer `nonlocal`-Variable, greifen wir damit auf die lokale Variable von `f` zu:

```
city = "Konstanz"  # Globale Variable

def f():
    # Lokale Variable innerhalb der Funktion f:
    city = "Hamburg"

    def g():
        #  Bezieht sich auf die lokale Variable von f:
        nonlocal city
        city = "München"

    # Gibt den Wert der lokalen city-Variable aus:
    print("Vor dem Aufruf von g: " + city)
    print("Aufruf von g jetzt:")
    g()
    # Gibt den geänderten Wert der globalen city-Variable aus:
    print("Nach dem Aufruf von g: " + city)

f()
# Gibt den Wert der globalen city-Variable aus;
print("Wert der city im Hauptprogramm: " + city)
```

Ausgabe:

```
Vor dem Aufruf von g: Hamburg
Aufruf von g jetzt:
Nach dem Aufruf von g: München
Wert der city im Hauptprogramm: Konstanz
```

## Zusammenfassung

- **Local**: Variablen, die nur innerhalb der Funktion, in der sie definiert sind, sichtbar sind.
- **Nonlocal**: Variablen, die in einer inneren Funktion verwendet werden und auf eine Variable in der nächsthöheren (nicht-globalen) Umgebungsfunktion verweisen.
- **Global**: Variablen, die außerhalb aller Funktionen definiert sind und von überall im Modul aus zugänglich sind. Sie können in Funktionen mit dem `global`-Schlüsselwort verändert werden.

# 8.3 Dataclasses und Pattern Matching

## 8.3.1 Dataclasses

Dataclasses bieten eine einfache Möglichkeit, Klassen zu definieren, die hauptsächlich Daten enthalten. Im Kern sind Dataclasses syntaktischer Zucker[1] für das Schreiben von Klassen, die die Vorteile von Typehints und unveränderlichen Datenstrukturen nutzen.

Die Idee der funktionalen Programmierung (FP) konzentriert sich auf das Schreiben von Code, der Funktionen als Hauptbausteine verwendet, um Programme zu strukturieren und zu komponieren. In der funktionalen Programmierung werden Datenstrukturen normalerweise als unveränderlich betrachtet, was bedeutet, dass sie nach ihrer Erstellung nicht verändert werden können. In Python sind Klassen allerdings standardmäßig veränderbar. Wir werden in diesem Kapitel auch lernen, wie wir `dataclass`-Objekte unveränderlich machen können.

**Wichtige Anmerkung:** Auch wenn man keine Vorkenntnisse in OOP hat oder dieses Kapitel überspringen möchte, kann man beruhigt weiterlesen – das Verständnis der weiteren Inhalte dieses Buches ist problemlos möglich, und wo OOP vorkommt, lässt sich das nötige Wissen meistens leicht aus dem Kontext erschließen oder ist für das Verständnis des Wesentlichen nicht notwendig.

In diesem Kapitel setzen wir voraus, dass man bereits Grundkenntnisse in der objektorientierten Programmierung (OOP) hat. Da wir uns in diesem Buch jedoch im Wesentlichen auf funktionale Programmierung konzentrieren wollen, bedauern wir, dass wir OOP nicht behandeln können, um den Rahmen des Buches nicht zu sprengen. Falls man eine Einführung in OOP mit Python benötigt, empfehlen wir das Buch „Einführung in Python" von Bernd Klein oder unsere Webseite *python-kurs.eu*. Auch wenn OOP hier nicht vertieft wird, ist es für das Verständnis des weiteren Inhalts dieses Buches nicht zwingend erforderlich.

Im folgenden Beispiel sehen wir eine simple Datenklasse, welche drei Felder initialisiert. Bei der Erstellung eines Feldes muss der Datentyp mit angegeben werden. Wie beim Typehinting ist dies allerdings auch wieder nur ein Hinweis.

```
from dataclasses import dataclass
import datetime

@dataclass
class Person:
    name: str
    birthdate: datetime.date
    email: str
```

[1] Der Begriff „syntaktischer Zucker" („syntactic sugar") wurde von dem britischen Informatiker Peter J. Landin geprägt. Er führte diesen Begriff 1964 in seinem Artikel „The Next 700 Programming Languages" ein. Landin verwendete den Begriff, um Sprachkonstrukte zu beschreiben, die keinen neuen funktionalen Mehrwert bieten, sondern nur die Syntax vereinfachen oder den Code lesbarer machen sollen.

```
person = Person("Alice",
                datetime.date(1991, 1, 26),
                "alice@example.com")
# Ausgabe der kompletten Struktur
print(person)
# Zugriff auf einzelne Attribute
print(f"{person.name} wurde am {person.birthdate} geboren.")
```

Ausgabe:

```
Person(name='Alice', birthdate=datetime.date(1991, 1, 26),
 ↪  email='alice@example.com')
Alice wurde am 1991-01-26 geboren.
```

Der Zugriff auf die Attribute erfolgt über deren Namen. Allerdings besitzt diese Klasse eine Eigenschaft, die im Kontext der funktionalen Programmierung oft nicht wünschenswert ist: Die Attribute sind veränderlich. Das bedeutet, man kann beispielsweise den Namen, also das Attribut name ändern:

```
person.name = "Bob"
print(person)
```

Ausgabe:

```
Person(name='Bob', birthdate=datetime.date(1991, 1, 26),
 ↪  email='alice@example.com')
```

Dies können wir allerdings bei Dataclasses leicht ändern, indem wir das Argument `frozen` auf `True` setzen.

```
from dataclasses import dataclass
import datetime

@dataclass(frozen=True)
class Person:
    name: str
    birthdate: datetime.date
    email: str

person = Person("Alice",
                datetime.date(1991, 1, 26),
                "alice@example.com")
person.name = "Bob"  # error
```

Ein Aufruf dieses Programmes liefert folgende Fehlermeldung;

```
dataclasses.FrozenInstanceError: cannot assign to field 'name'
```

#### 8.3.1.1 Standardargumente und Fabrikfunktionen

Dataclasses können, ähnlich wie Funktionen, Standardwerte für Attribute haben. Diese Werte werden verwendet, wenn beim Erstellen einer Instanz kein Wert für das entsprechende Attribut übergeben wird. Wichtig ist, dass alle Attribute mit Standardwerten nach den Attributen ohne Standardwerte definiert werden müssen.

Wenn die Standardwerte jedoch veränderliche Objekte wie Listen oder Dictionaries enthalten, kann dies zu Problemen führen und einen Fehler verursachen. Um dieses Problem zu umgehen, sollten solche Felder dynamisch initialisiert werden. Dies kann mit der `default_factory` erreicht werden.

Im folgenden Beispiel erstellen wir eine Dataclass namens `Event`. Sie enthält drei Attribute, von denen zwei einen Standardwert haben, der bei der Erstellung dynamisch erzeugt wird. Das Attribut `participants` wird standardmäßig mit einer leeren Liste initialisiert, und das Attribut `timestamp` wird mit dem Zeitpunkt der Objekterstellung belegt.

```
from dataclasses import dataclass, field
from datetime import datetime

@dataclass
class Event:
    name: str
    participants: list[str] = field(default_factory=list)
    date: datetime = field(default_factory=datetime.now)

event1 = Event("MeetUp")
print(event1)
```

Ausgabe:

```
Event(name='MeetUp', participants=[], date=datetime.datetime(2024, 10, 11,
 ↪  10, 34, 9, 96569))
```

Mit dem `field` und der `default_factory` können wir jedoch auch komplexere Funktionen implementieren. Die im folgenden Beispiel verwendete Lambda-Funktion wird im nächsten Kapitel ausführlich erklärt. Hier verwenden wir eine Funktion, um das Adressfeld standardmäßig auszufüllen. Da die Datenklasse `Address` bei der Initialisierung Argumente benötigt, lösen wir dies mithilfe einer `default_factory`-Funktion.

```
from dataclasses import dataclass, field

@dataclass
class Address:
    street: str
    city: str

@dataclass
class Person:
    name: str
    address: Address = field(
        default_factory=lambda: Address(street="Unbekannt",
                                        city="Unbekannt")
    )


person1 = Person(name="Alice")
person2 = Person(name="Bob",
                 address=Address(street="Pythonstr.",
                 city="Rotterdam"))
```

```
print(f"{person1}\n{person2}")
```

Ausgabe:

```
Person(name='Alice', address=Address(street='Unbekannt',
 ↪ city='Unbekannt'))
Person(name='Bob', address=Address(street='Pythonstr.', city='Rotterdam'))
```

#### 8.3.1.2 Unterschiede zum namedtuple

Wie viele vielleicht schon bemerkt haben, ähneln Dataclasses den `namedtuple`-Strukturen sehr. Beide ermöglichen mit dem `frozen`-Parameter das Erstellen unveränderlicher Datenstrukturen, bei denen man per Namen auf die Elemente zugreifen kann. Es gibt jedoch einige Unterschiede zwischen Dataclasses und `namedtuple`, die die Wahl der passenden Datenstruktur beeinflussen können. Diese Unterschiede werden wir nun genauer betrachten, um in jeder Situation die richtige Entscheidung treffen zu können.

**Typehints**: Das Hinzufügen von Typehints ist bei Dataclasses wesentlich einfacher als bei `namedtuple`. Bei `namedtuple` muss man dafür umständlich das `typing`-Modul verwenden.

```
from dataclasses import dataclass
# eine Dataclass mit typehints:
@dataclass(frozen=True)
class Point:
    x: int
    y: int
# ein namedtuple mit Typehints:
from typing import NamedTuple
class Point(NamedTuple):
    x: int
    y: int
```

Wir sehen, dass sich die beiden Erstellungen nun sehr ähnlich sehen, es bei den `namedtuple` jedoch weniger intuitiv ist, da hier mit Vererbung gearbeitet und Objektorientierung genutzt wird.

**Standardwerte**: Dataclasses sind leichter erweiterbar, insbesondere das Hinzufügen von optionalen Feldern sowie von Standardwerten ist deutlich einfacher.

```
from dataclasses import dataclass

@dataclass(frozen=True)
class Point:
    x: int = 0
    y: int = 0

# ein namedtuple mit Standardwerten:
from collections import namedtuple
Point = namedtuple('Point', ['x', 'y'])
Point.__new__.__defaults__ = (0, 0)
```

Auch hier sehen wir wieder, dass dies zwar mit `namedtuple` möglich ist, es ist allerdings deutlich komplexer und setzt tiefes Wissen über die Objektorientierung in Python voraus. Dies führt zu einer deutlich schlechteren Lesbarkeit des Codes.

**Zusätzliche Methoden**
Dataclasses ermöglichen die Definition von Methoden innerhalb der Klasse, was nützlich ist, um Funktionen zu kapseln, die spezifisch für die Datenstruktur sind. Dadurch wird der Code einfacher zu lesen. Im folgenden Beispiel sehen wir dies anhand einer kleinen Datenstruktur, die ein Rechteck implementiert. Jede weitere Form kann im Dataclass-Ansatz ihre eigene `calc_area`-Funktion erhalten. Mit `namedtuple` müsste man entweder eine separate Funktion für jede Form erstellen oder eine allgemeine Funktion, die alle Formen verarbeiten kann. Dies kann geschickt mit Pattern-Matching gelöst werden, das im nächsten Kapitel besprochen wird.

```
from dataclasses import dataclass

# Ansatz mit Dataclass
@dataclass
class RechteckDC:
    height: float
    width: float

    def calc_area(self) -> float:
        return self.height * self.width

# Namedtuple
RechteckNT = namedtuple('RechteckNT', ['height', 'width'])

def calc_area_rechteck(re: RechteckNT) -> float:
    return re.width * re.height

# Nutzung
re1 = RechteckDC(3, 5)
print(f"Rechteck mit Höhe von {re1.height}, Breite von {re1.width} und
↪ Flächeninhalt von {re1.calc_area()}")


re2 = RechteckDC(4, 2)
print(f"Rechteck mit Höhe von {re2.height}, Breite von {re2.width} und
↪ Flächeninhalt von {calc_area_rechteck(re2)}")
```

Ausgabe:

```
Der Punkt liegt auf der Diagonalen: (3, 3)
Der Punkt hat die Koordinaten: (4, 5)
```

**Post-Init-Verarbeitung**
Dataclasses unterstützen eine `__post_init__`-Methode, die nach der Initialisierung aufgerufen wird, um zusätzliche Validierungen oder Berechnungen durchzuführen.

```
from dataclasses import dataclass
@dataclass
class Rechteck:
    height: float
    width: float

    def __post_init__(self):
        if self.height <= 0 or self.width <= 0:
            raise ValueError("Höhe und Breite müssen > 0 sein.")
```

Das `namedtuple` bietet hierfür keine Alternative an. Hier muss eine separate Fabrikfunktion geschrieben werden, die die Attribute des `namedtuple` als Argumente erhält und nur dann ein Objekt erstellt, wenn diese korrekt sind.

**Vergleichsoperatoren** Die Vergleichsoperatoren können für Dataclasses sehr einfach hinzugefügt werden, indem die entsprechenden „magic methods" implementiert werden. Für `namedtuple` ist dies ebenfalls möglich, wenn man von der `NamedTuple`-Klasse erbt, wie im Abschnitt zu Typehints beschrieben.

**Vorteile des namedtuples** Das `namedtuple` hat auch einige Vorteile. Wenn bestehender Code Tuples als Datenstruktur verwendet, funktioniert dieser auch mit `namedtuple`, da die Elemente weiterhin per Index angesprochen werden können. Des Weiteren können `namedtuple`-Objekte standardmäßig in JSON serialisiert werden. Bei Dataclasses muss diese Funktionalität selbst implementiert werden, was jedoch in der Regel kein großes Problem darstellt.

Zusammenfassend können wir sagen:

- **Unveränderlichkeit**: Obwohl Dataclasses per se nicht unveränderlich sind, kann man leicht unveränderliche Dataclasses durch das Verwenden des Parameters `frozen=True` im `@dataclass`-Dekorator erstellen. Dies sorgt dafür, dass Instanzen der Dataclass nach ihrer Erstellung nicht mehr verändert werden können.
- **Typehints**: Dataclasses unterstützen Typehints, was die Lesbarkeit und Wartbarkeit des Codes verbessert und die Zusammenarbeit mit statischen Typprüfungen ermöglicht.
- **Reinheit der Funktionen**: In der funktionalen Programmierung sollten Funktionen keine Seiteneffekte haben. Mit unveränderlichen Dataclasses kann man sicherstellen, dass Funktionen, die diese Dataclasses verwenden, keine Seiteneffekte auf die ursprünglichen Daten haben.
- **Pattern Matching und Destrukturierung**: In der funktionalen Programmierung ist das Destrukturieren von Datenstrukturen üblich. Mit Dataclasses können wir auf einfache Weise auf die Attribute der Daten zugreifen und diese destrukturieren (dies werden wir im nächsten Kapitel sehen).

## 8.3.2 Pattern Matching

### 8.3.2.1 Einführung

Pattern Matching ist ein mächtiges Feature in vielen Programmiersprachen, das es ermöglicht, Datenstrukturen direkt zu entpacken und zu analysieren. In Python wurde Pattern Matching als Teil von PEP 634 in Version 3.10 eingeführt. Es bietet eine elegante und ausdrucksstarke Möglichkeit, Daten zu verarbeiten, besonders in Kombination mit Dataclasses. Pattern Matching ermöglicht es, Datenstrukturen zu „matchen" und zu zerlegen, basierend auf ihrem Aufbau. Es ähnelt einem erweiterten `switch`-Statement, das in vielen anderen Sprachen existiert, jedoch mit wesentlich mehr Flexibilität und Ausdruckskraft.

Einführende Beispiele:

```
from dataclasses import dataclass

@dataclass(frozen=True)
class Point:
    x: int
    y: int

def process_point(point):
    match point:
        case Point(x, y) if x == y:
            return f"Der Punkt liegt auf der Diagonalen: ({x}, {y})"
        case Point(x, y):
            return f"Der Punkt hat die Koordinaten: ({x}, {y})"
        case _:
            return "Ungültiger Punkt"

# Beispiel
p1 = Point(3, 3)
p2 = Point(4, 5)
print(process_point(p1))
print(process_point(p2))
```

Ein Aufruf liefert dann wie erwartet die Ausgabe:

```
Der Punkt liegt auf der Diagonalen: (3, 3)
Der Punkt hat die Koordinaten: (4, 5)
```

### 8.3.2.2 Binärbäume mit Pattern Matching durchlaufen

Wir nutzen folgende Definition für einen Knoten:

```
from dataclasses import dataclass
from typing import Optional
@dataclass(frozen=True)
class Node:
    value: int
    left: Optional['Node'] = None
    right: Optional['Node'] = None
```

Wir werden nun einen Baum erstellen und diesen „in-order" traversieren.

```
from dataclasses import dataclass
from typing import Optional
@dataclass(frozen=True)
class Node:
    value: int
    left: Optional['Node'] = None
    right: Optional['Node'] = None

def in_order_traversal(node: Optional[Node]) -> list:
    match node:
        case Node(value, left, right):
            return in_order_traversal(left) + [value] +
            ↪  in_order_traversal(right)
        case _:
            return []


# Beispiel-Baum
#        1
#       / \
#      2   3
#         / \
#        4   5
tree = Node(1, Node(2), Node(3, Node(4), Node(5)))
print(in_order_traversal(tree))
```

Ein Aufruf liefert dann, wie erwartet die Ausgabe:

```
[2, 1, 4, 3, 5]
```

## 8.4 Aufgaben

**1. Aufgabe:**

Einen Binärbaum rekursiv mit match pattern durchsuchen, ob ein Element x existiert. Existiert das Element, soll True zurück gegeben werden ansonsten False.

Lösung siehe Seite 283

# 8.5 lambda

## Einführende Beispiele

Eine anonyme Funktion, auch Lambda-Funktion genannt, ist eine Funktion ohne expliziten Namen. Eine solche Funktion kann direkt beim Erstellen verwendet oder einer Variablen zugewiesen werden, über die sie dann aufgerufen wird. Dadurch kann sie nur über ihren Funktionsausdruck oder die entsprechende Referenz, also Variable, angesprochen werden.

Bild 8.2 lambda

Der lambda-Operator bietet eine Möglichkeit, anonyme Funktionen, also Funktionen ohne Namen, zu schreiben und zu benutzen. Lambda-Funktionen kommen aus der funktionalen Programmierung und wurden insbesondere durch die Programmiersprache Lisp besonders bekannt. Sie können eine beliebige Anzahl von Parametern haben, führen einen Ausdruck aus und liefern den Wert dieses Ausdrucks als Rückgabewert zurück.

Anonyme Funktionen sind insbesondere bei der Anwendung der `map`-, `filter`- und `reduce`-Funktionen vorteilhaft.

Schauen wir uns ein einfaches Beispiel einer `lambda`-Funktion an.

```
lambda x: x + 42
```

Beim obigen Beispiel handelt es sich um eine Funktion mit einem Argument „x", die die Summe von x und 42 zurückgibt.

Die allgemeine Syntax einer Lambda-Funktion sieht wie folgt aus:

```
lambda Argumentenliste: Ausdruck
```

Die Argumentenliste besteht aus einer durch Kommata getrennten Liste von Argumenten, und der nach dem Doppelpunkt stehende Ausdruck ist ein beliebiger Ausdruck, der diese Argumente benutzt.

Doch kommen wir zurück zu unserem einführenden Beispiel. Wie können wir unsere Funktion

```
lambda x: x + 42
```

benutzen?

```
for i in range(3):
    print((lambda x: x + 42)(i))
```

Ausgabe:

```
42
43
44
```

Wir sehen, dass wir eine Funktion mittels `lambda` definieren und sie unverzüglich, ohne ihr einen Namen zu geben, auf ein Argument anwenden.

Natürlich kann man mit obigem Code viele beeindrucken, aber man hätte natürlich die letzte Schleife auch viel einfacher hinschreiben können:

```
for i in range(3):
    print(42 + i)
```

Auf jeden Fall werden `lambda`-Funktionen so nicht benutzt. Eine andere Möglichkeit besteht darin, den lambda-Ausdruck einer Variablen zuzuweisen. Mit diesem Namen können wir unsere Funktion jetzt wie eine „gewöhnliche" Funktion f benutzen:

```
f42 = lambda x: x + 42
print(f42(4))
```

Ausgabe:

```
46
```

Aber auch hierzu bräuchten wir nicht die lambda-Notation. Wir hätten dies auch mit einer normalen Funktionsdefinition bewerkstelligen können und sollten es im Normalfall so tun:

```
def f42(x):
    return x + 42

print(f42(4))
```

## lambda mit Default-Argumenten

Die Argumentenliste von lambda kann eine beliebige Anzahl von Argumenten beinhalten, denen auch Default-Werte (Standardwerte) zugeordnet werden können, wie wir im folgenden Beispiel sehen:

```
meine_lambda = lambda x, y, a=1, b=2, c=3: (x + y) * a - b + c

print(meine_lambda(4, 5))          # Standardwerte für a, b und c
print(meine_lambda(4, 5, 2))       # a=2, Standardwerte für b und c
print(meine_lambda(4, 5, 2, 1))    # a=2, b=1, Standardwert für c
print(meine_lambda(4, 5, 2, 1, 0)) # a=2, b=1, c=0
```

Ausgabe:

```
10
19
20
17
```

## Beispiel einer sinnvollen Anwendung

Nun kommen wir endlich zu einer sinnvollen Anwendung der Lambda-Ausdrücke. Wir schreiben eine Funktion namens `anwenden`, die eine Funktion als erstes Argument und eine Liste als zweites Argument erwartet. Die Funktion `anwenden` wendet die übergebene Funktion auf jedes Element der übergebenen Liste an:

```
def anwenden(f, liste):
    ergebnis = []
    for element in liste:
        ergebnis.append(f(element))
    return ergebnis
```

Wir können nun die Funktion anwenden mit unserer f42-Funktion und der Liste der Zahlen von 0 bis 9 aufrufen:

```
print(anwenden(f42, range(10)))
```

Ausgabe:

```
[42, 43, 44, 45, 46, 47, 48, 49, 50, 51]
```

Wir haben oben den Funktionsnamen als Referenz auf unsere Funktion übergeben. Um diese Funktion zu benutzen, hatten wir zuerst eine Funktion mit dem (hässlichen) Namen f42 einführen müssen. Die Funktion f42 ist eine „Wegwerffunktion", die wir nur einmal bei dem Funktionsaufruf von „anwenden" benötigen. Man kann sich leicht vorstellen, dass wir gegebenenfalls auch ähnliche Funktionen wie f43, f44 usw. benötigen könnten.

Aus diesem Grund wäre es natürlich bedeutend eleganter, wenn wir diese Funktionen direkt an unsere Funktion „anwenden" übergeben könnten, also ohne den Umweg mit der Namensgebung. Dies ist mit der lambda-Notation möglich:

```
print(anwenden(lambda x: x + 42, range(10)))
```

Auch solche Anwendungen sind jetzt möglich:

```
for i in [17, 22, 42]:
    print(anwenden(lambda x: x + i, range(10)))
```

Ausgabe:

```
[17, 18, 19, 20, 21, 22, 23, 24, 25, 26]
[22, 23, 24, 25, 26, 27, 28, 29, 30, 31]
[42, 43, 44, 45, 46, 47, 48, 49, 50, 51]
```

In obigem Beispiel haben wir mithilfe des Schleifenparameters i drei verschiedene Funktionen kreiert.

### 8.5.1 lambda mit sorted

Man findet `lambda` sehr häufig im Zusammenspiel mit `sorted`, weshalb wir hier kurz auf diese wichtige Funktion eingehen werden.

Die Funktion `sorted` in Python wird verwendet, um eine neue, sortierte Liste aus den Elementen einer gegebenen Iterable zu erstellen, ohne die Originaldaten zu verändern. Sie nimmt mindestens ein Argument, das Iterable, und gibt eine sortierte Liste zurück. Optional können zusätzliche Parameter wie `key` und `reverse` verwendet werden, um benutzerdefinierte Sortierkriterien anzugeben. Der `key`-Parameter erwartet eine Funktion, die auf jedes Element angewendet wird, um den Sortierschlüssel zu bestimmen. Der `reverse`-Parameter ist ein boolescher Wert, der die Reihenfolge der Sortierung umkehrt, wenn er auf `True` gesetzt ist. `sorted` ist besonders nützlich für die einfache und flexible Sortierung von Listen, Tupeln, Sets und anderen Iterables.

Es folgt nun ein sehr interessantes praxisnahes Beispiel. Häufig hat man in einem Verzeichnis Dateinamen, die mit einer führenden numerischen Zeichenfolge beginnen, möglicherweise gefolgt von einem Unterstrich, Bindestrich oder anderen Trenner. Anschließend findet sich dann der eigentliche Name (beschreibende Text). Das Ganze wird wie üblich beendet durch die Dateikennung. Die führende Nummer ist konsistent formatiert, oft mit Nullen aufgefüllt, und dient zur Sortierung. Der beschreibende Text enthält Wörter, die durch Unterstriche getrennt sind, gefolgt von einer standardisierten Erweiterung wie .png.

Stellen wir uns vor, dass wir Dateinamen der Art `001_banane.png`, `002_apfel.png`, `003_haus_mit_baum.png` usw. haben. Wir wollen diese nun ohne den Präfix sortieren:

```
filenames = [
    "001_banane.png",
    "002_apfel.png",
    "003_haus_mit_baum.png",
    "004_zug.png",
    "005_auto.png"
]

sorted_filenames = sorted(filenames,
                          key=lambda x: x[4:])

print(sorted_filenames)
```

Ausgabe der sortierten Liste:

```
['002_apfel.png', '005_auto.png', '001_banane.png',
 ↪ '003_haus_mit_baum.png', '004_zug.png']
```

Lambdas sind flexibel und bieten eine kompakte Möglichkeit, kleine, oft einmalig verwendete Funktionen zu definieren. Dies kann den Code klarer und prägnanter machen, insbesondere bei der Verwendung in Inline-Szenarien. Im weiteren Verlauf des Buches werden wir noch viele weitere Anwendungen von `lambda` kennenlernen.

## 8.6 Aufgaben

**1. Aufgabe:**

Sortiere eine Liste von positiven Ganzzahlen so, dass sie basierend auf ihrer umgekehrten Darstellung geordnet sind. Du solltest die `sorted`-Funktion von Python nutzen und eine `lambda`-Funktion verwenden. Die `lambda`-Funktion wandelt jeden Integer in einen String um, kehrt diesen String um und wandelt ihn dann wieder in einen Integer zurück, um die korrekte Sortierung zu erreichen. Teste deine Implementierung, indem du eine Liste von Zahlen eingibst und die sortierte Ausgabe ausgibst.

Lösungen zu Abschnitt 8.5 (lambda), Seite 284

**2. Aufgabe:**

Gegeben ist eine Liste mit Produkten der folgenden Art:

```
produkte = [
    (3, 'Schraube', 1.5),
    (5, 'Hammer', 2.0),
    (2, 'Zange', 1.8),
    (4, 'Schraubenzieher', 2.2)
]
```

Die Aufgabe besteht darin, diese Produkte nach dem Produkt aus der Anzahl und dem Preis zu sortieren.

Lösungen zu Abschnitt 8.5 (lambda), Seite 284

**3. Aufgabe:**

Gegeben ist eine Liste von Studierenden-Tupeln, wobei jedes Tupel die folgenden Informationen enthält: (Name, Alter, Note).

```
studierende = [
    ('Anna', 21, 15),
    ('Ben', 20, 17),
    ('Charlie', 22, 12),
    ('David', 19, 14)
]
```

Sortiere diese Liste absteigend nach Alter und dann absteigend nach Note, indem du `sorted` und eine komplexe Lambda-Funktion mit mehreren Argumenten verwendest.

Lösungen zu Abschnitt 8.5 (lambda), Seite 284

# 8.7 Rekursive Funktionen

## 8.7.1 Einführung

Die Wortherkunft von „rekursiv“ sagt uns einiges über die Funktionsweise von rekursiven Funktionen aus. Das lateinische Verb „recurrere“, von dem sich „rekursiv“ ableitet, bedeutet „zurücklaufen“, und dies ist, was eine rekursive Definition oder eine rekursive Funktion tut: Sie „läuft zurück“ oder kehrt zu sich selbst zurück. Die meisten Leute, die sich mit Mathematik oder Informatik beschäftigt haben oder ein Buch über Programmierung gelesen haben, werden auf die Fakultät gestoßen sein, auf die wir in diesem Kapitel noch näher eingehen werden.

**Bild 8.3** Python verschlingt eigenen Schwanz.

In rein funktionalen Programmen spielt Rekursion eine herausragende Rolle, da sie neben bedingten Ausdrücken die einzige Kontrollstruktur darstellt. Reine funktionale Programmiersprachen verwenden keine Schleifen; stattdessen können wir durch rekursive Funktionen Schleifen ersetzen, was der Philosophie der funktionalen Programmierung entspricht. Korrektheitsbeweise für rekursive Funktionen sind in der Regel einfacher als für iterative Algorithmen.

### 8.7.2 Definition der Rekursion

Unter Rekursion versteht man eine Programmiermethode zur Implementierung eines Problems, bei der die zu definierende Funktion ein- oder mehrmals in ihrem eigenen Funktionskörper aufgerufen wird. Im Normalfall wird der Rückgabewert dieses Funktionsaufrufs zurückgegeben. Eine Funktion, die sich mindestens einmal selbst aufruft, um ihre Aufgabe zu erfüllen, bezeichnen wir als rekursive Funktion.

Abbruchbedingung: Eine rekursive Funktion muss eine wichtige Bedingung erfüllen, damit man sie in einem Programm verwenden kann: Sie muss terminieren. Eine rekursive Funktion terminiert, wenn bei jedem rekursiven Aufruf die Lösung des Problems verkleinert wird und sich der Rekursionsverankerung oder dem Rekursionsanfang „nähert". Die Rekursionsverankerung ist der Fall, in dem das Problem ohne weitere Rekursion gelöst werden kann. Eine Rekursion kann in einer Endlosschleife enden, wenn die Rekursionsverankerung im Programmablauf nicht erreicht wird.

Als erstes Beispiel für eine Rekursion benutzen wir – wie könnte es anders sein – die Fakultätsfunktion. Das liegt daran, dass die Fakultätsfunktion ein klassisches Beispiel für eine rekursive Definition ist, leicht verständlich ist und sich gut eignet, um die Konzepte und Prinzipien der Rekursion zu vermitteln.

Mit anderen Worten, Rekursion in der Informatik ist eine Methode, bei der die Lösung eines Problems auf der Lösung kleinerer Instanzen desselben Problems basiert.

**Mathematisches:** Die Fakultätsfunktion, mathematisch als $n!$ ausgedrückt, ist eine Funktion, die in der Kombinatorik und Analysis weit verbreitet ist. Sie berechnet das Produkt aller positiven ganzen Zahlen von 1 bis zu einer gegebenen Zahl $n$.

Formal definiert ist die Fakultätsfunktion wie folgt:

$$n! = \begin{cases} 1, & \text{wenn } n = 0 \\ n \times (n-1)!, & \text{wenn } n > 0 \end{cases}$$

Schauen wir uns die Berechnung der Fakultät von 4 (4!) an:

Beispiel:

4! = 4 * 3!

3! = 3 * 2!

2! = 2 * 1!

1! = 1 * 0!

0! = 1

Das Ersetzen der berechneten Werte ergibt den folgenden Ausdruck:

4! = 4 * 3 * 2 * 1 * 1

Wir können dies sehr leicht in Python-Code umformulieren:

```
def fakultaet_rekursiv(n: int) -> int:
    if n == 0:
        return 1
    else:
        return n * fakultaet_rekursiv(n - 1)

print(fakultaet_rekursiv(6))
```

Ein Aufruf liefert dann wie erwartet die Ausgabe:

```
720
```

### 8.7.3 Iterative Lösung im Vergleich zur rekursiven Lösung

Unserer rekursiven Variante stellen wir nun zur Verdeutlichung eine iterative Variante gegenüber. Beide Implementierungen weisen eine lineare Laufzeitkomplexität in Bezug auf den Eingabeparameter auf. Bei der iterativen Variante bleibt der benötigte Speicherplatz während der gesamten Berechnung konstant. In der rekursiven Variante hingegen muss bei jedem rekursiven Funktionsaufruf neuer Speicherplatz für die lokalen Variablen und die Rücksprungadresse reserviert werden.

```
def fakultaet_iterativ(n: int) -> int:
    ergebnis: int = 1
    for i in range(1, n + 1):
        ergebnis *= i
    return ergebnis

print(fakultaet_iterativ(6))
```

Ein Aufruf liefert dann wie erwartet folgende Ausgabe:

```
720
```

### 8.7.4 Kategorien der Rekursion

Rekursion kann in verschiedene Kategorien unterteilt werden, je nachdem, wie sie in einem Programm oder Algorithmus verwendet wird. Hier sind einige häufige Unterteilungen:

- lineare Rekursion
- gegenseitige oder wechselseitige Rekursion[2]
- baumartige Rekursion
- Endrekursion

[2] engl. mutual recursion

#### 8.7.4.1 Lineare Rekursion

Bei linearer Rekursion ruft eine Funktion sich selbst nur einmal pro Rekursionsaufruf auf. Dies ist die einfachste Form der Rekursion, bei der die Funktion direkt auf sich selbst verweist.

Um eine lineare Rekursion im Kontext des größten gemeinsamen Teilers (ggT) zu veranschaulichen, können wir den euklidischen Algorithmus als Beispiel heranziehen. Der euklidische Algorithmus basiert auf einer linearen rekursiven Definition und wird zur Berechnung des ggT zweier Zahlen verwendet.

Beim klassischen euklidischen Algorithmus wird der größte gemeinsame Teiler ermittelt, indem man nach einem gemeinsamen Maß für die Längen zweier Linien sucht. Dazu wird die kleinere der beiden Längen wiederholt von der größeren subtrahiert, bis das Ergebnis kleiner als die kleinere Länge ist. Ist die Differenz gleich 0, hat man den größten gemeinsamen Teiler gefunden. Andernfalls wiederholt man den Subtraktionsvorgang – diesmal jedoch mit der kleineren Länge als neue größere Länge und der letzten Differenz als neue kleinere Länge.

Der folgende Programmcode ist eine Implementation dieses Algorithmus. Wir haben `print`-Funktionen eingebaut, um die Arbeitsweise zu verdeutlichen:

```
def ggT(x: int, y: int) -> int:
    print(f"In ggT({x}, {y})")
    if x == y:
        return x
    elif x > y:
        print("Da x > y ist, wird ggT(x-y, y) aufgerufen")
        return ggT(x - y, y)
    else:
        print("Da x < y ist, wird ggT(x, y-x) aufgerufen")
        return ggT(x, y - x)

ggT(8280, 12765)
```

Die Ausgaben verdeutlichen die Arbeitsweise:

```
In ggT(8280, 12765)
Da x < y ist, wird ggT(x, y-x) aufgerufen
In ggT(8280, 4485)
Da x > y ist, wird ggT(x-y, y) aufgerufen
In ggT(3795, 4485)
Da x < y ist, wird ggT(x, y-x) aufgerufen
In ggT(3795, 690)
Da x > y ist, wird ggT(x-y, y) aufgerufen
In ggT(3105, 690)
Da x > y ist, wird ggT(x-y, y) aufgerufen
In ggT(2415, 690)
Da x > y ist, wird ggT(x-y, y) aufgerufen
In ggT(1725, 690)
Da x > y ist, wird ggT(x-y, y) aufgerufen
In ggT(1035, 690)
Da x > y ist, wird ggT(x-y, y) aufgerufen
```

```
In ggT(345, 690)
Da x < y ist, wird ggT(x, y-x) aufgerufen
In ggT(345, 345)
```

Es gibt auch eine moderne Variante des euklidischen Algorithmus. In dieser wird in aufeinanderfolgenden Schritten jeweils eine Division mit Rest durchgeführt, wobei im nächsten Schritt der Divisor zum neuen Dividenden und der Rest zum neuen Divisor wird. Wenn wir bei einem Divisor den Rest 0 erhalten, dann haben wir mit diesem Divisor den ggT für die Ausgangszahlen gefunden.

Formale Beschreibung des Algorithmus: Den größten gemeinsamen Teiler (ggT) zweier Zahlen kann man rekursiv wie folgt berechnen. Der ggT von zwei positiven ganzen Zahlen a und b ist

- b, wenn bei der Division von a durch b kein Divisionsrest auftritt, bzw.
- ggT(b, a modulo b) im anderen Fall.

„modulo" bezeichnet den Divisionsrest bei Division von a durch b.

Hier ist eine einfache Python-Implementierung:

```python
def ggT(a: int, b: int) -> int:
    print(f"In ggT({a}, {b})")
    if a % b > 0:
        print("Da a % b > 0 gilt, wird ggT(b, a % b) aufgerufen")
        return ggT(b, a % b)
    else:
        return b

print(ggT(8280, 12765))
```

Ein Aufruf liefert dann folgende Ausgabe:

```
In ggT(8280, 12765)
Da a % b > 0 gilt, wird ggT(b, a % b) aufgerufen
In ggT(12765, 8280)
Da a % b > 0 gilt, wird ggT(b, a % b) aufgerufen
In ggT(8280, 4485)
Da a % b > 0 gilt, wird ggT(b, a % b) aufgerufen
In ggT(4485, 3795)
Da a % b > 0 gilt, wird ggT(b, a % b) aufgerufen
In ggT(3795, 690)
Da a % b > 0 gilt, wird ggT(b, a % b) aufgerufen
In ggT(690, 345)
345
```

#### 8.7.4.2 Gegenseitige/Wechselseitige Rekursion

Bei gegenseitiger Rekursion rufen zwei oder mehr Funktionen sich gegenseitig auf, um ein Problem zu lösen. Dies tritt auf, wenn eine Funktion A eine andere Funktion B aufruft, und B ruft wiederum A oder eine andere Funktion auf.

Betrachten wir zum Beispiel die folgende Definition von gerade und ungerade für nicht-negative ganze Zahlen:

- Eine Zahl ist gerade, wenn sie um eins größer ist als eine ungerade Zahl.
- Eine Zahl ist ungerade, wenn sie um eins größer ist als eine gerade Zahl.
- 0 ist gerade.

Mit dieser Definition können wir zwei gegenseitig rekursive Funktionen implementieren, um zu bestimmen, ob eine Zahl gerade oder ungerade ist:

```
def is_even(x: int) -> bool:
    if x == 0:
        return True
    elif x == 1:
        return False
    else:
        return is_odd(x - 1)

def is_odd(x: int) -> bool:
    if x == 0:
        return False
    elif x == 1:
        return True
    else:
        return is_even(x - 1)

for i in range(7):
    print(i, is_even(i), is_odd(i))
```

Ein Aufruf liefert folgende Ausgabe:

```
0 True False
1 False True
2 True False
3 False True
4 True False
5 False True
6 True False
```

### 8.7.4.3 Baumartige Rekursion

Die baumartige Rekursion kommt zum Einsatz, wenn man das Ergebnis, also der Ausdruck nach dem `return`, aus zwei oder mehreren verschiedenen Rekursionsaufrufen berechnet.

Baumartige Rekursionen führen häufig zu zwei Problemen:

- Baumartige Rekursionen können zu exponentiellem Wachstum der rekursiven Aufrufe führen. Dies liegt daran, dass in jedem Schritt der Rekursion mehrere Unteraufrufe erzeugt werden. Dieses exponentielle Wachstum kann zu einem erheblichen Anstieg des Ressourcenbedarfs führen und in ineffizienten Algorithmen resultieren.
- In baumartigen Rekursionen werden oft dieselben Teilergebnisse mehrmals berechnet, was natürlich nicht effizient ist.

Am Beispiel der Fibonacci-Zahlen demonstrieren wir, wie dieses exponentielle Laufzeitverhalten zustande kommt.

Die Fibonacci-Zahlen sind eine unendliche Zahlenfolge. Deshalb werden die Fibonacci-Zahlen auch als Fibonacci-Folge bezeichnet. Im Folgenden zeigen wir die ersten Glieder der Fibonacci-Folge:

```
0, 1, 1, 2, 3, 5, 8, 13, ...
```

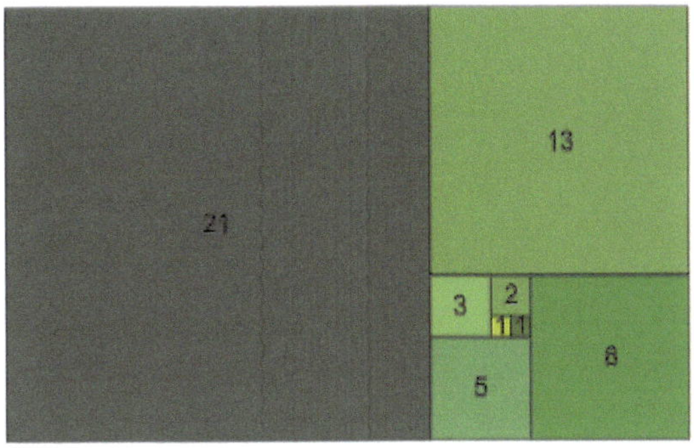

**Bild 8.4** Fibonacci-Rechtecke, goldener Schnitt

Versuchen Sie doch einmal, das Konstruktionsprinzip dieser Folge zu erkennen. Es sollte hoffentlich nicht zu schwer gewesen sein. Jede Zahl außer den beiden ersten ergibt sich aus der Summe der beiden Vorgänger.

Formal kann man sagen, dass die Fibonacci-Zahlen eine Folge von Zahlen $\{F_n\}_{n=1}^{\infty}$ sind, für die gilt:

$$F_n = \begin{cases} F_{n-1} + F_{n-2} & \text{if } n > 1 \\ 1 & \text{if } n = 1 \\ 0 & \text{if } n = 0 \end{cases} \tag{8.1}$$

Die Fibonacci Zahlen sind nach dem Mathematiker Leonardo von Pisa, besser bekannt als Fibonacci, benannt. In seinem Buch „Liber Abaci", das im Jahre 1202 veröffentlicht wurde, führte er diese Folge als Übungsaufgabe ein. In dieser Übung geht es um Kaninchen. Seine Folge beginnt mit F1 = 1, während in modernen Mathematikbüchern und Büchern über Programmiersprachen die Folge meistens mit dem Wert für das Argument 0 startet, also F0 = 0. Dies ist aber gewissermaßen nur Geschmackssache, denn ob man bei 0 oder 1 startet, hat keine Auswirkungen auf die weiteren Folgeglieder.

Die Fibonacci-Zahlen resultieren also aus einem „künstlichen" Kaninchenproblem, das die folgenden Bedingungen erfüllt:

- Die Anfangspopulation wird von einem Kaninchenpaar gebildet.
- Ein neugeborenes Kaninchenpaar kann sich erst am Ende des ersten Monats paaren und wirft am Ende des zweiten Monates ein weiteres Paar.
- Ansonsten wirft jedes Kaninchenpaar jeweils ein weiteres Kaninchenpaar pro Monat. Sie sind unsterblich.

Die Fibonacci-Zahlen geben also die Anzahl der Paare am Ende eines bestimmten Monats an.

Nun kommen wir endlich wieder zu Python und den rekursiven Funktionen zurück. Die Fibonacci-Zahlen lassen sich sehr leicht als rekursive Python-Funktion realisieren. Die rekursive Python-Implementierung spiegelt ziemlich exakt die rekursive mathematische Funktion wider:

```
def fib(n: int) -> int:
    if n == 0:
        return 0
    elif n == 1:
        return 1
    else:
        return fib(n - 1) + fib(n - 2)
```

Eine iterative Funktion zur Berechnung der Fibonacci-Zahlen lässt sich ebenso leicht in Python bewerkstelligen, wie wir im folgenden Skript sehen können:

```
def fibi(n: int) -> int:
    a, b = 0, 1
    for i in range(n):
        a, b = b, a + b
    return a
```

Benutzt man die beiden Funktionen `fib()` und `fibi()`, stellt man sehr schnell fest, dass sie ein deutlich unterschiedliches Laufzeitverhalten an den Tag legen. Bei kleinen Werten, z. B. n = 10, 11 oder 15, hat man rein gefühlsmäßig, also ohne exakte Zeitmessung, den Eindruck, dass `fibi()` und `fib()` genauso schnell wären. Aber bei Werten ab n = 30 sieht es deutlich anders aus. `fib()` braucht nun sekundenlang, während `fibi()` weiterhin „sofort" mit dem Ergebnis da ist. Um dieses Gefühl mit soliden Messwerten zu untermauern, haben wir ein Skript geschrieben, mit dem wir die Zeiten messen können. Wir haben die beiden Funktionen in einer Datei mit dem Namen `fibo.py` abgespeichert und können dann die Funktionen entsprechend importieren:

```
from timeit import Timer

for i in range(1, 26):
    s = "fib(" + str(i) + ")"
    t1 = Timer(s, "from fibo import fib")
    time1 = t1.timeit(3)
    s = "fibi(" + str(i) + ")"
    t2 = Timer(s, "from fibo import fibi")
    time2 = t2.timeit(3)
    print(
        "n=%2d, fib: %8.6f, fibi:  %7.6f, percent: %10.2f" %
        (i, time1, time2, time1 / time2))
```

`time1` ist die Zeit in Sekunden, die drei Aufrufe von `fib(n)` benötigen, und `time2` ist entsprechend die Zeit für drei Aufrufe der iterativen Funktion `fibi()`. Wenn wir uns die Ergebnisse anschauen, sehen wir, dass `fib(20)` etwa 14 Millisekunden benötigt, während `fibi(20)` für drei Aufrufe gerade 0,011 Millisekunden benötigt. `fib(20)` ist also etwa 1300 Mal schneller als `fibi(20)`. `fib(40)` braucht bereits 215 Sekunden, also mehr als 3,5 Minuten, während `fibi(4)` sich mit 0,016 Millisekunden begnügt.

```
n= 1, fib: 0.000004, fibi: 0.000005, percent: 0.81
n= 2, fib: 0.000005, fibi: 0.000005, percent: 1.00
n= 3, fib: 0.000006, fibi: 0.000006, percent: 1.00
n= 4, fib: 0.000008, fibi: 0.000005, percent: 1.62
```

```
n= 5, fib: 0.000013, fibi: 0.000006, percent: 2.20
n= 6, fib: 0.000020, fibi: 0.000006, percent: 3.36
n= 7, fib: 0.000030, fibi: 0.000006, percent: 5.04
n= 8, fib: 0.000047, fibi: 0.000008, percent: 5.79
n= 9, fib: 0.000075, fibi: 0.000007, percent: 10.50
n=10, fib: 0.000118, fibi: 0.000007, percent: 16.50
n=11, fib: 0.000198, fibi: 0.000007, percent: 27.70
n=12, fib: 0.000287, fibi: 0.000007, percent: 41.52
n=13, fib: 0.000480, fibi: 0.000007, percent: 69.45
n=14, fib: 0.000780, fibi: 0.000007, percent: 112.83
n=15, fib: 0.001279, fibi: 0.000008, percent: 162.55
n=16, fib: 0.002059, fibi: 0.000009, percent: 233.41
n=17, fib: 0.003439, fibi: 0.000011, percent: 313.59
n=18, fib: 0.005794, fibi: 0.000012, percent: 486.04
n=19, fib: 0.009219, fibi: 0.000011, percent: 840.59
n=20, fib: 0.014366, fibi: 0.000011, percent: 1309.89
n=21, fib: 0.023137, fibi: 0.000013, percent: 1764.42
n=22, fib: 0.036963, fibi: 0.000013, percent: 2818.80
n=23, fib: 0.060626, fibi: 0.000012, percent: 4985.96
n=24, fib: 0.097643, fibi: 0.000013, percent: 7584.17
n=25, fib: 0.157224, fibi: 0.000013, percent: 11989.91
```

Was ist faul an unserer rekursiven Implementierung?

Schauen wir uns den Berechnungsbaum an, d. h. die Reihenfolge, in der die Funktionsaufrufe erfolgen. Statt `fib()` schreiben wir allerdings vereinfachend `f()`:

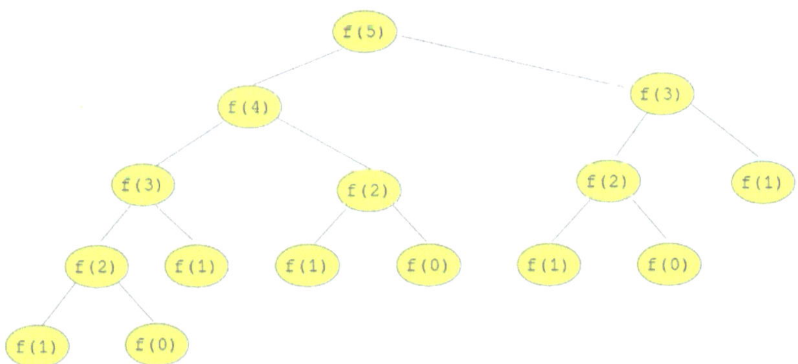


Wir können sehen, dass der Unterbaum zur Berechnung von f(2) (also fib(3)) dreimal auftaucht und der Unterbaum zur Berechnung von f(3) zweimal. Wenn man sich vorstellt, f(6) zu berechnen, erkennt man, dass f(4) zweimal aufgerufen wird, f(3) dreimal und so weiter. Das bedeutet, dass alle Berechnungen immer wieder durchgeführt werden, da bereits berechnete Werte nicht gespeichert werden. Sie müssen also immer wieder aufs Neue berechnet werden.

Wir können eine „Erinnerung" für unsere rekursive Version implementieren. Dazu nutzen wir ein Dictionary, in dem wir bereits berechnete Werte speichern:

```
memo = {0: 0, 1: 1}
def fibm(n):
    if not n in memo:
        memo[n] = fibm(n - 1) + fibm(n - 2)
    return memo[n]
```

Diese Technik, also das Speichern von Ergebnissen zur späteren Wiederverwendung, bezeichnet man als Memoisation.

Wir schauen uns wieder die benötigten Zeiten im Vergleich zu fibi() an:

```
from timeit import Timer
from fibo import fib

t1 = Timer("fib(10)", "from fibo import fib")

for i in range(1, 26):
    s = "fibm(" + str(i) + ")"
    t1 = Timer(s, "from fibo import fibm")
    time1 = t1.timeit(3)
    s = "fibi(" + str(i) + ")"
    t2 = Timer(s, "from fibo import fibi")
    time2 = t2.timeit(3)
    print(
        "n=%2d, fib: %8.6f, fibi:  %7.6f, percent: %10.2f" %
        (i, time1, time2, time1 / time2))
```

Wir können sehen, dass unsere neue Funktionsversion sogar schneller ist als die iterative. Vor allem die großen Argumente profitieren besonders von der Memoisation:

```
n= 1, fib: 0.000011, fibi: 0.000015, percent: 0.73
n= 2, fib: 0.000011, fibi: 0.000013, percent: 0.85
n= 3, fib: 0.000012, fibi: 0.000014, percent: 0.86
n= 4, fib: 0.000012, fibi: 0.000015, percent: 0.79
n= 5, fib: 0.000012, fibi: 0.000016, percent: 0.75
n= 6, fib: 0.000011, fibi: 0.000017, percent: 0.65
n= 7, fib: 0.000012, fibi: 0.000017, percent: 0.72
n= 8, fib: 0.000011, fibi: 0.000018, percent: 0.61
n= 9, fib: 0.000011, fibi: 0.000018, percent: 0.61
n=10, fib: 0.000010, fibi: 0.000020, percent: 0.50
n=11, fib: 0.000011, fibi: 0.000020, percent: 0.55
n=12, fib: 0.000004, fibi: 0.000007, percent: 0.59
n=13, fib: 0.000004, fibi: 0.000007, percent: 0.57
n=14, fib: 0.000004, fibi: 0.000008, percent: 0.52
n=15, fib: 0.000004, fibi: 0.000008, percent: 0.50
n=16, fib: 0.000003, fibi: 0.000008, percent: 0.39
n=17, fib: 0.000004, fibi: 0.000009, percent: 0.45
n=18, fib: 0.000004, fibi: 0.000009, percent: 0.45
n=19, fib: 0.000004, fibi: 0.000009, percent: 0.45
n=20, fib: 0.000003, fibi: 0.000010, percent: 0.29
n=21, fib: 0.000004, fibi: 0.000009, percent: 0.45
```

```
n=22, fib: 0.000004, fibi: 0.000010, percent: 0.40
n=23, fib: 0.000004, fibi: 0.000010, percent: 0.40
n=24, fib: 0.000004, fibi: 0.000011, percent: 0.35
n=25, fib: 0.000004, fibi: 0.000012, percent: 0.33
```

In Kapitel 10 (Memoisation) zeigen wir, wie wir den rekursiven Ansatz in seiner „Reinheit" retten können.

#### 8.7.4.4 Endrekursion

Man spricht von Endrekursion,[3] wenn eine rekursive Funktion mit dem rekursiven Funktionsaufruf als letzte Aktion endet.

Die meisten rekursiven Funktionen können in die Form einer Endrekursion umgewandelt werden, wie wir am Beispiel der Fakultätsfunktion zeigen:

```python
def tail_factorial(n: int, accumulator: int = 1) -> int:
    if n == 0:
        return accumulator
    else:
        return tail_factorial(n - 1, accumulator * n)

for i in range(3, 10):
    print(i, tail_factorial(i))
```

Ein Aufruf liefert dann wie erwartet folgende Ausgabe:

```
3 6
4 24
5 120
6 720
7 5040
8 40320
9 362880
```

## 8.8 Aufgaben

**1. Aufgabe:**

Schreibe eine rekursive Funktion, die eine Liste mit numerischen Werten summiert.

Lösung: Lösungen zu Abschnitt 8.7 (Rekursive Funktionen), Seite 285

**2. Aufgabe:**

Schreibe eine rekursive Funktion, die eine umgekehrte Liste erzeugt.

Lösung: Lösungen zu Abschnitt 8.7 (Rekursive Funktionen), Seite 285

[3] (engl.tail recursion)

**3. Aufgabe:**

Die Hofstaedter Female (F) und Male (M) Folgen sind wie folgt definiert:

```
F(0) = 1
M(0) = 0
F(n) = n - M(F(n-1)), n>0
M(n) = n - F(M(n-1)), n>0
```

Schreibe zwei entsprechende Python-Funktionen dazu.

Lösung: Lösungen zu Abschnitt 8.7 (Rekursive Funktionen), Seite 285

**4. Aufgabe:**

Das Josephus-Problem ist eine theoretische Aufgabe in der Mathematik und Informatik, benannt nach dem legendären jüdischen Historiker und Mathematiker Flavius Josephus. Die Problemstellung lautet wie folgt:

**Bild 8.5** Römische Soldaten

Angenommen, es gibt eine Gruppe von $n$ Personen, die in einer Kreisformation stehen und von 1 bis $n$ durchnummeriert sind. Beginnend mit einer bestimmten Person wird jede $k$-te Person übersprungen, und die nächste Person wird eliminiert. Dieser Prozess wird fortgesetzt, bis nur noch eine Person übrig ist.

Die Aufgabe besteht darin, die Position der letzten überlebenden Person zu bestimmen, basierend auf den Werten von $n$ (der Anzahl der Personen im Kreis) und $k$ (der Schrittlänge, wie oft Personen übersprungen werden).

Die grundlegende Formel zur Lösung des Josephus-Problems lautet:

$$f(n,k) = \begin{cases} 1 & \text{falls } n = 1 \\ (f(n-1,k)+k-1) \mod n+1 & \text{falls } n > 1 \end{cases}$$

Dabei gibt $f(n,k)$ die Position der letzten überlebenden Person im Kreis an.

Die Lösung des Josephus-Problems hat Anwendungen in verschiedenen Bereichen wie der Informatik, Spieltheorie und Kombinatorik. Es ist ein interessantes Beispiel für rekursive mathematische Probleme.

Lösung: Lösungen zu Abschnitt 8.7 (Rekursive Funktionen), Seite 286

**5. Aufgabe:**

Implementiere eine rekursive Funktion `flatten`, die eine beliebig verschachtelte Datenstruktur (bestehend aus Listen, Tupeln und Dictionaries) rekursiv in eine flache Liste umwandelt. Die Eingabe kann eine beliebige verschachtelte Datenstruktur `data` sein, die Listen, Tupel und/oder Dictionaries enthalten kann. Eine flache Liste soll zurückgeliefert werden, die alle Elemente, die nicht Listen, Tupel oder Dictionaries waren, der ursprünglichen verschachtelten Struktur enthält. Dabei sollen alle Elemente, einschließlich der Schlüssel-Wert-Paare aus Dictionaries, enthalten sein.

Beispiel:

Diese verschachtelte Liste

```
nested_data = [
    "Hello",
    {'Alice': {'Math': 85, 'History': 92},
     'Bob': {'Math': 78, 'History': 85},
     'Charlie': {'Math': 90, 'History': 88},
     'Diana': {'Math': 82, 'History': 91}},
    ['Frank', 'Mathias', 'Swenja'],
    [42, 88, 99]
]
```

soll also in diese Form überführt werden:

```
[1, 2, 'a', 3, 'b', 4, 5, 6, 'c', 7, 8, 'd', 'e', 9, 10, 11, 12]
```

Lösung: Lösungen zu Abschnitt 8.7 (Rekursive Funktionen), Seite 287

**6. Aufgabe:**

Analog zu Aufgabe 5, aber es soll eine Generatorfunktion geschrieben werden, die die Elemente einzeln zurückliefert.

Lösung: Lösungen zu Abschnitt 8.7 (Rekursive Funktionen), Seite 288

# 8.9 Funktionen als Erste-Klasse-Objekte

## 8.9.1 Definition

First-Class-Funktionen[4] sind eine Notwendigkeit für den funktionalen Programmierstil, in dem die Verwendung von Funktionen höherer Ordnung eine Standardpraxis ist. Prinzipiell versteht man darunter, dass Funktionen in einer Programmiersprache im Prinzip wie „ganz normale“ Daten behandelt werden können.

Bild 8.6 Erster-Klasse-Objekte

Eine First-Class-Funktion erfüllt die folgenden Bedingungen:

1. Man kann einer Variablen eine Funktion zuweisen, genauso wie man es mit anderen Datentypen tun kann.
2. Dies impliziert, dass man sie auch in Datenstrukturen wie beispielsweise Listen speichern kann.
3. Funktionen können als Argumente an andere Funktionen übergeben werden.

[4] englisch: Der Begriff Erste-Klasse-Funktion hat sich nicht im Deutschen durchgesetzt.

4. Funktionen können lokal innerhalb anderer Funktionen definiert werden, was als verschachtelte Funktionen bezeichnet wird. Dadurch können Funktionen auch zur Laufzeit erzeugt werden.
5. Funktionen können von anderen Funktionen als Rückgabewerte zurückgeliefert werden.

Zusammenfassend können wir also sagen: Funktionen – oder besser gesagt „Funktionsobjekte" – sind in Python Daten wie alle anderen auch. Das bedeutet, dass sie dynamisch, also zur Laufzeit, erzeugt, zerstört und vor allen Dingen auch verändert werden können. All dies werden wir in diesem Kapitel kennenlernen.

Wir werden diese Prinzipien in den folgenden Unterkapiteln behandeln.

### 8.9.2 Zuweisung an Variable

Wenn man sagt, dass man einer Variablen eine Funktion zuweisen kann, so bedeutet dies, dass Funktionen Objekte sind, Objekte wie andere auch. Wir müssen verstehen, dass Funktionsnamen Referenzen auf Funktionen darstellen, oder genauer: Referenzen auf Funktionsobjekte. Wie bei allen Objekten ist es also möglich, verschiedene Namen für das gleiche Objekt zu vergeben. Wir zeigen dies mit folgendem Code:

```
def nachfolger(n: int) -> int:
    return n + 1

successor = nachfolger
print(successor(41))
print(nachfolger(41))
```

Ausgabe:

```
42
42
```

Wir haben jetzt also zwei Namen, d. h. `nachfolger` und `successor` für dasselbe Funktionsobjekt. Der nächste wichtige Punkt ist, dass wir einen der beiden Namen, also `nachfolger` oder `successor`, löschen können. Dadurch wird das Funktionsobjekt nicht entfernt, da weiterhin noch eine Referenz auf das Objekt existiert.

```
def nachfolger(n: int) -> int:
    return n + 1

successor = nachfolger
del nachfolger
print(successor(41))
```

Ausgabe:

```
42
```

`add_one` kann nun genauso wie `successor` benutzt werden, denn die beiden Funktionsnamen sind Referenzen auf das gleiche Funktionsobjekt.

### 8.9.3 Funktionen in Datenstrukturen

Im folgenden Beispiel sehen wir, wie drei Funktionen in einer Liste gespeichert werden und dann anschließend über Listenzugriffe genutzt werden:

```
def eins_hinzufuegen(num: int) -> int:
    return num + 1

def quadrieren(num: int) -> int:
    return num ** 2

def verdoppeln(num: int) -> int:
    return num * 2

# Erstelle eine Liste von Funktionen:
liste_von_funktionen = [eins_hinzufuegen, quadrieren, verdoppeln]

zahlen = range(1, 6)

for func in liste_von_funktionen:
    ergebnis = [func(num) for num in zahlen]
    print(f"Anwendung von {func.__name__} auf die Liste:", ergebnis)
```

Ausgabe:

```
Anwendung von eins_hinzufuegen auf die Liste: [2, 3, 4, 5, 6]
Anwendung von quadrieren auf die Liste: [1, 4, 9, 16, 25]
Anwendung von verdoppeln auf die Liste: [2, 4, 6, 8, 10]
```

Selbstverständlich kann man die Funktionen auch in einem Dictionary speichern. Dadurch erhöht sich die Lesbarkeit deutlich:

```
def add42(x: int, y: int) -> int:
    return x + y + 42

def sub42(x: int, y: int) -> int:
    return x - y - 42


rechenoperation = {
    'Addition': add42,
    'Subtraktion': sub42
}

tasks = [('Addition', 122, 57),
         ('Subtraktion', 89, 77),
         ('Addition', rechenoperation['Addition'](12, 3), 8)]

for operation, zahl1, zahl2 in tasks:
    ergebnis = rechenoperation[operation](zahl1, zahl2)
    print(f"Ergebnis der {operation}: {ergebnis}")
```

Ausgabe:

```
Ergebnis der Addition: 221
Ergebnis der Subtraktion: -30
Ergebnis der Addition: 107
```

Im folgenden, etwas umfangreicheren Programm zeigen wir, wie wir dieses Konzept „praktisch" nutzen können. Dieses Programm ist ein einfaches textbasiertes Abenteuerspiel, bei dem der Spieler Aktionen auswählen kann, um einen imaginären Abenteurer zu steuern.

```
import random

# Attribute des Spielercharakters:
spieler = {
    'name': 'Abenteurer',
    'gesundheit': 100,
    'energie': 50
}


def erkunden(charakter):
    print(f"{charakter['name']} erkundet...")
    # Simuliere ein zufälliges Ereignis, das Gesundheit und Energie
     ↪ beeinflusst
    ereignis_gesundheit = random.randint(-10, 10)
    ereignis_energie = random.randint(-5, 5)
    charakter['gesundheit'] += ereignis_gesundheit
    charakter['energie'] += ereignis_energie
    print(f"Gesundheit: {charakter['gesundheit']}, Energie:
     ↪ {charakter['energie']}")

def kämpfen(charakter):
    print(f"{charakter['name']} kämpft!")
    # Simuliere einen Kampf, ziehe Gesundheit und Energie ab
    charakter['gesundheit'] -= 20
    charakter['energie'] -= 10
    print(f"Gesundheit: {charakter['gesundheit']}, Energie:
     ↪ {charakter['energie']}")

def ausruhen(charakter):
    print(f"{charakter['name']} ruht sich aus...")
    # Ruhe dich aus, um Gesundheit und Energie zu regenerieren
    charakter['gesundheit'] += 10
    charakter['energie'] += 20
    print(f"Gesundheit: {charakter['gesundheit']}, Energie:
     ↪ {charakter['energie']}")
```

```
aktionen = {'Erkunden': erkunden, 'Kämpfen': kämpfen, 'Ausruhen':
↪  ausruhen}

while True:
    print("\nVerfügbare Aktionen: ", end="")
    for aktion in aktionen:
        print(f"{aktion}, ", end='')
    print(f"Beenden ")

    spieler_eingabe = input("Geben Sie Ihre Aktion ein:
    ↪  ").capitalize()
    if spieler_eingabe in aktionen:
        aktionen[spieler_eingabe](spieler)
    elif spieler_eingabe == 'Beenden':
        print("Das Spiel wurde beendet.")
        break
    else:
        print("Ungültige Aktion. Versuchen Sie es erneut.")
```

Eine „Spielsession“ könnte beispielsweise so aussehen:

```
Verfügbare Aktionen: Erkunden, Kämpfen, Ausruhen, Beenden
Geben Sie Ihre Aktion ein:  Erkunden
Abenteurer erkundet...
Gesundheit: 98, Energie: 52

Verfügbare Aktionen: Erkunden, Kämpfen, Ausruhen, Beenden
Geben Sie Ihre Aktion ein:  Ausruhen
Abenteurer ruht sich aus...
Gesundheit: 108, Energie: 72

Verfügbare Aktionen: Erkunden, Kämpfen, Ausruhen, Beenden
Geben Sie Ihre Aktion ein:  Kämfen
Ungültige Aktion. Versuchen Sie es erneut.

Verfügbare Aktionen: Erkunden, Kämpfen, Ausruhen, Beenden
Geben Sie Ihre Aktion ein:  Beenden
Das Spiel wurde beendet.
```

### 8.9.4 Funktionen als Argumente

Im nachfolgenden Beispiel definieren wir die Funktion wende_an, der wir eine Funktion sowie zwei Werte übergeben können. Die Funktion wird anschließend auf die beiden Werte angewendet, und das Ergebnis wird zurückgegeben.

```
from typing import Callable

def berechne_umfang(a: float, b: float) -> float:
    return 2 * (a + b)

def berechne_fläche(a: float, b: float) -> float:
    return a * b

def wende_an(funktion: Callable[[float, float], float], a: float, b:
↪   float) -> float:
    return funktion(a, b)

# Beispielverwendung mit einem Rechteck
länge = 3
breite = 5

ergebnis_umfang = wende_an(berechne_umfang, länge, breite)
ergebnis_fläche = wende_an(berechne_fläche, länge, breite)

print(f"Für ein Rechteck mit den Seitenlängen {länge} und {breite}:")
print(f"Umfang: {ergebnis_umfang}")
print(f"Fläche: {ergebnis_fläche}")
```

Ausgabe:

```
Für ein Rechteck mit den Seitenlängen 3 und 5:
Umfang: 16
Fläche: 15
```

Im Folgenden sehen wir ein weiteres Beispiel für eine Funktion, die eine Funktion als Argument erwartet:

```
from typing import Callable

def filtere_zeilen(dateiname: str,
                   func: Callable[[str], bool]) -> None:
    with open(dateiname, 'r') as datei:
        for zeile in datei:
            zeile = zeile.rstrip()
            if func(zeile):
                print(zeile)
```

### 8.9.5 Funktionen innerhalb von Funktionen

Wir haben schon gesehen, dass wir innerhalb einer Funktion lokale Daten wie Integer-, Float-, Listen- oder andere Datenobjekte erzeugen können. Wie sieht es mit Funktionen aus? Funktionen sind in Python Daten wie andere Daten auch und können konsequenterweise deshalb auch in Funktionsdefinitionen lokal erzeugt werden, wie wir im folgenden Beispiel sehen werden:[5]

**Bild 8.7** Verschachtelte Objekte

Funktionen, in denen andere Funktionen lokal definiert sind, bezeichnet man als verschachtelte oder innere Funktionen.[6] Eine innere Funktion hat direkten Zugriff auf Variablen, die in der einschließenden Funktion definiert sind.

Verschachtelte Funktionen bieten viele Vorteile und Anwendungsmöglichkeiten wie beispielsweise:

- Kapselung und Verbergen einer Funktion vor externem Zugriff
- Hilfsfunktionen schreiben, um die Wiederverwendung von Code zu erleichtern.
- Fabrikfunktionen zu erzeugen
- Zur Erzeugung von Dekoratoren, siehe dazu Kapitel 9, Dekoratoren

Ein Beispiel einer verschachtelten Funktion:

```
def foobar(x, y):
    def foo(a):
        return a + 1
    return foo(x) + foo(y)

print(foobar(3, 4))
```

Die Ausgabe sieht wie folgt aus:

```
20
```

#### 8.9.5.1 Kapselung und Verbergen

An dem Beispiel der Fakultätsfunktion werden wir demonstrieren, wie wir mithilfe einer verschachtelten Funktion und der damit verbundenen Abstraktion ein Programm sicherer machen können.

```
def fakultät(n: int) -> int:
    """ berechnet die Fakultät von n,
        n muss eine nicht-negative Integer sein """
```

[5] Das Konzept von verschachtelten Funktionen, also Funktionsdefinitionen innerhalb einer Funktion, ist in vielen anderen Programmiersprachen wie beispielsweise C, C++ und Java nicht bekannt.

[6] engl. nested oder inner functions

```
    if n == 0:
        return 1
    else:
        return n * fakultät(n - 1)
```

Was passiert, wenn jemand einen negativen Wert oder eine Float-Zahl an diese Funktion übergibt? Sie wird nie enden. Man könnte nun auf die Idee kommen, das wie folgt abzuprüfen:

```
def fakultät(n: int) -> int:
    """ berechnet die Fakultät von n,
        n muss eine nicht-negative Integer sein """
    if not isinstance(n, int) or n < 0:
        raise TypeError("n muss 0 oder eine positive Integer")

    if n == 0:
        return 1
    else:
        return n * fakultät(n - 1)
```

Manche wundern sich vielleicht, dass man hier trotz Typehints noch einen zusätzlichen Typcheck in der Funktion hat. Typehints helfen dabei, Typfehler frühzeitig zu erkennen, garantieren aber keine Typüberprüfung zur Laufzeit. Ein zusätzlicher Typcheck zur Laufzeit kann sinnvoll sein, um sicherzustellen, dass die Funktion korrekt verwendet wird, und ermöglicht es, aussagekräftige Fehlermeldungen zu geben, wenn falsche Typen übergeben werden, insbesondere in Situationen, in denen die Typen zur Laufzeit nicht vorhersehbar sind.

Dieser Typcheck birgt jedoch ein anderes Problem. Ruft man diese Funktion beispielsweise mit 4 auf, also `fakultät(4)`, so wird zuerst geprüft, ob es sich um eine nicht-negative ganze Zahl handelt. Das ist grundsätzlich sinnvoll. Das „Problem“ taucht nun im Rekursionsschritt auf. Es wird dann `fakultät(3)` aufgerufen, und bei jedem weiteren Rekursionsaufruf wird erneut geprüft, ob es sich um eine nicht-negative ganze Zahl handelt. Dies ist aber unnötig: Subtrahiert man von einer positiven ganzen Zahl den Wert `1`, erhält man wieder eine positive ganze Zahl oder `0`. Also beides wohldefinierte Argumentwerte für unsere Funktion.

Mit einer lokalen Funktion kann man dieses Problem elegant lösen:

```
def fakultät(n: int) -> int:
    """ berechnet die Fakultät von n,
        n muss eine nicht-negative Integer sein """
    def innere_fakultät(n: int) -> int:
        return 1 if n == 0 else n * innere_fakultät(n - 1)
    if isinstance(n, int) and n >= 0:
        return innere_fakultät(n)
    else:
        raise TypeError("n muss 0 oder eine positive Integer sein")

print(fakultät(5))
```

#### 8.9.5.2 Fabrikfunktionen

Ein Anwendungsfall für die Benutzung verschachtelter Funktionen ist die sogenannte Fabrikfunktion. Darunter versteht man eine Funktion, die bei einem Aufruf eine neue Funktion erzeugt und als Ergebnis zurückliefert. Dies ermöglicht es uns, verschiedene Funktionen basierend auf den Parametern der Fabrikfunktion zu erstellen und zurückzugeben.

Das folgende Beispiel einer Fabrikfunktion demonstriert, wie wir maßgeschneidert eine Begrüßungsfunktion in Abhängigkeit der gewünschten Sprache mit der Fabrikfunktion `create_greeting_function` erzeugen können:

```
from typing import Callable

def create_greeting_function(lang: str) -> Callable[[str], str]:
    def greeting(name: str) -> str:
        if lang == "de":
            greeting = "Guten Tag "
        elif lang == "fr":
            greeting = "Bonjour "
        elif lang == "it":
            greeting = "Buon Giorno "
        elif lang == "es":
            greeting = "Buenos dias "
        else:
            greeting = "Hi "
        return greeting + name
    return greeting


say_hi = create_greeting_function("fr")
print(say_hi("Pierre"))
```

Mit dem Aufruf von `create_greeting_function("fr")` haben wir eine Funktion erzeugt, die auf Französisch grüßt, wie wir an der Ausgabe `Bonjour Pierre` erkennen können.

Das folgende Beispiel demonstriert die Arbeitsweise von Fabrikfunktionen in einem mathematischen Kontext, indem wir eine Fabrikfunktion für Polynome definieren. Diese Fabrikfunktion erzeugt und liefert eine Funktion zurück, die ein bestimmtes Polynom basierend auf den übergebenen Koeffizienten berechnet.

Wir starten mit einer Version für Polynome zweiten Grades, die folgendermaßen definiert sind:

$$p(x) = a \cdot x^2 + b \cdot x + c$$

Die Python-Implementierung als eine Polynom-Fabrikfunktion sieht wie folgt aus:

```
def polynomial_creator(a: float, b: float, c: float) ->
↪ Callable[[float], float]:
    def polynomial(x: float) -> float:
        return a * x**2 + b * x + c
    return polynomial
```

```
p1 = polynomial_creator(2, 3, -1)
p2 = polynomial_creator(-1, 2, 1)

for x in range(-2, 2, 1):
    print(x, p1(x), p2(x))
```

Nun dehnen wir dieses Prinzip auch auf Polynome beliebigen Grades aus:

$$\sum_{k=0}^{n} a_k \cdot x^k = a_n \cdot x^n + a_{n-1} \cdot x^{n-1} + \ldots + a_2 \cdot x^2 + a_1 \cdot x + a_0$$

Die Python-Implementierung sieht wie folgt aus:

```
from typing import Callable

def polynomial_creator(*coefficients: float) -> Callable[[float],
↪   float]:
    """ coefficients are in the form a_0, a_1, ... a_n
    """
    def polynomial(x: float) -> float:
        res = 0
        for index, coeff in enumerate(coefficients):
            res += coeff * x ** index
        return res
    return polynomial


p1 = polynomial_creator(4)
p2 = polynomial_creator(2, 4)
p3 = polynomial_creator(2, 3, -1, 8, 1)
p4 = polynomial_creator(-1, 2, 1)


for x in range(-2, 2, 1):
    print(x, p1(x), p2(x), p3(x), p4(x))
```

p3 implementiert zum Beispiel das folgende Polynom:

$$p_3(x) = 2x^4 + 3 \cdot x^3 - x^2 + 8 \cdot x + 1$$

Starten wir obiges Programm, erhalten wir folgende Ausgabe:

```
-2 4 -6 -56 -1
-1 4 -2 -9 -2
0 4 2 2 -1
1 4 6 13 2
```

Es könnte sein, dass einige noch nicht den Vorteil in obigem Vorgehen sehen. Sie könnten sagen, dass sie die Polynome $p_1$, $p_2$, $p_3$ und $p_4$ auch hätten direkt implementieren können, also wie folgt:

```
def p1(x: float) -> float:
    return 4


def p2(x: float) -> float:
    return 2 * x + 4


def p3(x: float) -> float:
    return x**4 + 8 * x**3 - x**2 + 3 * x + 2


def p4(x: float) -> float:
    return -x**2 + 2 * x + 1
```

Man merkt jedoch schnell, dass sich dies deutlich schwieriger gestaltet, und die Gefahr sehr hoch ist, dass man Fehler macht. Es gibt jedoch noch einen weiteren Vorteil. Muss oder will man etwas an der Berechnungsart ändern, muss man es bei der „Fabrikfunktion" nur einmal machen, während man es ansonsten in jeder Funktionsdefinition durchführen muss.

Wir können diesen Vorteil nun nutze, da es noch einen weiteren, deutlich effizienteren Weg gibt, Polynome beliebigen Grades zu berechnen:

$$\sum_{k=0}^{n} a_k \cdot x^k = (\cdots(a_n \cdot x + a_{n-1}) \cdot x + \cdots + a_1) \cdot x + a_0$$

Wir brauchen nun nur die Funktion `polynomial_creator` zu verändern, und alle damit erzeugten Polynome sind automatisch auch effizienter:

```
from typing import Callable

def polynomial_creator(*coeffs: float) -> Callable[[float], float]:
    def polynomial(x: float) -> float:
        res = coeffs[0]
        for i in range(1, len(coeffs)):
            res = res * x + coeffs[i]
        return res

    return polynomial
```

## 8.10 Aufgaben

**1. Aufgabe:**

Bekanntlich ist eine Geradengleichung definiert durch:

$$y = mx + b$$

Schreibe eine Funktion `generiere_gerade`, die die Parameter m und b erwartet und eine Funktion zurückliefert, die für einen gegebenen Wert x den zugehörigen y-Wert zurückliefert.

Lösung: Lösungen zu Abschnitt 8.9 (Funktionen als Erste-Klasse-Objekte), Seite 289

**2. Aufgabe:**

Erstelle eine Funktion `bereichs_prüfer`, die überprüft, ob ein gegebener Wert innerhalb eines bestimmten Bereichs liegt. Die Funktion soll zwei Parameter akzeptieren: `min_value` und `max_value`, die den Bereich festlegen. Die von `bereichs_prüfer` zurückgegebene Funktion `checker` soll den Wert `wert` als Eingabe nehmen und überprüfen, ob dieser Wert innerhalb des angegebenen Bereichs liegt.

Erzeuge mit dieser Funktion mehrere Bereichsprüfer und teste sie mit verschiedenen Werten. Die Bereichsprüfer sollen für die folgenden Bereiche erstellt werden:

- Zwischen 10 und 20
- Zwischen 0 und 100
- Zwischen 50 und 60

Teste die generierten Bereichsprüfer mit verschiedenen Werten und gib die Ergebnisse aus, um zu zeigen, ob die Werte innerhalb der angegebenen Bereiche liegen.

Lösung: Lösungen zu Abschnitt 8.9 (Funktionen als Erste-Klasse-Objekte), Seite 281

**3. Aufgabe:**

Erstelle eine Funktion `bereichs_pruefer_kochen`, die überprüft, ob Wasser bei einer bestimmten Temperatur und Höhe kocht. Die Funktion soll vier Parameter akzeptieren: `min_temp` und `max_temp`, die den Temperaturbereich festlegen, sowie `min_hoehe` und `max_hoehe`, die den Höhenbereich festlegen. Die von `bereichs_pruefer_kochen` zurückgegebene Funktion `checker` soll die Temperatur `temp` und die Höhe `hoehe` als Eingaben nehmen und überprüfen, ob Wasser bei dieser Kombination von Temperatur und Höhe kocht.

Um diese Prüfung durchzuführen, soll die Funktion den Siedepunkt von Wasser in Abhängigkeit von der Höhe berechnen. Der Siedepunkt von Wasser sinkt näherungsweise um 1°C pro 300 Meter über dem Meeresspiegel.

Erzeuge mit dieser Funktion einen Bereichsprüfer `is_water_boiling`, der überprüft, ob Wasser bei Temperaturen zwischen 0°C und 150°C und Höhen zwischen 0 und 5000 Metern kocht. Teste den Bereichsprüfer mit verschiedenen Kombinationen von Temperaturen und Höhen und gib die Ergebnisse aus, um zu zeigen, ob Wasser bei diesen Bedingungen kocht.

Lösung: Lösungen zu Abschnitt 8.9 (Funktionen als Erste-Klasse-Objekte), Seite 282

# 9 Dekoratoren

## 9.1 Einführung Dekoratoren

Bild 9.1 Dekoratoren

In diesem Kapitel geht es um Dekoratoren. Streng genommen könnte man sagen, dass Python gar keine speziellen Dekoratoren kennt. Damit meinen wir, dass es keine speziellen Schlüsselwörter oder Sprachkonstrukte für Dekoratoren gibt, abgesehen von einer Ausnahme: dem @-Zeichen. Obwohl das @-Zeichen in der praktischen Programmierung sehr nützlich ist, ist es für die Implementierung von Dekoratoren nicht zwingend erforderlich, da man Dekoratoren auch ohne dieses Zeichen erzeugen und nutzen kann.

Ein Dekorator ist ein Designpattern, das sich in allen Programmiersprachen verwenden lässt, die Funktionen erster Klasse unterstützen. Ein Dekorator basiert auf der Nutzung der Eigenschaften von Funktionen erster Klasse in Python, wie wir sie im letzten Kapitel eingeführt haben:

1. Funktionen können als Argumente an andere Funktionen übergeben werden.
2. Funktionen können von anderen Funktionen zurückgegeben werden.
3. Funktionen können von Variablen referenziert werden.
4. Funktionen können innerhalb anderer Funktionen definiert werden.

Dekoratoren gehören vermutlich zu den leistungsstärksten Designmöglichkeiten von Python. Gleichzeitig wird es von vielen als schwierig betrachtet, einen Einstieg in die Thematik zu finden. Um genau zu sein: Die Nutzung von Dekoratoren ist sehr einfach, aber das Schreiben eines Dekorators kann sich vor allem für Ungeübte als kompliziert erweisen. In Python gibt es zwei verschiedene Arten von Dekoratoren:

- Funktionsdekoratoren
- Klassendekoratoren

Auch wenn es in diesem Kapitel in erster Linie um Funktionsdekoratoren geht, werden wir auch auf Klassendekoratoren eingehen.

Ein Dekorator in Python ist ein beliebiges aufrufbares Objekt (wie eine Funktion oder eine Klasse), das verwendet wird, um eine Funktion oder eine Klasse zu modifizieren. Dabei wird eine Referenz auf die ursprüngliche Funktion `func` oder die ursprüngliche Klasse `C` an den Dekorator übergeben. Der Dekorator führt dann Änderungen durch und gibt eine neue, modifizierte Funktion oder Klasse zurück. Diese modifizierte Funktion oder Klasse enthält typischerweise zusätzlichen Code, ruft aber auch die ursprüngliche Funktion `func` oder Klasse `C` innerhalb ihres eigenen Codes auf, um das ursprüngliche Verhalten zu bewahren und zu erweitern.

## 9.2 Ein einfacher Dekorator

Im folgenden Beispiel sehen wir einen ersten einfachen Dekorator. Dieser besteht aus einer Funktion, welche als Argument eine Funktion akzeptiert und eine lokale Funktion zurückgibt. Dekoratoren in Python sind Funktionen, die andere Funktionen umhüllen, um deren Verhalten zu erweitern oder zu modifizieren. Im Beispiel wird die Funktion `foo` mit `our_decorator` dekoriert, was dazu führt, dass zusätzliche Aktionen vor und nach dem Aufruf von `foo` ausgeführt werden. Dies ermöglicht eine modulare Erweiterung von Funktionen ohne Änderung des ursprünglichen Funktionscodes.

```
from typing import Callable, Any
def our_decorator(func: Callable) -> Callable:
    def wrapper(x: Any) -> None:
        print(f"In 'wrapper': Vor Aufruf von {func.__name__}")
        func(x)
        print(f"In 'wrapper': Nach Aufruf von {func.__name__}")
    return wrapper

def foo(x):
    print("foo wurde mit " + str(x) + " aufgerufen!")


# foo wird dekoriert
foo = our_decorator(foo)
# dekorierter Aufruf
foo("second")
```

Wenn wir uns die folgende Ausgabe anschauen, dann sehen wir, was passiert. Nach der Dekoration `foo = our_decorator(foo)` ist foo eine Referenz auf die aus `wrapper` generierte Funktion. foo wird innerhalb von dieser durch `wrapper` generierten Funktion aufgerufen, aber vorher und nachher wird noch etwas Code ausgeführt – in diesem Beispiel zwei Print-Funktionen.

Ausgabe:

```
In 'wrapper': Vor Aufruf von foo
foo wurde mit second aufgerufen!
In 'wrapper': Nach Aufruf von foo
```

## 9.3 @-Syntax für Dekoratoren

Die Dekoration selbstgeschriebener Funktionen oder Klassen in Python wird in der Regel nicht so gemacht, wie wir es im vorigen Beispiel gezeigt haben. Wir haben mit der Schreibweise `foo = our_decorator(foo)` begonnen, weil sie einfach zu verstehen und einprägsam ist, und auch weil dies der allgemeine Fall ist, der immer funktioniert.

Allerdings gibt es bei diesem Ansatz ein Designproblem: `foo` existiert im Programm in zwei Versionen, und zwar sowohl vor der Dekoration als auch nach der Dekoration. Um dies zu vermeiden, gibt es eine alternative Definitionsweise für Dekoratoren.

Die Dekoration passiert in der Zeile über dem Funktionskopf: das Zeichen `@`, gefolgt von dem Funktionsnamen des Dekorators.

Wir ersetzen diese Anweisung

```
foo = our_decorator(foo)
```

durch

```
@our_decorator
```

Diese Zeile muss unmittelbar über der zu dekorierenden Funktion platziert werden. Das komplette Beispiel sieht nun folgendermaßen aus:

```
from typing import Callable, Any
def our_decorator(func: Callable) -> Callable:
    def wrapper(x: Any) -> None:
        print(f"Vor dem Aufruf von {func.__name__}")
        func(x)
        print(f"Nach dem Aufruf von {func.__name__}")
    return wrapper

@our_decorator
def foo(x):
    print("foo wurde mit " + str(x) + " aufgerufen!")


foo("first")
foo("second")
```

Zusammenfassend können wir Folgendes festhalten: Ein Dekorator ist ein aufrufbares Python-Objekt, welches zur Modifikation von Funktions-, Methoden- oder Klassendefinitionen genutzt werden kann. Das Objekt, welches modifiziert werden soll, wird dem Dekorator als Argument übergeben. Der Dekorator liefert dann das modifizierte Objekt zurück. In der modifizierten Funktion wurden gegebenenfalls Aktionen vor und nach dem Aufruf angefügt. Wir sehen dies im folgenden Übersichtsbild.

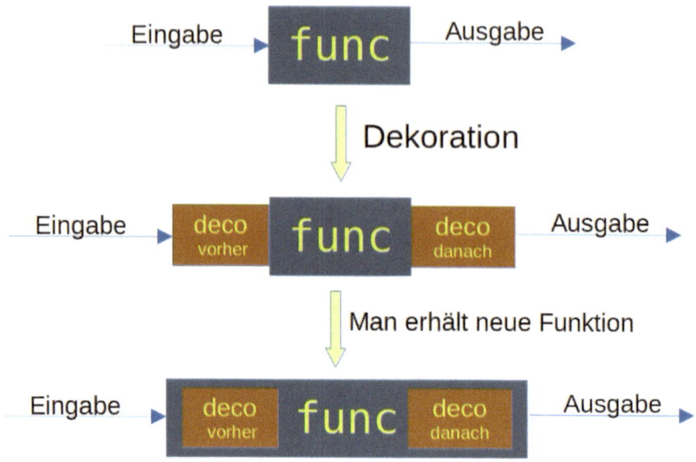


Bild 9.2 Dekoration im Überblick

## 9.4 Dekoratoren für beliebige Signaturen

Die vorige Wrapper-Funktion `wrapper` funktioniert nur für Funktionen mit genau einem Parameter. Im nachfolgenden Beispiel haben wir sie so umgeschrieben, dass sie Funktionen mit beliebigen Parametern verarbeiten kann:

```
from random import random, randint, choice
from typing import Callable, TypeVar, ParamSpec

# Typvariablen deklarieren
T = TypeVar('T')
P = ParamSpec('P')

def our_decorator(func: Callable[P, T]) -> Callable[P, T]:
    def wrapper(*args: P.args, **kwargs: P.kwargs) -> T:
        print(f"Vor dem Aufruf von {func.__name__}")
        res = func(*args, **kwargs)
        print(res)
        print(f"Nach dem Aufruf von {func.__name__}")
        return res
    return wrapper

# Dekorieren der Funktionen
random = our_decorator(random)
randint = our_decorator(randint)
choice = our_decorator(choice)

# Aufrufe der dekorierten Funktionen
random()
```

```
randint(3, 8)
choice([4, 5, 6])
```

Wir erhalten wie erwartet die folgenden Ergebnisse:

```
Vor dem Aufruf von random
0.3919813217642042
Nach dem Aufruf von random
Vor dem Aufruf von randint
3
Nach dem Aufruf von randint
Vor dem Aufruf von choice
6
Nach dem Aufruf von choice
```

Die Verwendung von `*args` und `**kwargs` macht den Dekorator flexibel und ermöglicht es, ihn auf Funktionen mit unterschiedlichen Signaturen anzuwenden, ohne den Dekorator für jede Funktion speziell anpassen zu müssen. `*args` und `**kwargs` ermöglichen es, eine variable Anzahl von Argumenten zu akzeptieren und weiterzuleiten, was in vielen Situationen nützlich ist.

## 9.5 Anwendungsfälle für Dekoratoren

In der Softwareentwicklung bezieht sich der Begriff „Dekorator" oft auf ein Designmuster, das strukturelle Änderungen an einem Objekt ermöglicht, ohne seine Schnittstelle zu ändern. Dekoratoren werden häufig verwendet, um Verantwortlichkeiten zu trennen und die Wiederverwendbarkeit von Code zu verbessern. Hier sind einige generelle Einsatzmöglichkeiten von Dekoratoren:

- **Erweiterung von Funktionen:** Dekoratoren können genutzt werden, um Funktionen oder Methoden eines Objekts zu erweitern, ohne den bestehenden Code zu ändern. Dies ermöglicht die schrittweise Hinzufügung von Funktionalitäten.
- **Logging:** Dekoratoren eignen sich gut für das Hinzufügen von Logging-Funktionalitäten. Man kann beispielsweise einen Dekorator erstellen, der vor und nach dem Aufruf einer Methode Log-Nachrichten ausgibt.
- **Authentifizierung und Autorisierung:** Sie können verwendet werden, um Authentifizierungs- oder Autorisierungsprüfungen vor dem Aufruf einer Methode hinzuzufügen.
- **Validierung:** Ein Dekorator kann genutzt werden, um Eingabeparameter zu validieren, bevor eine Funktion aufgerufen wird.
- **Profiling:** Mit Dekoratoren kann die Ausführungszeit von Funktionen gemessen oder die Anzahl der Funktionsaufrufe gezählt werden. Generell gesagt können sie Profiling-Informationen sammeln.
- **Caching:** Durch das Hinzufügen eines Dekorators kann man das Caching von Ergebnissen implementieren. Wenn eine Methode denselben Eingabeparameter wie zuvor hat, kann der Dekorator das zuvor gespeicherte Ergebnis zurückgeben, anstatt die Methode erneut auszuführen. Auf Caching gehen wir in Kapitel 10 ein.

Dekoratoren bieten eine elegante Möglichkeit, Funktionalitäten zu erweitern, ohne den Kerncode zu ändern. Sie fördern die Wiederverwendbarkeit, die Lesbarkeit und die Wartbarkeit des Codes. Beim Einsatz von Dekoratoren ist es wichtig, darauf zu achten, dass sie transparent und gut dokumentiert sind, um die Code-Verständlichkeit zu erleichtern.

### 9.5.1 Erweiterung von Funktionen

Im Folgenden definieren wir einen Dekorator, der trigonometrische Funktionen erweitert, wie sie beispielsweise das `math`-Modul zur Verfügung stellt. Die vom `math`-Modul bereitgestellten trigonometrischen Funktionen erlauben nur Bogenmaß als Argument. Der Dekorator `angle_deco` erweitert eine Funktion um einen optionalen zweiten Parameter `mode`, mit dem man die Eingabeart bestimmen kann. Der Default-Wert ist `radians`. Setzt man `mode` auf `degrees`, kann man Winkel in Grad angeben:

```
import math
from typing import Callable, Protocol


class AngleDecoCallable(Protocol):
    def __call__(self, x: float, mode: str = "radians") -> float: ...


def angle_deco(func: Callable[[float], float]) -> AngleDecoCallable:
    def helper(x: float, mode: str = "radians") -> float:
        if mode == "degrees":
            x = x * math.pi / 180
        return func(x)

    return helper


sin = angle_deco(math.sin)
cos = angle_deco(math.cos)

print(f"Benutzung von Bogenmaß: {sin(3)=:6.2f}")
print(f"Benutzung von Bogenmaß: {cos(3, mode='radians')=:6.2f}")
print(f"Benutzung von Winkelmaß: {sin(30, mode='degrees')=:6.2f}")
print(f"Benutzung von Winkelmaß: {cos(90, mode='degrees')=:6.2f}")
```

Die Ausgabe sieht wie folgt aus:

```
Benutzung von Bogenmaß: sin(3)=  0.14
Benutzung von Bogenmaß: cos(3, mode='radians')= -0.99
Benutzung von Winkelmaß: sin(30, mode='degrees')=  0.50
Benutzung von Winkelmaß: cos(90, mode='degrees')=  0.00
```

Ruft man die dekorierten Funktionen `sin` und `cos` mit nur einem Argument auf, sind sie identisch mit den Originalfunktionen. Die Funktionen wurden erweitert, indem sie einen zweiten optionalen Parameter erhalten hatten. Im Sinne der Eingangsbetrachtungen ist es auch interessant festzustellen, dass unser Dekorator nur etwas vor dem Aufruf tut, aber nichts nach dem Funktionsaufruf.

### 9.5.2 Logging-Dekorator

Im folgenden Codebeispiel finden wir einen simplen Logging-Dekorator in Python. Der Dekorator wird verwendet, um Log-Nachrichten vor und nach dem Aufruf einer Funktion auszugeben:

```
from typing import Callable, TypeVar, ParamSpec

# Typvariablen deklarieren
T = TypeVar('T')
P = ParamSpec('P')

def log_decorator(func: Callable[P, T]) -> Callable[P, T]:
    def wrapper(*args: P.args, **kwargs: P.kwargs) -> T:
        print(f"INFO: Vor Aufruf von {func.__name__}")
        result = func(*args, **kwargs)
        print(f"INFO: Nach Aufruf von {func.__name__}")
        return result
    return wrapper

@log_decorator
def foo(a: float, b: float) -> float:
    return a + b + 42

result = foo(3, 5)
print(f"Ergebnis: {result}")
```

Die Ausgabe sieht wie folgt aus:

```
INFO: Vor Aufruf von foo
INFO: Nach Aufruf von foo
Ergebnis: 50
```

Dies ist natürlich nur ein sehr primitives Beispiel für einen Logging-Dekorator. Normalerweise würde man erwarten, dass ein solcher Dekorator seine Nachrichten in einer Datei protokolliert. Dies könnte auch mittels des `logging`-Moduls erfolgen. In den Aufgaben und der zugehörigen Lösung findet man einen Dekorator, der das `logging`-Modul benutzt.

### 9.5.3 Authentifizierung und Autorisierung

Im folgenden Code schreiben wir einen Dekorator, der bei einem Funktionsaufruf prüft, ob der User oder das Programm autorisiert ist:

```
from typing import Callable, TypeVar, ParamSpec

# Typvariablen deklarieren
T = TypeVar('T')
P = ParamSpec('P')

def check_authenticated() -> bool:
    # Hier könnte eine clevere Prüflogik stehen
    # stattdessen immer autorisiert :-)
    return True

class AuthenticationError(Exception):
    pass

def authentication_decorator(func: Callable[P, T]) -> Callable[P, T]:
    def wrapper(*args: P.args, **kwargs: P.kwargs) -> T:
        if check_authenticated():
            return func(*args, **kwargs)
        else:
            raise AuthenticationError("Benutzer ist nicht
            ↪ authentifiziert. Zugriff verweigert.")
    return wrapper


@authentication_decorator
def sensitive_operation() -> None:
    print("Sensible Operation durchgeführt.")


try:
    sensitive_operation()
except AuthenticationError as e:
    print(f"Fehler: {e}")
```

Die Ausgabe sieht wie folgt aus:

```
Sensible Operation durchgeführt.
```

### 9.5.4 Validierung: Überprüfung von Argumenten

Die im Folgenden definierte Funktion `is_prime` berechnet, ob eine positive ganze Zahl eine Primzahl ist:

```
def is_prime(n: int) -> bool:
    return all(n % i for i in range(2, n))
```

Die Funktion `all` und damit auch die Funktion `is_prime` liefert `True` zurück, wenn alle Zahlen zwischen 2 und (n-1) einen von 0 verschiedenen Rest liefern, wenn man n durch sie teilt. Wir können nun einen Dekorator `argument_test_natural_number` schreiben, der prüft, ob ein Argument eine positive ganze Zahl ist. Damit können wir dann `is_prime` dekorieren, da diese Funktion nur für positive ganze Zahlen definiert ist:

```
def argument_test_natural_number(f: Callable[[int], bool]) ->
↪ Callable[[int], bool]:
    def helper(x: int) -> bool:
        if isinstance(x, int) and x > 0:
            return f(x)
        else:
            raise Exception("Argument is not an integer or negative")
    return helper


@argument_test_natural_number
def is_prime(n: int) -> bool:
    return all(n % i for i in range(2, n))


for i in range(1, 10):
    print(i, is_prime(i))

print(is_prime(-1))
```

Das obige Programm liefert folgende Ausgaben:

```
1 True
2 True
3 True
4 False
5 True
6 False
7 True
8 False
9 False
---------------------------------------------------------------------------
Exception                                 Traceback (most recent call last)
Cell In[4], line 1
----> 1 is_prime(-1)
```

```
Cell In[3], line 6, in argument_test_natural_number.<locals>.helper(x)
      4     return f(x)
      5 else:
----> 6     raise Exception("Argument is not an integer")

Exception: Argument is not an integer
```

### 9.5.5 Profiling: Funktionsaufrufe mit einem Dekorator zählen

Im folgenden Beispiel zeigen wir, wie wir unter Benutzung eines Dekorators elegant die Aufrufe einer Funktion zählen können.

```
from typing import Callable, TypeVar, ParamSpec

# Typvariablen deklarieren
T = TypeVar('T')
P = ParamSpec('P')

def call_counter(func: Callable[P, T]) -> Callable[P, T]:
    def wrapper(*args: P.args, **kwargs: P.kwargs) -> T:
        if not hasattr(wrapper, 'calls'):
            wrapper.calls = 0
        wrapper.calls += 1
        return func(*args, **kwargs)
    return wrapper

@call_counter
def succ(x: int) -> int:
    return x + 1

@call_counter
def mul1(x: int, y: int = 1) -> int:
    return x * y + 1


for i in range(10):
    succ(i)
mul1(3, 4)
mul1(4)
mul1(y=3, x=2)

print(f"Anzahl der Aufrufe von succ: {succ.calls}")
print(f"Anzahl der Aufrufe von mul1: {mul1.calls}")
```

Die Ausgabe sieht wie folgt aus:

```
Anzahl der Aufrufe von succ: 10
Anzahl der Aufrufe von mul1: 3
```

# 9.6 Dekoratoren mit Parametern

## 9.6.1 Einführendes Beispiel

Bisher hatten wir nur Dekoratoren ohne Parameter geschrieben, auch wenn die Dekoratorfunktion einen Parameter hat, nämlich die Referenz auf die zu dekorierende Funktion. Unter „Dekorator mit Parameter" verstehen wir Dekorationen der Art `@greeting("Moin")`, wie wir in diesem Kapitel sehen werden.

Betrachten wir die beiden Dekoratoren:

```
def evening_greeting(func):
    def wrapper(x):
        print(f"Good evening, {func.__name__} returns:")
        return func(x)
    return wrapper


def morning_greeting(func):
    def wrapper(x):
        print(f"Good morning, {func.__name__ } returns:")
        return func(x)
    return wrapper


@evening_greeting
def foo(x):
    print(42)


foo("Hi")
```

Diese beiden Dekoratoren sind beinahe identisch außer dem Begrüßungstext. Wollten wir nun noch weitere Begrüßungsfloskeln als Dekoratoren definieren, müssten wir für jede einen eigenen Dekorator definieren.

Stattdessen werden wir nun einen Dekorator mit einem Parameter schreiben, damit der Gruß bei der Dekoration selbst verändert werden kann. Damit das klappt, müssen wir unsere Dekoratorfunktion in eine Wrapper-Funktion `greeting` einpacken. Dies versetzt uns nun in die Lage, auf verschiedenste Arten zu grüßen, so auch hanseatisch:

```
def greeting(expr):
    def greeting_decorator(func):
        def wrapper(x):
            print(f"{expr}, {func.__name__} returns:")
            return func(x)
        return wrapper
    return greeting_decorator
```

```
@greeting("Moin")
def foo(x):
    print(42)


foo("Hi")
```

Ausgabe:

```
Moin, foo returns:
42
```

Wenn wir die @-Schreibweise nicht verwenden wollen oder können, so lässt sich dies auch mittels Funktionsaufrufen realisieren:

```
def foo(x):
    print(42)


special_greeting = greeting("Moin")
foo = special_greeting(foo)
foo("Hi")
```

Das Ergebnis ist identisch:

```
Moin, foo returns:
42
```

Natürlich ist die zusätzliche Definition von `special_greeting` nicht nötig. Wir können die Rückgabe aus `greeting("Moin")` direkt an `foo` übergeben:

```
foo = greeting("Moin")(foo)
```

### 9.6.2 Weiteres Beispiel

Es folgt nun ein Beispiel für einen Dekorator mit Parametern in Python, der die Argumente und den Rückgabewert einer Funktion in einer Datei protokolliert, deren Name wir als Parameter mit übergeben.

```
from typing import Callable, TypeVar, ParamSpec

T = TypeVar("T")
P = ParamSpec("P")


def log_args_and_return(log_file: str) -> Callable[[Callable[P, T]],
↪ Callable[P, T]]:
    def decorator(func: Callable[P, T]) -> Callable[P, T]:
        def wrapper(*args: P.args, **kwargs: P.kwargs) -> T:
            result = func(*args, **kwargs)
            with open(log_file, "a") as f:
                f.write(
```

```
                    f"Die Funktion '{func.__name__}' wurde mit den,
                     ↪ Argumenten aufgerufen: {args}, {kwargs}\n"
                )
                f.write(f"Rückgabewert: {result}\n\n")
            return result

        return wrapper

    return decorator


# Verwendung des Decorators mit Parametern
@log_args_and_return(log_file="protokoll.txt")
def add(a: float, b: float) -> float:
    return a + b


@log_args_and_return(log_file="protokoll.txt")
def multiply(x: float, y: float) -> float:
    return x * y


@log_args_and_return(log_file="protokoll_crazy.txt")
def crazy(x: float, y: float) -> float:
    return x * y + 99


# Testen der dekorierten Funktionen
ergebnis_addition = add(3, 4)
ergebnis_multiplikation = multiply(2, 5)
ergebnis_crazy = crazy(2, 5)
```

In diesem Beispiel nimmt der `log_args_and_return`-Dekorator einen Parameter `log_file` (den Namen der Protokolldatei) und gibt die eigentliche Dekoratorfunktion zurück. Die Dekoratorfunktion (`decorator`) nimmt die ursprüngliche Funktion (`func`) und gibt eine neue Funktion (`wrapper`) zurück, die die Argumente und den Rückgabewert der Funktion in die angegebene Protokolldatei schreibt. Man kann praktisch bei der Dekoration entscheiden, in welche Datei die Logging-Daten geschrieben werden sollen.

Die Ausgabedatei `protokoll.txt` enthält den folgenden Text:

```
Die Funktion 'add' wurde mit den Argumenten aufgerufen: (3, 4), {}
Rückgabewert: 7

Die Funktion 'multiply' wurde mit den Argumenten aufgerufen: (2, 5), {}
Rückgabewert: 10
```

Die Ausgabedatei `protokoll_crazy.txt` enthält den folgenden Text:

```
Die Funktion 'crazy' wurde mit den Argumenten aufgerufen: (2, 5), {}
Rückgabewert: 10
```

## 9.7 Benutzung von Wraps aus functools

Die Art und Weise, wie wir bisher Dekoratoren definiert haben, hat nicht berücksichtigt, dass die Attribute wie beispielsweise

- `__name__` (Name der Funktion),
- `__doc__` (der Docstring) und
- `__module__` (das Modul, in dem die Funktion definiert ist)

und so weiter der originalen Funktionen bei der Dekoration verloren gehen.

Wir zeigen dies in dem folgenden Beispiel:

```
def greeting(func):
    def wrapper(x):
        """ Der Funktions-Wrapper von greeting """
        print("Hi, " + func.__name__ + " liefert zurück:")
        return func(x)
    return wrapper


@greeting
def f(x):
    """ nur eine Funktion """
    return x + 4


f(10)
print("function name: " + f.__name__)
print("docstring: " + f.__doc__)
print("module name: " + f.__module__)
```

Wir erhalten ungewollte und gegebenenfalls unerwartete Ergebnisse:

```
Hi, f liefert zurück:
function name: wrapper
docstring:  Der Funktions-Wrapper von greeting
module name: __main__
```

Wir können die originalen Attribute der Funktion f speichern, indem wir sie innerhalb des Dekorators zuweisen. Wir passen den vorigen Dekorator entsprechend an und lassen den Rest des Programms unverändert:

```
def greeting(func):
    def wrapper(x):
        """ Der Funktions-Wrapper von greeting """
        print("Hi, " + func.__name__ + " liefert zurück:")
        return func(x)
    wrapper.__name__ = func.__name__
    wrapper.__doc__ = func.__doc__
    wrapper.__module__ = func.__module__
    return wrapper
```

```
@greeting
def f(x):
    """ nur eine Funktion """
    return x + 4


f(10)
print("function name: " + f.__name__)
print("docstring: " + f.__doc__)
print("module name: " + f.__module__)
```

Jetzt erhalten wir die richtigen Ergebnisse:

```
Hi, f liefert zurück:
function name: f
docstring:  nur eine Funktion
module name: __main__
```

Zum einen ist dies sehr umständlich, und zum anderen gibt es auch noch andere Attribute wie beispielsweise `__qualname__` und `__annotations__`. Außerdem müsste man diesen Code bei jedem Dekorator einfügen. Glücklicherweise müssen wir dies nicht tun, da es natürlich dafür eine Lösung in Python gibt. Dies kann der Dekorator `wraps` aus dem Modul `functools` für uns erledigen. `wraps` ist ein Dekorator, der dazu dient, dekorierte Funktionen transparenter zu machen, indem er bestimmte Attribute der Originalfunktion auf die dekorierte Funktion überträgt. Also genau das, was wir in unserem Fall benötigen. Mit der Benutzung von `wraps` stellen wir sicher, dass die Metadaten der ursprünglichen Funktion beibehalten werden, also auch der Name der Funktion, den Docstring und andere Attribute.

```
from functools import wraps

def greeting(func):
    @wraps(func)
    def wrapper(x):
        """ Der Funktions-Wrapper von greeting """
        print("Hi, " + func.__name__ + " liefert zurück:")
        return func(x)
    return wrapper
```

`wraps` kopiert auch benutzerspezifizierte Attribute, wie wir im folgenden Beispiel sehen können:

```
from functools import wraps

def deco(func):
    @wraps(func)
    def wrapper(*args, **kwargs):
        return func(*args, **kwargs)

    return wrapper
```

```
def f(x):
    """ whatever """
    return x + 1

f.bla = 4712
f = deco(f)
print(f.bla)
```

Das Attribut `bla` wurde weitergegeben, wie wir in der Ausgabe sehen:

```
4712
```

Die besondere Nützlichkeit von `wraps` zeigt sich im Folgenden, wenn wir Funktionen mehrfach dekorieren.

## 9.8 Mehrfache Dekoration einer Funktion

### 9.8.1 Veranschaulichung

Ganz abstrakt gesehen können wir uns eine Funktion so vorstellen:

Bei der Dekoration mit einem Dekorator `deco1` wird Code vor und nach der eigentlichen Funktion hinzugefügt.

Man kann dies wieder als eine ganz normale Funktion sehen.

Dadurch ist klar, dass man diese Funktion wieder mit einem anderen Dekorator dekorieren kann, zum Beispiel `deco2`. Man könnte sie natürlich auch mit dem gleichen Dekorator nochmals dekorieren, aber im Normalfall ergibt das keinen Sinn.

### 9.8.2 Python-Beispiel

Im folgenden Python-Code, in dem wir eine Funktion mit drei Dekoratoren dekorieren, haben wir nur `prints` als Aktionen einfügt und erhalten dadurch ein selbsterklärendes Beispiel:

```
def deco1(func):
    print('deco1 has been called')
    def helper(x):
        print('helper of deco1 has been called!')
        result = func(x)
        print('after function call in helper deco1')
        return result
    return helper

def deco2(func):
    print('deco2 has been called')
    def helper(x):
        print('helper of deco2 has been called!')
        result = func(x)
        print('after function call in helper deco2')
        return result
    return helper

def deco3(func):
    print('deco3 has been called')
    def helper(x):
        print('helper of deco3 has been called!')
        result = func(x)
        print('after function call in helper deco2')
        return result
    return helper

@deco3
@deco2
@deco1
def foobar(x):
    return f"Nur {x} von foo"


print("Aufruf von foobar:")
print(foobar(42))
```

Die selbsterklärende Ausgabe:

```
deco1 has been called
deco2 has been called
deco3 has been called
```

```
Aufruf von foobar:
helper of deco3 has been called!
helper of deco2 has been called!
helper of deco1 has been called!
after function call in helper deco1
after function call in helper deco2
after function call in helper deco2
Nur 42 von foo
```

### 9.8.3 Praktisches Beispiel einer Mehrfachdekoration

Im folgenden Beispiel verwenden wir drei der in diesem Kapitel definierten Dekoratoren: `angle_deco`, `call_counter` und `log_decorator`. Wir benutzen in dem Beispiel nicht die @-Schreibweise, da die `sin`-Funktion nicht von uns definiert wird. Allerdings werden wir feststellen, dass ein Problem entsteht, wenn wir die drei Dekoratoren hintereinander anwenden. Das `print` in der `call_counter`-Funktion haben wir bereits aus didaktischen Gründen eingeführt, um zu beobachten, wie sich das Attribut `calls` in `call_counter` verhält bzw. wie sich dessen Wert ändert.

```python
import math

from functools import wraps

def angle_deco(func):
    @wraps(func)
    def helper(x, mode="radians"):
        if mode == "degrees":
            x = x * math.pi / 180
        return func(x)
    return helper

def call_counter(func):
    @wraps(func)
    def helper(*args, **kwargs):
        helper.calls += 1
        print(f'calls-Attribut in call_counter: {helper.calls=}')
        return func(*args, **kwargs)
    helper.calls = 0
    return helper
```

Es verbirgt sich ein Fehler in unserer Implementierung, der sich nicht zeigt, wenn wir zuerst die `sin`-Funktion mit `angle_deco` und dann mit `call_counter` dekorieren. Nach der Dekoration rufen wir `sin` zweimal auf. Das `calls`-Attribut schauen wir uns vor und nach den Aufrufen an:

```python
from math import sin

sin = angle_deco(sin)
sin = call_counter(sin)
```

```
print(f"{sin.calls=}")
print(sin(1.5707963268))
print(f"{sin.calls=}")
print(sin(90, mode="degrees"))
print(f"{sin.calls=}")
```

An den Ausgaben können wir erkennen, dass alles funktioniert und calls richtig hochgezählt wird.

```
sin.calls=0
calls-Attribut in call_counter: helper.calls=1
1.0
sin.calls=1
calls-Attribut in call_counter: helper.calls=2
1.0
sin.calls=2
```

Ändern wir jedoch die Dekorationsreihenfolge, erlebt man gegebenenfalls eine Überraschung:[1]

```
from math import sin

sin = call_counter(sin)
sin = angle_deco(sin)

print(f"{sin.calls=}")
print(sin(1.5707963268))
print(f"{sin.calls=}")
print(sin(90, mode="degrees"))
print(f"{sin.calls=}")
```

Wir sehen in der Ausgabe, dass `calls` in der `sin`-Funktion nicht hochgezählt wird. Wir sehen aber auch, dass es im `helper` von `call_counter` richtig funktioniert.

Ausgabe:

```
sin.calls=0
calls-Attribut in call_counter: helper.calls=1
1.0
sin.calls=0
calls-Attribut in call_counter: helper.calls=2
1.0
sin.calls=0
```

Der Grund dafür liegt in der Tatsache, dass `wraps` zwar das Attribut und den ursprünglichen Wert `0` weitergibt, aber `helper.calls` in `angle_deco` und `helper.calls` in `call_counter` sind danach zwei verschiedene Variablen, die zunächst auf das gleiche Objekt zeigen, aber der Ausdruck `helper.calls += 1` erzeugt ein neues Objekt, auf welches dann nur die Variable `helper.calls` von `call_counter` referenziert.

[1] Manche haben das Problem möglicherweise schon erkannt!

Dieses Problem können wir lösen, indem wir nicht mehr mit einem Attribut `helper.calls`, sondern mit einer lokalen Variablen `calls` arbeiten. Auf diese Variable können wir natürlich nicht mehr von außen zugreifen, weshalb wir im Dekorator `call_counter` eine Methode `get_calls` zur Verfügung stellen.

```
from math import sin, cos, pi
from functools import wraps


def angle_deco(func):
    @wraps(func)
    def helper(x, mode="radians"):
        if mode == "degrees":
            x = x * pi / 180
        return func(x)
    return helper

def call_counter(func):
    calls = 0
    @wraps(func)
    def helper(x):
        nonlocal calls
        calls += 1
        return func(x)

    def get_calls():
        nonlocal calls
        return calls
    helper.get_calls = get_calls

    return helper

sin = call_counter(sin)
sin = angle_deco(sin)

print(sin(2.3))
print(sin(3.5))
print(sin.get_calls())
```

Wir sehen, dass jetzt alles unseren Erwartungen entspricht, d. h. korrekt ist:

Ausgabe:

```
0.7457052121767203
-0.35078322768961984
2
```

## 9.9 Eine Klasse als Dekorator benutzen

Wir werden den folgenden Dekorator als Klasse umschreiben:

```
def decorator1(f):
    def helper():
        print("Decorating", f.__name__)
        f()
    return helper


@decorator1
def foo():
    print("inside foo()")


print(foo())
```

Der folgende Dekorator, der als Klasse implementiert ist, erledigt die gleiche Aufgabe:

```
class decorator2:

    def __init__(self, f):
        self.f = f

    def __call__(self):
        print("Decorating", self.f.__name__)
        self.f()
```

**Erklärung der Klasse:** Der Klassendekorator `decorator2` nutzt die `__call__`-Methode, um eine Instanz der Klasse aufrufbar zu machen. Dies bedeutet, dass die Instanz sich wie eine Funktion verhält, sobald sie mit der @-Schreibweise als Dekorator verwendet wird. Im `__init__`-Konstruktor wird die zu dekorierende Funktion als Argument übergeben und gespeichert. Die `__call__`-Methode führt dann den zusätzlichen Code aus und ruft anschließend die dekorierte Funktion auf.

```
@decorator2
def foo():
    print("inside foo()")


print(foo())
```

Beide Versionen liefern das gleiche Ergebnis:

```
Decorating foo
inside foo()
None
```

## 9.10 Klassendekoration

Klassendekoration ist in vieler Hinsicht analog zu Funktionsdekoratoren. Wie Funktionsdekoratoren eine Funktion als Argument entgegennehmen, modifizieren und eine neue Funktion zurückgeben, nehmen Klassendekoratoren eine Klasse als Argument, modifizieren diese und geben eine modifizierte Klasse zurück. Beide Mechanismen ermöglichen es, bestehende Funktionalitäten zu erweitern oder zu verändern, ohne den ursprünglichen Code direkt zu ändern. Klassendekoration kann nützlich sein, um zusätzliche Funktionalitäten hinzuzufügen, das Verhalten von Methoden zu verändern oder Eigenschaften zur Klasse hinzuzufügen, ohne die ursprüngliche Klassendefinition direkt zu ändern.

Ein typisches Anwendungsbeispiel für Klassendekoratoren ist das Hinzufügen von Logging, Validierung oder das Einfügen von zusätzlichen Methoden. Die Syntax ähnelt der von Funktionsdekoratoren: Man verwendet das @-Symbol, gefolgt vom Namen des Dekorators, direkt über der Klassendefinition.

```
def add_str_method(cls):
    cls.__str__ = lambda self: f"{self.__class__.__name__}\
 instance with attributes {self.__dict__}"
    return cls

@add_str_method
class MyClass:
    def __init__(self, x, y):
        self.x = x
        self.y = y

obj = MyClass(1, 2)
print(str(obj))
```

Ausgabe:

```
MyClass instance with attributes {'x': 1, 'y': 2}
```

In diesem Beispiel fügt der Klassendekorator `add_str_method` eine `__str__`-Methode zur Klasse hinzu, die eine benutzerdefinierte Zeichenkettenrepräsentation des Objekts erstellt.

**Vorteile von Klassendekoratoren**:

- **Flexibilität**: Klassendekoratoren bieten mehr Flexibilität, da sie den Zustand zwischen Aufrufen speichern können. Dies ermöglicht komplexere Dekorationen wie z. B. das Zählen von Aufrufen oder das Caching von Ergebnissen.
- **Wiederverwendbarkeit**: Dekoratoren fördern die Wiederverwendbarkeit von Code, da sie häufig verwendete Muster in einer zentralen Dekoratorfunktion oder -klasse kapseln.

Klassendekoration kann in bestimmten Fällen eine flexible Alternative zur Vererbung sein, insbesondere wenn es darum geht, Funktionalitäten hinzuzufügen oder zu verändern, ohne die Klassenhierarchie zu ändern. Während Vererbung durch das Erstellen von Unterklassen Funktionalitäten erweitert oder überschreibt, ermöglicht Klassendekoration das Modifizieren einer Klasse durch das Umhüllen mit zusätzlicher Funktionalität, ohne eine neue Klasse zu definieren.

```
def add_id_function(cls):
    class DecoratedClass(cls):
        def __init__(self, name: str, obj_id: int):
            super().__init__(name)
            self.obj_id = obj_id

        def get_id(self):
            return f"ID: {self.obj_id}"

    return DecoratedClass

@add_id_function
class Person:
    def __init__(self, name: str):
        self.name = name

    def greet(self):
        print(f"Hello, my name is {self.name}.")

# Vererbung

person = Person("Alice", 12345)
person.greet()
print(person.get_id())
```

Die Ausgabe:

```
Hello, my name is Alice.
ID: 12345
```

Der Vorteil liegt darin, dass wir nun eine beliebige Klasse um eine `obj_id` erweitern können.

```
@add_id_function
class Book:
    def __init__(self, title_author: str):
        self.title, self.author = title_author.split(' - ')

    def display_info(self):
        print(f"'{self.title}' by {self.author}")

# Verwendung
my_book = Book("1984 - George Orwell", "78562")
my_book.display_info()
print(my_book.get_id())
```

Die Ausgabe:

```
'1984' by George Orwell
ID: 78562
```

Hier haben wir die jeweiligen Klassen erweitert. Bei der Vererbung werden aber neue Klassen aus der Basisklasse erzeugt. Im folgenden Code zeigen wir, dass auch das möglich ist. Wir sehen die Klasse `Person` und die erbende Klasse `Employee`:

```
class Person:
    def __init__(self, name: str):
        self.name = name

    def greet(self):
        print(f"Hello, my name is {self.name}.")

class Employee(Person):
    def __init__(self, name: str, employee_id: int):
        super().__init__(name)
        self.employee_id = employee_id

    def get_id(self):
        return f"Employee ID: {self.employee_id}"

# Verwendung
employee = Employee("Alice", 12345)
employee.greet()
print(employee.get_id())
```

Die Ausgabe

```
Hello, my name is Alice.
Employee ID: 12345
```

Wir können das vorherige Beispiel der Vererbung mittels Dekoration simulieren und damit die Mächtigkeit dieser Vorgehensweise demonstrieren. Dabei haben wir die Funktion `add_id_function` um einen Parameter `id_text` erweitert, um die Ausgabe flexibel anpassen zu können. Es handelt sich hierbei nicht um eine klassische Dekoration, da der Wert von `add_id_function(Person, „Employee ID: “)` nicht der ursprünglichen `Person`-Klasse zugewiesen wird, sondern der neuen Klasse `Employee`. Dadurch bleibt die ursprüngliche `Person`-Klasse unverändert, und wir erhalten eine spezialisierte `Employee`-Klasse mit zusätzlicher Funktionalität.

```
def add_id_function(cls, id_text: str):
    class DecoratedClass(cls):
        def __init__(self, name: str, obj_id: int):
            super().__init__(name)
            self.obj_id = obj_id

        def get_id(self):
            return f"{id_text}{self.obj_id}"

    return DecoratedClass
```

```
# Verwenden der Funktion mit einem benutzerdefinierten Text

class Person:
    def __init__(self, name: str):
        self.name = name

    def greet(self):
        print(f"Hello, my name is {self.name}.")

# Vererbung

Employee = add_id_function(Person, "Employee ID: ")

employee = Employee("Alice", 12345)
employee.greet()
print(employee.get_id())
```

Die Ausgabe

```
Hello, my name is Alice.
Employee ID: 12345
```

## 9.11 Dekorator-Aufgaben

**1. Aufgabe:**

Schreibe eine Dekoratorfunktion `log_time`, die die Zeit misst, die benötigt wird, um eine Funktion auszuführen. Die Ausführungszeiten sollen in einer Liste gespeichert werden.

Lösung: Lösungen zu Kapitel 9 (Dekoratoren), Seite 290

**2. Aufgabe:**

Erstelle einen Python-Dekorator namens `log_decorator`, der die Aufrufe einer Funktion protokolliert und die Protokolldaten in eine Log-Datei schreibt. Die Log-Datei sollte den Funktionsnamen, die übergebenen Parameter und das Ergebnis der Funktion enthalten.

Lösung: Lösungen zu Kapitel 9 (Dekoratoren), Seite 290

**3. Aufgabe:**

Schreibe einen Dekorator mit Parameter, der die maximale Anzahl von Zeichen begrenzt, die von einer Funktion zurückgegeben werden kann.

Lösung: Lösungen zu Kapitel 9 (Dekoratoren), Seite 292

**4. Aufgabe:**

Implementiere einen Retry-Dekorator in Python, der eine Funktion automatisch bis zu drei Mal ausführt, falls sie aufgrund eines Fehlers fehlschlägt. Der Dekorator soll konfigurierbar sein, indem die maximale Anzahl von Wiederholungen (`max_attempts`) und die Verzögerung zwischen den Wiederholungen in Sekunden (`delay`) angegeben werden können.

Lösung: Lösungen zu Kapitel 9 (Dekoratoren), Seite 293

**5. Aufgabe:**

Schreibe ein Python-Programm, das eine Funktion definiert und diese mit einem Dekorator umgibt. Der Dekorator soll sicherstellen, dass die Ausgabe der Funktion über Zeilen verteilt wird, sodass keine Zeile mehr als n Zeichen enthält.

Lösung: Lösungen zu Kapitel 9 (Dekoratoren), Seite 294

**6. Aufgabe:**

Schreibe einen Dekorator, der anzeigt, dass eine Funktion veraltet ist, und bei der Nutzung eine Warnung ausgibt.

Lösung: Lösungen zu Kapitel 9 (Dekoratoren), Seite 295

**7. Aufgabe:**

Schreibe einen Dekorator, der sicherstellt, dass eine Funktion nur einmal aufgerufen wird.

Lösung: Lösungen zu Kapitel 9 (Dekoratoren), Seite 296

**8. Aufgabe:**

Schreibe einen Dekorator, der sicherstellt, dass eine Funktion nur von einem Thread gleichzeitig ausgeführt wird.

Lösung: Lösungen zu Kapitel 9 (Dekoratoren), Seite 296

**9. Aufgabe:**

Erweitere die Funktion `add_id_function`, siehe Seite 122, so, dass sie mit beliebigen Klassen funktioniert, die eine unterschiedliche Anzahl und Art von Parametern in ihrer `__init__`-Methode erwarten.

Lösung: Lösungen zu Kapitel 9 (Dekoratoren), Seite 297

# 10 Memoisation

## 10.1 Bedeutung und Herkunft des Begriffs

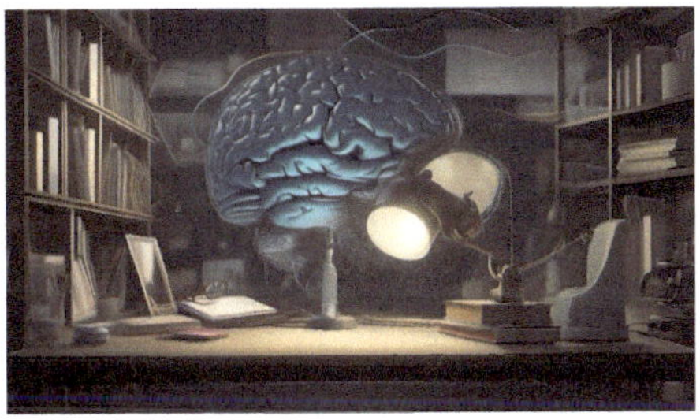

Bild 10.1 Memoisation Gehirn

Memoisation ist eine Technik in der Informatik, die verwendet wird, um die Laufzeit von Funktionen zu verbessern, indem bereits berechnete Ergebnisse gespeichert und wiederverwendet werden. Dies ist besonders nützlich für Funktionen mit rekursivem Charakter oder solchen, die viele sich wiederholende Berechnungen durchführen.

Die grundlegende Idee der Memoisation besteht darin, Zwischenergebnisse zu speichern, um unnötige Berechnungen zu vermeiden. Dies geschieht oft durch Caching, beispielsweise durch die Verwendung von Dictionaries oder anderen Datenstrukturen, um bereits berechnete Werte für bestimmte Eingaben zu speichern.

Der Ausdruck „Memoisation"[1] wurde im Jahre 1968 von Donald Michie geprägt. Der Ausdruck basiert auf dem lateinischen Wort „memorandum", was „das zu Erinnernde" bedeutet. Memoisation ist eine Technik, die in der Programmierung benutzt wird, um den Programmablauf zu beschleunigen. Dies wird erreicht, indem Berechnungsergebnisse gespeichert werden, wie zum Beispiel die Ergebnisse von Funktionsaufrufen. Wird eine Funktion mit den gleichen Parametern aufgerufen wie bei einem vorherigen Aufruf, wird auf die gespeicherten Ergebnisse zugegriffen, anstatt die Werte neu zu berechnen.

Memoisation kann explizit durch die Programmierenden implementiert werden, aber Python stellt auch eingebaute Mechanismen zur Verfügung, was die Implementierung der Memoisation erleichtert. Ein Beispiel hierfür ist der `functools.lru_cache`-Dekorator, der in Python verwendet werden kann, um Memoisation einfach und effektiv in Funktionen zu integrieren. Dieser Dekorator speichert automatisch die Ergebnisse von Funktionsaufrufen und stellt sicher, dass identische Aufrufe nicht erneut berechnet werden müssen, was die Effizienz des Programms erheblich steigern kann. Zunächst wollen wir aber in diesem Kapitel zeigen, wie man die Memoisation selbst programmieren kann.

[1] Wir haben den englischen Fachbegriff eingedeutscht, da es keinen deutschen Begriff gibt. Im Englischen kommt der Begriff in den Schreibweisen „Memoisation" und „Memoization" vor. Wir werden in diesem Buch ausschließlich „Memoisation" verwenden, da dies der deutschen Sprache logischer folgt.

## 10.2 Memoisation mit Dekoratorfunktionen

In unserem Kapitel über rekursive Funktionen hatten wir eine iterative und eine rekursive Funktionsversion zur Berechnung der Fibonacci-Zahlen programmiert. Wir hatten gezeigt, dass die direkte rekursive Umsetzung der mathematischen Definition der Fibonacci-Zahlen ein exponentielles Laufzeitverhalten aufzeigt, also eine Funktion wie die folgende:

```
def fib(n: int) -> int:
    if n == 0:
        return 0
    elif n == 1:
        return 1
    else:
        return fib(n - 1) + fib(n - 2)
```

In unserem Kapitel über Rekursion hatten wir auch einen Weg dargestellt, wie man das Laufzeitverhalten der rekursiven Version verbessern kann. Wir hatten ein Dictionary dazu verwendet, um bereits durch die Funktion berechnete Werte für spätere Aufrufe zu speichern. Dadurch wird eine Neuberechnung verhindert. Dabei handelte es sich bereits, ohne dass wir es so genannt hatten, um ein Beispiel, wie man explizit die Technik der Memoisation nutzen kann. Die Methode hatte jedoch einen entscheidenden Nachteil: Die Klarheit und die Schönheit der ursprünglichen rekursiven Methode ging dabei verloren.

Das „Problem" besteht darin, dass wir den Code der rekursiven `fib`-Funktion ändern bzw. erweitern mussten. Im folgenden Code präsentieren wir eine Lösung mit einem Dekorator (die Funktion `memoize`), die ohne Änderungen der `fib`-Funktion auskommt. Dadurch wird ihre Klarheit, Schönheit und Lesbarkeit nicht tangiert. Zu diesem Zweck definieren wir eine Funktion, die wir `memoize` nennen. Auch die Funktion `memoize` benutzt ein Dictionary, um die Funktionswerte zu speichern. Obwohl sowohl die Variable `memo` (unser Dictionary zum Speichern der Werte) als auch die Funktion `f` lokal innerhalb der Funktion `memoize` sind, werden ihre Werte durch die `helper`-Funktion bewahrt. Im Englischen benutzt man statt „bewahrt" das Wort „captured", was im Deutschen „eingefangen" oder „gefangen genommen" bedeutet. Diese Technik, d. h. das Bewahren von „lokalen" Werten oder Funktionen über ihren lokalen Geltungsbereich hinaus, wird auch als Closure oder Funktionsabschluss bezeichnet. `memoize` liefert als Funktionswert eine Referenz auf die `helper`-Funktion zurück. Ein Aufruf der Funktion `memoize(fib)` liefert eine Funktion zurück, die im Ein- und Ausgabeverhalten identisch mit `fib` ist, d. h. sie tut, was `fib` tut. Zusätzlich speichert sie jedoch die Ergebnisse im `memo`-Dictionary.

```
def memoize(f):
    memo = {}

    def helper(x):
        if x not in memo:
            memo[x] = f(x)
        return memo[x]
    return helper
```

```
@memoize
def fib(n):
    if n == 0:
        return 0
    elif n == 1:
        return 1
    else:
        return fib(n - 1) + fib(n - 2)


print(fib(40))
```

```
102334155
```

Um zu erklären bzw. zu verstehen, was passiert, benutzen wir eine mit `print`-Ausgaben versehene selbsterklärende Version des vorigen Codes:

```
def memoize(f):
    memo = {}

    def helper(x):
        print(f"Betrete helper mit {x=}")
        print(f"{memo=}")
        if x not in memo:
            print(f"Da {x} noch nicht in memo ist:")
            print(f"Berechne f({x}), also {f.__name__}({x})")
            memo[x] = f(x)
        else:
            print(f"Verwende gespeicherten Wert für f({x}),
             ↪ {f.__name__}({x}): ")
            print(f"{memo[x]=} wird zurückgeliefert!")
        return memo[x]
    return helper

@memoize
def fib(n):
    print(f"Betrete das alte fib mit n = {n}")
    if n == 0:
        print("Basisfall: n == 0")
        print("zurückgeliefert wird also 0")
        return 0
    elif n == 1:
        print("Basisfall: n == 1")
        print("zurückgeliefert wird also 1")
        return 1
    else:
        print(f"Berechne fib({n}): fib({n-1}) + fib({n-2})")
        return fib(n - 1) + fib(n - 2)

print("Ergebnis von fib(4):", fib(4))
```

```
Betrete helper mit x=4
memo={}
Da 4 noch nicht in memo ist:
Berechne f(4), also fib(4)
Betrete das alte fib mit n = 4
Berechne fib(4): fib(3) + fib(2)
Betrete helper mit x=3
memo={}
Da 3 noch nicht in memo ist:
Berechne f(3), also fib(3)
Betrete das alte fib mit n = 3
Berechne fib(3): fib(2) + fib(1)
Betrete helper mit x=2
memo={}
Da 2 noch nicht in memo ist:
Berechne f(2), also fib(2)
Betrete das alte fib mit n = 2
Berechne fib(2): fib(1) + fib(0)
Betrete helper mit x=1
memo={}
Da 1 noch nicht in memo ist:
Berechne f(1), also fib(1)
Betrete das alte fib mit n = 1
Basisfall: n == 1
zurückgeliefert wird also 1
Betrete helper mit x=0
memo={1: 1}
Da 0 noch nicht in memo ist:
Berechne f(0), also fib(0)
Betrete das alte fib mit n = 0
Basisfall: n == 0
zurückgeliefert wird also 0
Betrete helper mit x=1
memo={1: 1, 0: 0, 2: 1}
Verwende gespeicherten Wert für f(1), fib(1):
memo[x]=1 wird zurückgeliefert!
Betrete helper mit x=2
memo={1: 1, 0: 0, 2: 1, 3: 2}
Verwende gespeicherten Wert für f(2), fib(2):
memo[x]=1 wird zurückgeliefert!
Ergebnis von fib(4): 3
```

## 10.3 Memoisation mit einer Klasse

Wir können das Zwischenspeichern der Ergebnisse auch in einer Klasse statt einer Funktion einkapseln. Wir demonstrieren dies im folgenden kleinen Beispiel:

```
class Memoize:

    def __init__(self, fn):
        self.fn = fn
        self.memo = {}

    def __call__(self, *args):
        if args not in self.memo:
            self.memo[args] = self.fn(*args)
        return self.memo[args]


@Memoize
def fib(n):
    if n == 0:
        return 0
    elif n == 1:
        return 1
    else:
        return fib(n - 1) + fib(n - 2)
```

Da wir ein Dictionary verwenden, können wir keine veränderlichen[2] Argumente verwenden. Anders ausgedrückt: Die Argumente dürfen nur unveränderlich sein,[3] also z. B. Tupel.

## 10.4 Memoisation mit functools.lru_cache

Das Modul `functools` enthält einen komfortablen Dekorator zur Memoisation, und zwar den `lru_cache`-Dekorator. Die Buchstaben „lru" stehen für „least recently used" (am längsten nicht verwendet), das bedeutet, dass sich der Dekorator die zuletzt berechneten Werte in einem Cache merkt. Dieser Cache kann begrenzt oder unbegrenzt sein.

Die Arbeitsweise dieses Dekorators können wir am besten aus folgendem Beispiel ersehen:

```
import functools
@functools.lru_cache()
def f(x):
    return x

print(f'{f.cache_info()=}')
```

2 englisch: mutable
3 englisch: immutable

```
f(1)
f(3)
f(1)
print(f'{f.cache_info()=}')
```

Ausgabe:

```
f.cache_info()=CacheInfo(hits=0, misses=0, maxsize=128, currsize=0)
f.cache_info()=CacheInfo(hits=1, misses=2, maxsize=128, currsize=2)
```

`f.cache_info()` liefert die Cache-Statistik `(hits, misses, maxsize, currsize)` zurück. `f.cache_clear()` löscht den Cache und die Statistik.

Bei dem `lru_cache`-Dekorator handelt es sich um einen Dekorator, der mit Parametern aufgerufen wird. Er kann mit den beiden Schlüsselwortparametern `maxsize` und `typed` aufgerufen werden. In unserem Beispielaufruf wurden für die Parameter die Default-Werte `maxsize` = 128 und `typed = False` verwendet.

Falls `maxsize` auf None gesetzt wird, werden die LRU-Eigenschaften disabled, und der Cache kann ungebunden wachsen. Wir demonstrieren dies im folgenden Beispiel:

```
import functools


@functools.lru_cache(maxsize=None)
def f(x):
    return x


for i in range(1000):
    f(i)

print(f.cache_info())
```

An der Ausgabe können wir erkennen, dass der Cache auf 1000 Elemente angestiegen ist:

```
CacheInfo(hits=0, misses=1000, maxsize=None, currsize=1000)
```

Ruft man den Dekorator entweder ohne Argumente oder mit der Zuweisung `maxsize=128` auf, so können wir an der Ausgabe sehen, dass der Cache auf 128 begrenzt ist:

Falls `typed` auf `True` gesetzt ist, werden Argumente von verschiedenen Types separat gecashed. So werden dann z. B. `f(3.0)` und `f(3)` als verschiedene Aufrufe betrachtet. Die Argumente der dekorierten Funktion müssen hashbar sein. Die zugrunde liegende Funktion kann man mit `f.__wrapped__` ansprechen.

```
import functools

@functools.lru_cache(typed=True)
def g(x):
    return x

print(f'{g(1)=}, {g(1.0)=}')
print(f'{g.cache_info()=}')
```

Ausgabe:

```
g(1)=1, g(1.0)=1.0
g.cache_info()=CacheInfo(hits=0, misses=2, maxsize=128, currsize=2)
```

Nun nutzen wir `functools.lru_cache` für unsere `fib`-Funktion. Wir setzen `maxsize` auf 2, da in der Fibonacci-Berechnung jeweils nur die beiden letzten Ergebnisse benötigt werden, um den nächsten Wert zu berechnen.

```
import functools

@functools.lru_cache(maxsize=2)
def fib(n):
    if n < 2:
        return n
    else:
        return fib(n - 1) + fib(n - 2)

print(f"{fib(42)=}")
```

Ausgabe:

```
fib(42)=267914296
```

## 10.5 Aufgaben zur Memoisation

**1. Aufgabe:**

Implementiere das klassische Rucksackproblem (knapsack problem) mit Memoisation. Berechne den maximalen Gesamtnutzen eines Rucksacks, der eine Kapazität von `W` hat und aus `n` Gegenständen besteht, wobei jeder Gegenstand ein Gewicht `w` und einen Nutzen `v` hat.

Lösung: Lösungen zu Kapitel 10 (Memoisation), Seite 298

**2. Aufgabe:**

Implementiere die Berechnung der längsten gemeinsamen Teilsequenz (Longest Common Subsequence, LCS) zwischen zwei Strings unter Verwendung von Memoisation.

Hinweis: Eine längste gemeinsame Teilfolge (LCS) ist die längste Teilfolge, die in allen Sequenzen einer Menge von Sequenzen (oft nur zwei Sequenzen) vorkommt. Sie unterscheidet sich von der längsten gemeinsamen Teilzeichenkette: Im Gegensatz zu Teilzeichenketten müssen Teilfolgen nicht aufeinanderfolgende Positionen innerhalb der ursprünglichen Sequenzen einnehmen. Das Problem der Berechnung der längsten gemeinsamen Teilfolgen ist ein klassisches Problem der Informatik und bildet die Grundlage für Datenvergleichsprogramme wie das Diff-Dienstprogramm. Es findet Anwendungen in der Computerlinguistik und der Bioinformatik. Außerdem wird es häufig von Versionskontrollsystemen wie Git verwendet, um mehrere Änderungen an einer versionskontrollierten Sammlung von Dateien abzugleichen.

Betrachten wir zum Beispiel die Sequenzen (ABCD) und (ACBAD). Sie haben fünf gemeinsame Teilfolgen der Länge 2: (AB), (AC), (AD), (BD) und (CD); zwei gemeinsame Teilfolgen der Länge 3: (ABD) und (ACD); und keine längeren gemeinsamen Teilfolgen. Somit sind (ABD) und (ACD) ihre längsten gemeinsamen Teilfolgen.

Lösung: Lösungen zu Kapitel 10 (Memoisation), Seite 300

**3. Aufgabe: Levenshtein-Distanz**

Implementiere eine Funktion, die die Levenshtein-Distanz zwischen zwei Zeichenfolgen berechnet. Die Levenshtein-Distanz ist eine Maßeinheit für die Anzahl der Einfüge-, Lösch- oder Ersetzungsoperationen, die erforderlich sind, um eine Zeichenfolge in eine andere zu überführen. Verwende Memoisation, um die Effizienz der Berechnung zu verbessern.

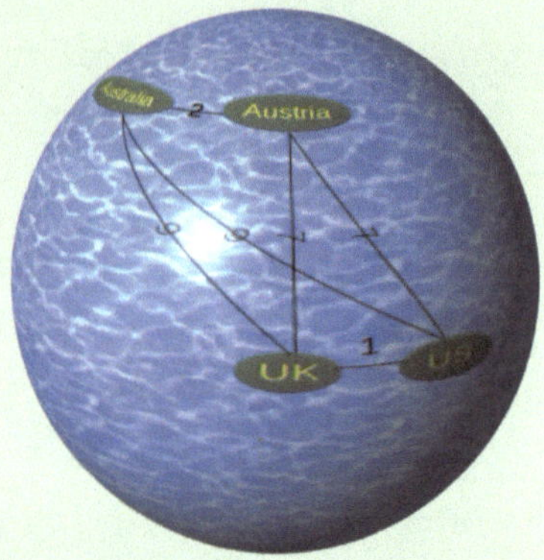


**Bild 10.2** Levenshtein-Distanz anhand von Ländernamen

**Schritte:**

1. Implementiere die rekursive Berechnung der Levenshtein-Distanz ohne Memoisation.
2. Füge Memoisation hinzu, um die Berechnung zu optimieren.
3. Teste die Funktion mit Zeichenfolgen unterschiedlicher Länge und Komplexität.

Eine gute Einführung in die Theorie und Berechnung der Levenshtein-Distanz kann man auf unserer Webseite finden: *https://python-course.eu/applications-python/levenshtein-distance.php*

Lösung: Lösungen zu Kapitel 10 (Memoisation), Seite 302

# 11 Closures

## 11.1 Einleitung

Closures sind ein grundlegendes Konzept in der funktionalen Programmierung und spielen eine wichtige Rolle in vielen modernen Programmiersprachen, einschließlich Python, JavaScript und Swift. Ein Closure ist eine Funktion, die eine andere Funktion kapselt und Zugriff auf die Variablen der äußeren Funktion hat, auch nachdem die äußere Funktion abgeschlossen ist, also die Variablen dort eigentlich nicht mehr existieren. Dieses Konzept ermöglicht eine flexible und leistungsfähige Art der Funktionsdefinition und des Variablenmanagements.

Bild 11.1 Fenster nach draußen

Wenn wir mit Funktionen höherer Ordnung arbeiten, insbesondere im Kontext von Dekoratoren, stoßen wir häufig auf die Notwendigkeit, innere Zustände oder Objekte unserer Funktion nach außen sichtbar oder zugänglich zu machen. In unseren Dekoratorbeispielen haben wir bereits festgestellt, dass durch die Verwendung von Closures innere Objekte entstanden sind, auf die wir von außen nicht zugreifen konnten.

Dies war in vielen Fällen sogar gewollt beziehungsweise der gewünschte Effekt. Doch was, wenn wir diese inneren Zustände nach außen bereitstellen möchten? In diesem Kapitel möchten wir verschiedene Möglichkeiten diskutieren, wie dies erreicht werden kann. Im Wesentlichen können wir diese „Fenster nach außen" durch Attribuierung oder durch komplexe Rückgabeobjekte wie Tupel oder Dictionaries erreichen. Beide Techniken hatten wir bereits benutzt, aber im Folgenden wollen wir diese Technik verfeinern.

### 11.1.1 Definition

Eine Closure entsteht, wenn eine Funktion innerhalb einer anderen Funktion definiert wird und auf Variablen der äußeren Funktion zugreifen kann. Diese Variablen werden „gebundene Variablen" genannt. Die innere Funktion „erinnert" sich an den Kontext, in dem sie erstellt wurde, auch nachdem die äußere Funktion zurückgegeben wurde. Dies bedeutet, dass die innere Funktion weiterhin auf diese gebundenen Variablen zugreifen kann, selbst wenn die äußere Funktion bereits abgeschlossen ist. Ein wichtiger Vorteil von Closures ist, dass sie es ermöglichen, auf Variablen zuzugreifen, die ansonsten außerhalb ihres ursprünglichen Gültigkeitsbereichs nicht mehr zugänglich wären. Diese Fähigkeit zur Kontextbeibehaltung macht Closures zu einem leistungsfähigen Werkzeug, um Datenkapselung und Zustand in Programmen zu verwalten.

```
def äußere_funktion(x):
    def innere_funktion(y):
        return x + y
    return innere_funktion

closure = äußere_funktion(10)
print(closure(5))
```

Ausgabe:

```
15
```

In diesem Beispiel definiert die äußere Funktion `äußere_funktion` eine lokale Variable `x` und eine innere Funktion `innere_funktion`. Die innere Funktion greift auf die Variable `x` zu, die in der äußeren Funktion definiert ist. Die äußere Funktion gibt die innere Funktion zurück. Die zurückgegebene Funktion, also die Closure, erinnert sich an den Wert von `x` (in diesem Fall `10`) und verwendet ihn, wenn sie aufgerufen wird.

Ganz allgemein kann man die Komponenten einer Closure so beschreiben:

- **Äußere Funktion (umgebende Funktion):** Dies ist die Funktion, die eine andere Funktion (innere Funktion) enthält. Sie erstellt einen Umfang, der Variablen und Operationen umschließt.
- **Innere Funktion (verschachtelte Funktion):** Diese Funktion wird innerhalb der äußeren Funktion definiert. Sie hat Zugriff auf die Variablen der äußeren Funktion aufgrund der Closure.
- **Closure:** Wenn die innere Funktion zurückgegeben oder als Objekt erster Klasse weitergegeben wird (zum Beispiel von der äußeren Funktion zurückgegeben, als Argument an eine andere Funktion übergeben), behält sie eine Referenz auf die Variablen der äußeren Funktion bei und bildet eine Closure.

Closures werden häufig für Kapselung, Datenkapselung und Zustandserhaltung verwendet. Sie sind besonders nützlich für die Erstellung von Funktionen mit privatem Zustand oder zur Implementierung von Rückrufmechanismen.

Ein weiteres interessantes Beispiel für eine Closure stellt der Dekorator `call_counter` dar. Hier sind wir auch mit einem interessanten Problem konfrontiert, was wir im Folgenden erläutern:

```
def call_counter(func):

    calls = 0
    def helper(*args, **kwargs):
        nonlocal calls
        calls += 1
        return func(*args, **kwargs)

    def get_calls():
        return calls

    helper.get_calls = get_calls

    return helper

from random import randint

@call_counter
def f1(x):
    return 3*x

@call_counter
def f2(x, y):
    return x + 3*y

for i in range(randint(100, 3999)):
    f1(i)

for i in range(randint(100, 3999)):
    f2(i, 32)

print(f"{f1.get_calls()=}, {f2.get_calls()=}")
```

Ausgabe:

```
f1.get_calls()=1453, f2.get_calls()=2284
```

Die Besonderheit einer Closure besteht ja darin, dass der Wert der Variablen gekapselt ist. Möchte man dennoch von außen auf die Variable zugreifen, so kann man dies mit einer oder mehreren Funktionen tun. Mit der Funktion `get_calls` schaffen wir einen rein lesenden Zugriff auf den Zähler. Will man – auch wenn dies nicht sehr sinnvoll erscheint – von außen eine Änderung des Zählerstandes ermöglichen, so kann dies ganz einfach mit einer zusätzlichen Funktion `set_calls` realisiert werden. In Kapitel 14, Funktionale Emulation von OOP-Konzepten, zeigen wir die Mächtigkeit dieser Vorgehensweise, indem wir die Definition von Klassen mit funktionalen Mitteln und Closures simulieren.

### 11.1.2 Praktische Anwendungen von Closures

Ein Gebiet, bei denen sich Closures gut eignen, sind mathematische Funktionen, die wiederum Funktionen zurückgeben. Eine solche kann die Ableitung sein. Die Ableitung berechnet die Steigung an einem gegebenen Punkt x. Sie kann folgendermaßen berechnet werden: $lim_{h->0}\frac{f(x_0+h)-f(x_0)}{h}$. Dies kann dann konkret folgendermaßen berechnet werden: $D(f,h))(x_0) = \frac{f(x_0+h)-f(x_0-h)}{2h}$. Wir können gut erkennen, dass es eine Funktion D gibt, welche eine Funktion f übergeben bekommt sowie eine Konstante h. Diese Funktion gibt eine Funktion zurück, welche einen Parameter $x_0$ übergeben bekommt, welcher der Position entspricht, an der die Ableitung berechnet werden soll und die Steigung zurückgibt.

In Python kann dies so berechnet werden:

```
def differentiate(f, h):
    def solve(x0):
        res= (f(x0 + h) - f(x0 - h)) / (2 * h)
        return res
    return solve

f1 = lambda x: 2*x**2 - 5*x + 3
df1 = differentiate(f1, 0.1)
r1 = df1(3)
print(r1)
```

## 11.2 Aufgaben

**1. Aufgabe:**

Erstelle eine Funktion `make_counter`, die einen Zähler zurückgibt, der bei 1 beginnt und seinen Zustand zwischen den Aufrufen beibehält. Die zurückgegebene Funktion `counter` soll bei jedem Aufruf den Zähler um 1 erhöhen und den aktuellen Zählerstand zurückgeben. Verwende Closures, um den Zustand des Zählers ohne globale Variablen zu verwalten.

Lösung: Lösungen zu Kapitel 11 (Closures), Seite 303

**2. Aufgabe:**

Erstelle eine Funktion `create_secret_keeper`, die eine geheime Nachricht speichert und eine Closure zurückgibt. Diese Closure erlaubt den Zugriff auf die geheime Nachricht nur bei Eingabe des korrekten Passworts.

Die geheime Nachricht soll sicher gespeichert werden. Der Zugriff auf die Nachricht soll nur mit dem richtigen Passwort möglich sein. Verwende eine Closure für die Implementierung.

Lösung: Lösungen zu Kapitel 11 (Closures), Seite 303

# 12 Komposition von Funktionen

## 12.1 Einführung

In der Mathematik und Informatik bezieht sich die Komposition, auch als Verkettung, Verknüpfung oder Hintereinanderausführung bekannt, auf die Anwendung einer Funktion auf das Ergebnis einer anderen Funktion. Dieser Prozess wird als Funktionskomposition oder Funktionenkombination bezeichnet. Die Funktionskomposition kann wie folgt veranschaulicht werden:

Sei $f(x) = 2x + 3$ und $g(x) = x^2$

Um $(f \circ g)(x)$ zu bestimmen, wird $g$ zuerst auf $x$ angewandt:

$g(x) = x^2$

Dann $f$ auf $g(x)$:

$f(g(x)) = f(x^2) = 2(x^2) + 3$

Es gilt also $(f \circ g)(x) = 2x^2 + 3$.

Bild 12.1 Komposition mit Legos

## 12.2 Funktionskomposition in Python

Die Funktionskomposition in Python entspricht dem mathematischen Konzept sehr gut. Dabei werden zwei oder mehr Funktionen kombiniert, um eine neue Funktion zu erstellen. Wir definieren die Komposition h von zwei Funktionen f und g

$h(x) = g(f(x))$

in dem folgenden Python-Beispiel.

Die Komposition von zwei Funktionen ist ein Verkettungsprozess, bei dem die Ausgabe der inneren Funktion zur Eingabe der äußeren Funktion wird.

In Python können wir eine Funktionskomposition durchführen, indem wir eine neue Funktion definieren, die zwei oder mehr Funktionen kombiniert, um eine zusammengesetzte Funktion zu erstellen. Hier ein einfaches Beispiel, wie man eine Funktionskomposition in Python durchführt:

```
def f(x):
    return 2 * x

def g(x):
    return x + 3

# Definiere eine Funktionskomposition
def komposition(x):
    return f(g(x))

result = komposition(5)
print(result)
```

Ausgabe:

```
16
```

Dies ist eine einfache Illustration der Funktionskomposition in Python. Wir können komplexere Kompositionen erstellen, indem wir Funktionen auf ähnliche Weise kombinieren, und diese Technik ist besonders nützlich, um komplexere Operationen aus einfacheren Bausteinen aufzubauen.

Es gibt jedoch einen besseren Weg, die Komposition von zwei Funktionen auf eine allgemeinere Weise zu implementieren. Wir definieren eine Funktion `compose`, die zwei Funktionen als Parameter annimmt und eine Referenz auf die Komposition der beiden Funktionen zurückgibt:

```
def compose(g, f):
    def h(x):
        return g(f(x))
    return h
```

Im folgenden Beispiel verwenden wir unsere Kompositionsfunktion. Angenommen, wir haben ein Thermometer, das die Temperatur in Grad Celsius misst, jedoch nicht ganz genau ist. Wenden wir die Funktion `korrigiere_messung` auf die gemessenen Werte an, erhalten wir die korrekte Temperatur. Zusätzlich müssen wir die Temperaturwerte von Celsius in Fahrenheit umrechnen. Dies erreichen wir, indem wir die `compose`-Funktion auf beide Funktionen anwenden. Dabei wird die Funktion von rechts nach links ausgewertet: Zuerst wird die Funktion `korrigiere_messung` auf den Eingabewert angewendet, und anschließend wird das Ergebnis dieser Anwendung durch die Funktion `celsius2fahrenheit` verarbeitet.

```
def celsius2fahrenheit(t):
    return 1.8 * t + 32

def korrigiere_messung(t):
    return 0.9 * t - 0.5

konvertiere = compose(celsius2fahrenheit, korrigiere_messung)

messung_thermometer = 10
print(konvertiere(messung_thermometer))
```

Ausgabe:

```
47.3
```

Ohne die Verwendung von `konvertiere`, also `compose`, müssten wir das Folgende tun:

```
print(celsius2fahrenheit(korrigiere_messung(messung_thermometer)))
```

Natürlich ist die Ausgabe gleich:

```
47.3
```

Die Komposition zweier Funktionen ist im Allgemeinen nicht kommutativ, d. h.

`compose(celsius2fahrenheit, korrigiere_messung)`

unterscheidet sich von

`compose(korrigiere_messung, celsius2fahrenheit)`

```
konvertiere2 = compose(korrigiere_messung, celsius2fahrenheit)

print(konvertiere2(messung_thermometer))
```

Nun sehen wir ein unterschiedliches Ergebnis:

```
44.5
```

`konvertiere2` ist keine Lösung für unser Problem, denn es werden nicht die ursprünglichen Temperaturen unseres Thermometers, sondern die transformierten Fahrenheit-Werte ausgegeben.

## 12.3 Komposition mit beliebiger Argumentenzahl

Die Funktion compose, die wir gerade definiert haben, kann nur mit Funktionen mit nur einem Argument umgehen. Wir können unsere Funktion compose so verallgemeinern, dass sie mit allen möglichen Funktionen zurechtkommt, zusammen mit einem Beispiel für eine Funktion mit zwei Parametern.

```
def compose(g, f):
    def h(*args, **kwargs):
        return g(f(*args, **kwargs))
    return h

def BMI(weight, height):
    return weight / height**2

def evaluate_BMI(bmi):
    if bmi < 15:
        return "Very severely underweight"
    elif bmi < 16:
        return "Severely underweight"
    elif bmi < 18.5:
        return "Underweight"
    elif bmi < 25:
        return "Normal (healthy weight)"
    elif bmi < 30:
        return "Overweight"
    elif bmi < 35:
        return "Obese Class I (Moderately obese)"
    elif bmi < 40:
        return "Obese Class II (Severely obese)"
    else:
        return "Obese Class III (Very severely obese)"


f = compose(evaluate_BMI, BMI)

weight, height = 73, 1.77
print(f(weight, height))
```

Ausgabe:

```
Normal (healthy weight)
```

## 12.4 Komposition einer beliebigen Anzahl von Funktionen

```
def compose(*callables):
    def composition(x):
        for callable in callables:
            x = callable(x)
        return x
    return composition

def meter2centimeter(dist):
    """ konvertiere m nach cm """
    return dist * 100

def centimeter2feet(dist):
    """ konvertiere cm nach ft """
    return dist / 30.48

def feet2inches(dist):
    """ konvertiere ft nach in """
    return dist * 12

print(compose(feet2inches, centimeter2feet, meter2centimeter)(1.4))
```

Ausgabe:

```
55.11811023622046
```

Wir können das Gleiche nur eleganter mit der Funktion `reduce` aus dem Modul `functools` erreichen:

```
from functools import reduce

def apply(x, f):
    return f(x)

def compose(*callables):
    return lambda x: reduce(apply, callables, x)

print(compose(feet2inches, centimeter2feet, meter2centimeter)(1.4))
```

Ausgabe:

```
55.11811023622046
```

## 12.5 Aufgaben

**1. Aufgabe:**

Schreibe drei Funktionen:

1. Eine Funktion, die Tage in Stunden umrechnet
2. Eine Funktion zur Umrechnung von Stunden in Minuten
3. Eine Funktion zur Umwandlung von Minuten in Sekunden

Benutze `compose`, um eine Funktion zu schreiben, die Tage in Sekunden umwandelt.

Lösung: 1. Aufgabe, Seite 331

**2. Aufgabe:**

Schreibe drei Funktionen: Schreibe analog drei Funktionen, um durch eine geeignete Kompositionsfunktion Sekunden in Tage umrechnen zu können.

Lösung: 2. Aufgabe, Seite 332

**3. Aufgabe:**

Implementiere ein Python-Programm, das die Größe eines Verzeichnisses und aller darin enthaltenen Unterverzeichnisse und Dateien berechnet. Schreibe eine Funktion `file_size(file_path)`, um die Größe einer Datei zu ermitteln, und eine rekursive Funktion `directory_size(directory_path)`, um die gesamte Verzeichnisgröße zu berechnen. Formatiere das Ergebnis in lesbare Einheiten wie Bytes, KB, MB oder GB mit der Funktion `format_size(size_in_bytes)`. Kombiniere diese Funktionen mithilfe der `compose`-Funktion, um die Größe des Verzeichnisses in einem benutzerfreundlichen Format auszugeben. Teste das Programm mit einem realen Verzeichnispfad.

Lösung: 3. Aufgabe, Seite 333

# 13 Currying in Python

## 13.1 Einführung

### 13.1.1 Zugrundeliegende Idee

Das Currying ist eine Technik in der funktionalen Programmierung, bei der eine Funktion, die normalerweise mehrere Argumente akzeptiert, in eine Abfolge von Funktionen umgewandelt wird, die jeweils ein einzelnes Argument akzeptieren. Das bedeutet, dass anstelle einer Funktion, die alle ihre Argumente auf einmal erwartet, eine Kette von Funktionen erstellt wird, die nacheinander aufgerufen werden, um das gewünschte Ergebnis zu erzielen.

Bild 13.1 Currying in Python

Im Currying wird also eine Funktion, die beispielsweise zwei Argumente erwartet, in eine erste Funktion umgewandelt, die ein Argument akzeptiert und eine zweite Funktion zurückgibt. Die zweite Funktion akzeptiert dann das zweite Argument und gibt das endgültige Ergebnis zurück. Dieser Prozess kann fortgesetzt werden, um Funktionen für beliebig viele Argumente zu erstellen.

Currying ermöglicht es, Funktionen flexibler und komponierbarer zu gestalten, da Sie Teile der Funktion vorab anwenden und dann die verbleibenden Argumente nach Bedarf hinzufügen können. Es ist eine wichtige Technik in der funktionalen Programmierung.

In der theoretischen Informatik wird Currying verwendet, weil es oft einfacher ist, Funktionen von mehreren Argumenten in Modelle mit einem Argument zu transformieren, was die Analyse und das Verständnis von funktionalen Modellen erleichtert.

### 13.1.2 Herkunft des Namens

Das „Curry" in „Currying" hat nichts mit dem scharfen Currypulver zu tun, auch wenn es den Python-Code durchaus „schmackhafter" machen kann. Der Name ist eine Anspielung auf den Logiker und Mathematiker Haskell Brooks Curry, der in „The Kleene Symposium"[1] schrieb: „... Einige zeitgenössische Logiker nennen diese Art, eine Funktion zu betrachten, ‚currying', weil ich sie ausgiebig benutzt habe; aber Schönfinkel hatte die Idee etwa 6 Jahre vor mir."[2]

Aus diesem Grund wird – wenn auch selten – manchmal der Name „Schönfinkelisierung" verwendet.

## 13.2 Currying von Funktionen

### 13.2.1 Definition und Beispiel

Currying ist eine Technik, bei der die Auswertung einer Funktion mit mehreren Argumenten in die Auswertung einer Folge von Funktionen mit jeweils einem Argument unterteilt wird.

In mathematischer Notation sieht das so aus: Wenn wir eine Funktion $f$ haben, die $n$ Argumente annimmt, können wir sie durch eine Komposition von $n$ Funktionen $f_1, f_2, f_n$ „ersetzen", wobei jede Funktion nur ein Argument annimmt:

$$Sei\, x = f(a_1, a_2, a_3)$$

Wir erhalten denselben Wert x wie beim Aufruf von:

$$f_2 = f_1(a_1)$$
$$f_3 = f_2(a_2)$$

und

$$x = f_3(a_3)$$

Ein in Python implementiertes Beispiel könnte wie folgt aussehen:

```
def f(a1, a2, a3):
    return a1 * a2 * a3

def f1(a1):
    def f2(a2):
        def f3(a3):
            return f(a1, a2, a3)
```

[1] „The Kleene Symposium", (Proceedings of the Symposium held June 18–24, 1978 at Madison, Wisconsin. U.S.A.)

[2] Original: „Some contemporary logicians call this way of looking at a function ‚currying', because I made extensive use of it; but Schonfinkel had the idea some 6 years before I did."

```
        return f3
    return f2

for i in range(1, 10):
    print(f(i, i+1, i+2), f1(i)(i+1)(i+2))
```

Ein Aufruf liefert dann wie erwartet folgende Ausgabe:

```
6 6
24 24
60 60
120 120
210 210
336 336
504 504
720 720
990 990
```

### 13.2.2 BMI als Beispiel

BMI steht für „Body-Mass-Index" (Körpermasseindex) und ist eine Maßzahl, die das Verhältnis zwischen Gewicht und Körpergröße eines Menschen beschreibt. Der BMI wird oft verwendet, um grob einzuschätzen, ob eine Person unter-, normal- oder übergewichtig ist. Die Formel zur Berechnung des BMI lautet:

$$BMI = \frac{m}{l^2}$$

wobei m die Körpermasse in kg und l die Körperlänge in Metern angibt.

### 13.2.3 BMI als Beispiel

Wir definieren zuerst eine „normale" Funktion bmi mit zwei Argumenten. bmi_curried ist, wie der Name vermuten lässt, die Version mit Currying.

```
def bmi(weight, height):
    return weight / height**2

def bmi_curried(height):
    def bmi_weight(weight):
        return bmi(weight, height)
    return bmi_weight

print(bmi_curried(1.76)(72))
```

Für eine 1,76 Meter große und 72 kg schwere Person erhalten wir dann folgende Ausgabe:

```
23.243801652892564
```

## 13.3 Benutzung von partial

Die Funktion `partial` des Moduls `functools` von Python erlaubt es uns, partiell angewandte Funktionen zu erstellen. Eine partiell angewandte Funktion ist eine neue Funktion, die von einer bestehenden Funktion abgeleitet wird, indem eine bestimmte Anzahl von Argumenten im Voraus festgelegt wird. Das Ergebnis ist eine Funktion, die mit den verbleibenden Argumenten aufgerufen werden kann. Mit ihr lässt sich auch die Komposition von Funktionen darstellen.

Wir demonstrieren die Funktionsweise in den folgenden Beispielen:

```
from functools import partial

def f(a1, a2, a3):
    return a1 * a2 * a3

print(f'{partial(f, 3, 2)(4)=}')
print(f'{partial(f, 3)(2, 4)=}')
print(f'{partial(partial(f, 3), 2)(4)=}')
print(f'{partial(f, 3)(2, 4)=}')
```

Die Ausgabe sieht wie folgt aus:

```
partial(f, 3, 2)(4)=24
partial(f, 3)(2, 4)=24
partial(partial(f, 3), 2)(4)=24
partial(f, 3)(2, 4)=24
```

## 13.4 Praktisches Beispiel für Currying: E-Mail-Vorlagen

Stellen wir uns vor, wir möchten E-Mails für verschiedene Anlässe wie Begrüßungen, Erinnerungen und Benachrichtigungen erstellen. Mit Currying können wir eine generische Funktion für die E-Mail-Erstellung verwenden und sie für verschiedene E-Mail-Typen anpassen.

Zuerst definieren wir eine generische Funktion zur Erstellung von E-Mails:

```
def erstelle_email(vorlage, inhalt, empfänger):
    return f"An: {empfänger}\nBetreff: {vorlage}\n\n{inhalt}"
```

Nun können wirauf diese Funktion Currying anwenden:

```
def erstelle_email_currying(vorlage):
    def email_mit_inhalt(inhalt):
        def email_mit_empfänger(empfänger):
            return erstelle_email(vorlage, inhalt, empfänger)
        return email_mit_empfänger
    return email_mit_inhalt
```

Jetzt können wir sie praktisch für „unsere Werbezwecke" mit unserer E-Mail-Liste einsetzen:

```
betreff1 = "Willkommen bei unserem Service"
betreff2 = "Schwarze Nacht"

inhalt1 = """Herzlich willkommen bei ShopAroundTheClock!
Wir freuen uns sehr, Sie als neuen Kunden begrüßen zu dürfen
und stehen Ihnen jederzeit zur Verfügung, um Ihre Fragen zu
beantworten und Ihnen zu helfen. Ihr Erfolg ist unser Anliegen,
und wir sind hier, um Sie auf jedem Schritt Ihres Weges zu
unterstützen.
Ihr ShopAroundTheClock-Team"""

inhalt2 = """Heute Abend, zwischen 22:01 und 22:03 gibt es
alles zum halben Preis!"""

willkommensnachricht = erstelle_email_currying(betreff1)(inhalt1)
werbung = erstelle_email_currying(betreff2)(inhalt2)

empfänger_liste = ['dehmelviktor@rogner.de',
                   'johannirmingard@hermighausen.de',
                   'ralf-dieter90@oestrovsky.com']

# Zuerst begrüßen wir unsere neuen Kundinnen und Kunden
for empfänger in empfänger_liste:
    print(willkommensnachricht(empfänger))
    print("*******")

# und gleich kommt unsere erste Werbe-E-Mail:
for empfänger in empfänger_liste:
    print(werbung(empfänger))
    print("*******")
```

Die E-Mails sehen nun wie folgt aus:

```
An: dehmelviktor@rogner.de
Betreff: Willkommen bei unserem Service

Herzlich willkommen bei ShopAroundTheClock!
Wir freuen uns sehr, Sie als neuen Kunden begrüßen zu dürfen
und stehen Ihnen jederzeit zur Verfügung, um Ihre Fragen zu
beantworten und Ihnen zu helfen. Ihr Erfolg ist unser Anliegen,
und wir sind hier, um Sie auf jedem Schritt Ihres Weges zu
unterstützen.
Ihr ShopAroundTheClock-Team
*******
An: johannirmingard@hermighausen.de
Betreff: Willkommen bei unserem Service

Herzlich willkommen bei ShopAroundTheClock!
```

```
Wir freuen uns sehr, Sie als neuen Kunden begrüßen zu dürfen
und stehen Ihnen jederzeit zur Verfügung, um Ihre Fragen zu
beantworten und Ihnen zu helfen. Ihr Erfolg ist unser Anliegen,
und wir sind hier, um Sie auf jedem Schritt Ihres Weges zu
unterstützen.
Ihr ShopAroundTheClock-Team
*******
An: ralf-dieter90@oestrovsky.com
Betreff: Willkommen bei unserem Service

Herzlich willkommen bei ShopAroundTheClock!
Wir freuen uns sehr, Sie als neuen Kunden begrüßen zu dürfen
und stehen Ihnen jederzeit zur Verfügung, um Ihre Fragen zu
beantworten und Ihnen zu helfen. Ihr Erfolg ist unser Anliegen,
und wir sind hier, um Sie auf jedem Schritt Ihres Weges zu
unterstützen.
Ihr ShopAroundTheClock-Team
*******
An: dehmelviktor@rogner.de
Betreff: Schwarze Nacht

Heute Abend, zwischen 22:01 und 22:03 gibt es
alles zum halben Preis!
*******
An: johannirmingard@hermighausen.de
Betreff: Schwarze Nacht

Heute Abend, zwischen 22:01 und 22:03 gibt es
alles zum halben Preis!
*******
An: ralf-dieter90@oestrovsky.com
Betreff: Schwarze Nacht

Heute Abend, zwischen 22:01 und 22:03 gibt es
alles zum halben Preis!
*******
```

## 13.5 Dekorator für Currying

Wir implementieren einen Dekorator curry:

```
def curry(func):
    def curried(*args):
        if len(args) >= func.__code__.co_argcount:
            result = func(*args[:func.__code__.co_argcount])
            return result
        else:
            return lambda *new_args: curried(*(args + new_args))
```

```
    return curried

@curry
def multiply(x, y, z):
    return x + y + z


print(multiply(3)(4)(5))
print(multiply(3,4)(5))
print(multiply(3)(4, 5))
# im Folgenden ist ein Argument, d.h. 12 zu viel und wird ignoriert:
print(multiply(3)(4, 5, 12))
```

Ausgabe:

```
12
12
12
12
```

Die `curry`-Funktion transformiert eine Funktion so, dass sie ihre Argumente einzeln oder in Gruppen entgegennimmt, bis alle erforderlichen Argumente gesammelt sind.

Die `curry`-Funktion nimmt eine Funktion `func` als Eingabe und gibt eine neue Funktion `curried` zurück, die für das Currying verantwortlich ist. Die `curried`-Funktion akzeptiert eine beliebige Anzahl von Argumenten (`*args`).

Wenn die Anzahl der übergebenen Argumente (`len(args)`) mindestens so groß ist wie die Anzahl der Argumente, die die ursprüngliche Funktion `func` (in unserem Fall `multiply`) benötigt (`func.__code__.co_argcount`), wird `func` mit dieser Anzahl von Argumenten aufgerufen und das Ergebnis zurückgegeben. Werden zu viele Argumente übergeben, werden diese einfach ignoriert, weil nur die ersten `func.__code__.co_argcount`-Argumente verwendet werden. Der Ausdruck `func(*args[:func.__code__.co_argcount])` stellt dies sicher.

Wenn nicht genügend Argumente vorhanden sind, wird eine neue Funktion zurückgegeben, die zusätzliche Argumente entgegennimmt und diese mit den bereits gesammelten Argumenten kombiniert. Diese neue Funktion wird dann erneut an `curried` übergeben.

Die `multiply`-Funktion, die drei Argumente (`x`, `y`, `z`) erwartet, wird durch den `curry`-Dekorator transformiert. Dies bedeutet, dass sie ihre Argumente schrittweise oder in Gruppen akzeptiert.

Der Ausdruck `multiply(3)(4)(5)` ruft `multiply` auf, indem die Argumente einzeln übergeben werden. Zuerst wird `multiply(3)` aufgerufen, was eine Funktion zurückgibt, die auf das nächste Argument wartet. Die zurückgelieferte Funktion entspricht dem folgenden `lambda`-Ausdruck: `lambda x: curried(3, x)`.

Dann wird `multiply(3)(4)` aufgerufen, was eine weitere Funktion zurückgibt, die das letzte Argument erwartet, also `lambda x: curried(3, 4, x)`.

Schließlich wird `multiply(3)(4)(5)` ausgeführt und gibt 12 zurück, da `x = 3`, `y = 4` und `z = 5` sind und deren Summe 12 ergibt.

Der Ausdruck `multiply(3,4)(5)` ruft `multiply` direkt mit 3 und 4 auf und erhält eine Funktion zurück, die auf 5 wartet. Diese Kombination ergibt ebenfalls 12.

Der Ausdruck `multiply(3)(4, 5)` zeigt, dass die Argumente 4 und 5 zusammen mit 3 gesammelt werden, was ebenfalls 12 ergibt.

Im Ausdruck `multiply(3)(4, 5, 12)` wird 12 als zusätzliches Argument übergeben, das jedoch ignoriert wird, da `multiply` nur die ersten drei Argumente benötigt. Das Ergebnis ist daher 12.

## 13.6 Weitere Beispiele

### 13.6.1 Arithmetische Operatoren

In diesem Beispiel demonstrieren wir die Verwendung einer Funktion, die verschiedene arithmetische Operationen durchführt, d. h. Addition, Subtraktion, Multiplikation und Division. Diese Funktion wird mithilfe von Currying implementiert, was es ermöglicht, sie flexibel einzusetzen und je nach Bedarf anzupassen.

Wir beginnen mit einer grundlegenden Funktion namens `operate`, die als Parameter einen Operator sowie zwei Operanden akzeptiert. Die möglichen Operatoren sind ‚+' für Addition, ‚-' für Subtraktion, ‚*' für Multiplikation und ‚/' für Division. Abhängig vom angegebenen Operator führt die Funktion die entsprechende Operation aus und gibt das Ergebnis zurück.

Um diese Funktion flexibler zu gestalten, nutzen wir das Konzept des Currying. Dadurch können wir die Funktion so umgestalten, dass sie teilweise angewendet werden kann, wodurch wir eine neue Funktion erhalten, die nur noch auf einen Teil der Argumente wartet. Dies ermöglicht es uns, die Funktion mit nur einem Teil der Argumente zu verwenden und später die fehlenden Argumente hinzuzufügen.

In den nachfolgenden Beispielen zeigen wir, wie diese `curried`-Funktion verwendet werden kann, um verschiedene arithmetische Operationen durchzuführen.

```
def curry(func):
    def curried(*args):
        if len(args) >= func.__code__.co_argcount:
            result = func(*args[:func.__code__.co_argcount])
            return result
        else:
            return lambda *new_args: curried(*(args + new_args))
    return curried

@curry
def operate(operator, x, y):
    if operator == '+':
        return x + y
    elif operator == '-':
        return x - y
    elif operator == '*':
        return x * y
```

```
    elif operator == '/':
        return x / y
    else:
        raise ValueError("Ungültiger Operator")

# Test der Curry-Funktion
addition = operate('+')
result = addition(5, 3)
print(result)

subtraction = operate('-')
result = subtraction(10, 4)
print(result)

multiplication = operate('*')
result = multiplication(6, 7)
print(result)

division = operate('/')
result = division(20, 5)
print(result)
```

Ausgabe:

```
8
6
42
4.0
```

### 13.6.2 Beispiel aus der Finanzwelt

Für das Folgende könnte es nützlich sein, mit zwei einfachen Formen der Preisreduzierung in der Geschäftswelt vertraut zu sein:

**Rabatte** und **Skonto** sind zwei unterschiedliche Preisstrategien, die Unternehmen einsetzen, um Anreize für Kunden zu schaffen. Der Hauptunterschied zwischen Rabatt und Skonto liegt im Zeitpunkt der Preissenkung. Preisnachlässe oder Rabatte bieten sofortige Kosteneinsparungen an der Verkaufsstelle, während Skonti Einsparungen nach dem Kauf bieten, wenn bestimmte Kriterien erfüllt sind. Beide Strategien können das Kundenverhalten wirksam beeinflussen und den Umsatz steigern, eignen sich aber für unterschiedliche Geschäftsszenarien und Ziele.

Bild 13.2 Rabatte und Skonti in Python

Im folgenden Beispiel wollen wir die Gesamtkosten eines Warenkorbs berechnen mit der Möglichkeit, verschiedene Rabatte in verschiedenen Stufen anzuwenden. In diesem Beispiel werden mehrere `curried`-Funktionen verwendet, um Artikelpreise, Mengen und Rabatte schrittweise anzuwenden.

Zunächst definieren wir eine `curried`-Funktion zur Berechnung der Kosten für einzelne Artikel:

```
def curry(func):
    def curried(*args):
        if len(args) >= func.__code__.co_argcount:
            result = func(*args[:func.__code__.co_argcount])
            return result
        else:
            return lambda *new_args: curried(*(args + new_args))
    return curried

@curry
def berechne_stück_kosten(preis, anzahl):
    return preis * anzahl

# Beispielaufruf:
artikel = berechne_stück_kosten(10)(2)  # Preis 10 €, Anzahl 2
print(artikel)
```

Ausgabe:

```
20
```

Als Nächstes erstellen wir eine Funktion, um einen prozentualen Rabatt auf die Kosten anzuwenden. Diese Funktion nimmt einen Prozentsatz und gibt eine `curried`-Funktion zurück: Mithilfe der `subtract_prozentsatz`-Funktion sind wir dann in der Lage, den gesamten Warenkorb zu berechnen:

```
@curry
def berechne_stück_kosten(preis, anzahl):
    return preis * anzahl

@curry
def subtract_prozentsatz(rabatt_prozentsatz, kosten):
    #print(f"{kosten=}, {rabatt_prozentsatz=}")
    rabatt_amount = (kosten * rabatt_prozentsatz) / 100
    return kosten - rabatt_amount

# Berechnung der Preise für die individuellen Artikel
artikel1 = berechne_stück_kosten(10)(2)  # artikel 1: Preis 10 €,
↪ Anzahl 2
artikel2 = berechne_stück_kosten(5)(3)   # artikel 2: Preis 5 €,
↪ Anzahl 3
```

```
print(f"{artikel1=}, {artikel2=}")
calculate_rabatted_preis = subtract_prozentsatz(12)
calculate_rebated_preis = subtract_prozentsatz(3)

# Berechnung der Gesamtkosten mit %-Abzügen
total_kosten =
↪ calculate_rebated_preis(calculate_rabatted_preis(artikel1 +
↪ artikel2))

print(f"Total kosten: {total_kosten:.2f} €")
```

Ausgabe:

```
artikel1=20, artikel2=15
Total kosten: 29.88 €
```

Wir hätten die Berechnung auch direkt für jeden einzelnen Posten durchführen können:

```
@curry
def berechne_stück_kosten(preis, anzahl):
    return preis * anzahl

@curry
def perc(rabatt_prozentsatz, kosten):
    #print(f"{kosten=}, {rabatt_prozentsatz=}")
    rabatt_amount = (kosten * rabatt_prozentsatz) / 100
    return kosten - rabatt_amount

a = perc(3)(perc(12)(berechne_stück_kosten(10)(2)))
print(a)
```

Ausgabe:

```
17.072000000000003
```

Im vorigen Programm haben wir für jeden Artikel den gleichen Rabatt und den gleichen Skonto-Satz verwendet. Normalerweise unterscheiden sie sich von Produkt zu Produkt. Nehmen wir an, dass wir eine Einkaufsliste für Artikel haben. Jeder Artikel besteht aus einem Tupel mit (Menge, Preis, Skonto, Rabatt). Wir können die Summierung auf eine saubere und lesbare Weise durchführen:

```
shopping_list = [(2, 10, 12, 3), (3, 5, 12, 3)]

total = 0
for anzahl, preis, rabatt, rebate in shopping_list:
    sub =
    ↪ perc(rebate)(perc(rabatt)((berechne_stück_kosten(preis)(anzahl))))
    total += sub

print(f"Total kosten: €{total:.2f}")
```

Ausgabe:

```
Total kosten: €29.88
```

### 13.6.3 Currying zur Listenfilterung

Im folgenden Programm erstellen wir eine Funktion `filter_list` mit Parametern für die Bedingung und die Liste. Wir verwenden dann Currying, um häufig verwendete Filter wie `even_numbers` oder `odd_numbers` zu erstellen.

```
def filter_list(condition):
    def apply_filter(lst):
        return [item for item in lst if condition(item)]
    return apply_filter

# Bedingungsfunktionen für gerade und ungerade Zahlen
def is_even(num):
    return num % 2 == 0

def is_odd(num):
    return num % 2 != 0

# Currying-Funktionen für spezifische Filter
even_numbers = filter_list(is_even)
odd_numbers = filter_list(is_odd)

# Testbeispiele
numbers = [1, 2, 3, 4, 5, 6, 7, 8, 9, 10]

print("Gerade Zahlen:", even_numbers(numbers))
print("Ungerade Zahlen:", odd_numbers(numbers))
```

Ausgabe:

```
Gerade Zahlen: [2, 4, 6, 8, 10]
Ungerade Zahlen: [1, 3, 5, 7, 9]
```

## 13.7 Currying-Funktion mit einer beliebigen Anzahl von Parametern

Eine interessante Frage bleibt: Wie kann man „Currying" auf eine Funktion mit einer beliebigen und unbekannten Anzahl von Parametern anwenden?

`__code__.co_argcount` kann in diesem Fall nicht verwendet werden, weil es ja keine feste Anzahl von Parametern gibt.

Um das Currying durchzuführen, können wir eine verschachtelte Funktion verwenden. Wir brauchen aber einen Weg, um der Funktion mitzuteilen, dass sie den Wert berechnen und zurückgeben soll. Wenn die Funktion mit Argumenten aufgerufen wird, werden diese, wie bereits erwähnt, mit der Currying-Technik akkumuliert. Was aber, wenn wir die Funktion ohne Argumente aufrufen? Richtig, das ist eine Möglichkeit, der Funktion mitzuteilen, dass wir das Ergebnis haben wollen:

```
def arimean(*args):
    return sum(args) / len(args)

def curry(func):
    curry.__curried_func_name__ = func.__name__
    f_args, f_kwargs = [], {}
    def f(*args, **kwargs):
        nonlocal f_args, f_kwargs
        if args or kwargs:
            f_args += args
            f_kwargs.update(kwargs)
            return f
        else:
            result = func(*f_args, **f_kwargs)
            f_args, f_kwargs = [], {}
            return result
    return f

curried_arimean = curry(arimean)
print(curried_arimean(2)(5)(9)(5))
```

Ausgabe:

```
<function curry.<locals>.f at 0x7fedcac9e040>
```

Der vorige Ausdruck müsste eigentlich schon im Sinne von Currying das Endergebnis zurückliefern. Stattdessen erhalten wir nochmals eine Funktion. Wir müssen diese Funktion mit einem leeren Argument aufrufen, um zum Endergebnis zu kommen.

```
print(curried_arimean(2)(5)(9)(5)())
```

Ausgabe:

```
5.25
```

Einige „prints" können helfen zu verstehen, was vor sich geht:

```
def arimean(*args):
    return sum(args) / len(args)

def curry(func):
    curry.__curried_func_name__ = func.__name__
    f_args, f_kwargs = [], {}

    def f(*args, **kwargs):
        nonlocal f_args, f_kwargs

        # Zeigt die gesammelten Argumente vor diesem Aufruf
        print(f"Gesammelte Positionale Argumente vor diesem Aufruf:
         ↪ {f_args}")
        print(f"Gesammelte Keyword-Argumente vor diesem Aufruf:
         ↪ {f_kwargs}")
```

```
        if args or kwargs:
            # Zeigt die neuen Argumente, die gerade hinzugefügt werden
            print(f"Neue Positionale Argumente: {args}")
            print(f"Neue Keyword-Argumente: {kwargs}")

            f_args += args
            f_kwargs.update(kwargs)

            # Zeigt die aktualisierten Argumente nach dem Hinzufügen
            print(f"Gesammelte Positionale Argumente nach diesem
             ↪ Aufruf: {f_args}")
            print(f"Gesammelte Keyword-Argumente nach diesem Aufruf:
             ↪ {f_kwargs}")

            return f
        else:
            # Zeigt, dass die Funktion ausgeführt wird und das
             ↪ Ergebnis
            print(f"Funktion wird mit folgenden Argumenten aufgerufen:
             ↪ {f_args}, {f_kwargs}")
            result = func(*f_args, **f_kwargs)
            print(f"Ergebnis der Funktion: {result}")

            f_args, f_kwargs = [], {}
            return result

    return f

curried_arimean = curry(arimean)

# Testen des Currying-Mechanismus
print(curried_arimean(2)(5)(9)(5)())
```

Ausgabe:

```
Gesammelte Positionale Argumente vor diesem Aufruf: []
Gesammelte Keyword-Argumente vor diesem Aufruf: {}
Neue Positionale Argumente: (2,)
Neue Keyword-Argumente: {}
Gesammelte Positionale Argumente nach diesem Aufruf: [2]
Gesammelte Keyword-Argumente nach diesem Aufruf: {}
Gesammelte Positionale Argumente vor diesem Aufruf: [2]
Gesammelte Keyword-Argumente vor diesem Aufruf: {}
Neue Positionale Argumente: (5,)
Neue Keyword-Argumente: {}
Gesammelte Positionale Argumente nach diesem Aufruf: [2, 5]
Gesammelte Keyword-Argumente nach diesem Aufruf: {}
Gesammelte Positionale Argumente vor diesem Aufruf: [2, 5]
Gesammelte Keyword-Argumente vor diesem Aufruf: {}
```

```
Neue Positionale Argumente: (9,)
Neue Keyword-Argumente: {}
Gesammelte Positionale Argumente nach diesem Aufruf: [2, 5, 9]
Gesammelte Keyword-Argumente nach diesem Aufruf: {}
Gesammelte Positionale Argumente vor diesem Aufruf: [2, 5, 9]
Gesammelte Keyword-Argumente vor diesem Aufruf: {}
Neue Positionale Argumente: (5,)
Neue Keyword-Argumente: {}
Gesammelte Positionale Argumente nach diesem Aufruf: [2, 5, 9, 5]
Gesammelte Keyword-Argumente nach diesem Aufruf: {}
Gesammelte Positionale Argumente vor diesem Aufruf: [2, 5, 9, 5]
Gesammelte Keyword-Argumente vor diesem Aufruf: {}
Funktion wird mit folgenden Argumenten aufgerufen: [2, 5, 9, 5], {}
Ergebnis der Funktion: 5.25
5.25
```

## 13.8 Aufgaben

**1. Aufgabe:**

Erstelle eine Funktion `add`, die zwei Zahlen addiert. Verwende dann das Currying, um eine neue Funktion `add_five` zu erstellen, die fünf zu einem gegebenen Wert addiert.

**2. Aufgabe:**

Implementiere eine Funktion `filter_by_length`, die eine Liste von Strings und eine maximale Längenbeschränkung akzeptiert und alle Strings filtert, die die Längenbeschränkung überschreiten. Verwende Currying, um eine Funktion zu erstellen, die nur eine Liste von Strings akzeptiert und die Längenbeschränkung intern speichert.

# 14 Funktionale Emulation von OOP-Konzepten

## 14.1 Einführung

Bild 14.1 Lebrone, Hybrid zwischen Zebra und Löwe

Objektorientierte Programmierung (OOP) und funktionale Programmierung (FP) zählen zu den weitverbreitetsten Programmierparadigmen. OOP legt den Fokus auf die Verwendung von Objekten zur Repräsentation von Daten und Verhalten, während FP darauf abzielt, Programme durch die Kombination von Erster-Klasse-Funktionen zur Transformation von Daten zu gestalten. Vielleicht haben einige Leser bereits beim Durchlesen der vorherigen Kapitel Ähnlichkeiten zur objektorientierten Programmierung erkannt. In den vorangegangenen Kapiteln haben wir festgestellt, dass Funktionen höherer Ordnung ein mächtiges Konzept in der funktionalen Programmierung darstellen. Sie ermöglichen die Abstraktion und Komposition von Code, indem sie uns gestatten, Funktionen als „Bürger erster Klasse" zu behandeln und sie wie jeden anderen Datentyp zu manipulieren. Rein syntaktisch betrachtet mag man zunächst den Eindruck gewinnen, dass beide Programmierparadigmen vollständig unterschiedlich sind.

Dieses Kapitel dient explizit dazu zu zeigen, wie ähnlich sich objektorientierte und funktionale Programmierung in den entscheidenden Aspekten eigentlich sind. Wir möchten die beiden Konzepte hier verknüpfen und gewissermaßen einen Hybriden erschaffen wie der Lebrone in unserem Bild, ein neues Fabelwesen zwischen Löwe und Zebra. Auch wenn es möglicherweise oder wahrscheinlich nicht sofort ersichtlich war, haben wir in allen vorherigen Kapiteln implizit Konzepte der objektorientierten Programmierung (OOP) verwendet. In diesem Kapitel möchten wir diese Konzepte vertiefen und zeigen, wie wir die Prinzipien der OOP in einem funktionalen Programmierstil nachahmen können. Durch die Kombination von Funktionen höherer Ordnung, Closures und anderen Techniken der funktionalen Programmierung können wir die grundlegenden Prinzipien der OOP wie Kapselung, Vererbung und Abstraktion in Python nachbilden. Diese hybride Herangehensweise eröffnet neue Möglichkeiten für die Gestaltung und Organisation von Code und ermöglicht es uns, die Vorteile beider Programmierparadigmen zu nutzen. Schauen wir uns zunächst die Liste wichtiger Aspekte an, die wir dann im Folgenden mittels funktionaler Programmierung emulieren wollen:

1. **Klassen** dienen als Baupläne zur Erstellung von Objekten, die Instanzen von Klassen sind.
2. **Kapselung** bezieht sich darauf, Daten (Attribute) und Verhalten (Methoden) innerhalb von Objekten zu bündeln, den internen Zustand eines Objekts zu verbergen und nur notwendige Schnittstellen zur Interaktion damit freizugeben.
3. **Abstraktion** beinhaltet das Vereinfachen komplexer Systeme, indem unnötige Implementierungsdetails verborgen und nur wesentliche Funktionen für den Benutzer freigegeben werden.
4. **Vererbung** ermöglicht es, Klassen, Attribute und Methoden von anderen Klassen zu erben. Dies fördert die Wiederverwendung von Code und ermöglicht die Erstellung von Hierarchien verwandter Klassen.
5. **Überlagern** oder „Methodenüberlagerung" (englisch: method overriding) bezeichnet den Vorgang, bei dem eine Methode in einer abgeleiteten Klasse dieselbe Signatur wie eine Methode in der Basisklasse hat und deren Verhalten verändert. Die Methode der Basisklasse wird nicht ersetzt, sondern es wird eine neue Implementierung bereitgestellt, die die ursprüngliche Methode überlagert. So kann die abgeleitete Klasse spezialisierte Funktionalität hinzufügen oder das Verhalten der Methode anpassen. Es kann aber immer noch auf die ursprüngliche, also überlagerte Methode, zugegriffen werden.
6. **Modularität** fördert die Aufteilung von Code in kleinere, wiederverwendbare Komponenten (Klassen), die unabhängig voneinander entwickelt, getestet und gewartet werden können. Dies verbessert die Codeorganisation und erleichtert die Verwaltung komplexer Systeme.
7. **Komposition** beinhaltet den Aufbau komplexer Objekte durch Kombination einfacherer Objekte oder Komponenten. Dies fördert die Wiederverwendung von Code und die Flexibilität, indem Objekte aus anderen Objekten zusammengesetzt werden können.

## 14.2 Imitation einer Klasse durch eine Funktion

### 14.2.1 Erstes Beispiel: Geradengenerierung

Man kann eine Funktion höherer Ordnung, die verschachtelte Funktionen enthält und erzeugt und gegebenenfalls zurückliefert, auch im abstrakten Sinne als Klasse betrachten. Auch solche Funktionen kann man als „Baupläne" ansehen, die zur Erstellung von Objekten dienen. Die erstellten Objekte sind Funktionen.

Das folgende Beispiel zeigt eine Funktion `generiere_gerade`, mit der man beliebige Geraden erstellen kann.

```
def generiere_gerade(anstieg, achsenabschnitt):
```

```
    def wert_berechnen(x):
        return anstieg * x + achsenabschnitt

    return wert_berechnen

gerade1 = generiere_gerade(anstieg=2, achsenabschnitt=3)
print(gerade1(5))

gerade2 = generiere_gerade(anstieg=-1, achsenabschnitt=8)
print(gerade2(10))
```

Ausgabe:

```
13
-2
```

Dies Funktion können wir wie folgt als Klasse implementieren. Jede Instanz lässt sich wie eine Funktion benutzen, was wir mittels der Methode `__call__` erreichen:

```
class Gerade:

    def __init__(self, anstieg, achsenabschnitt):
        self.anstieg = anstieg
        self.achsenabschnitt = achsenabschnitt

    def __call__(self, x):
        return self.anstieg * x + self.achsenabschnitt


gerade1 = Gerade(anstieg=2, achsenabschnitt=3)
print(gerade1(5))

gerade2 = Gerade(anstieg=-1, achsenabschnitt=8)
print(gerade2(10))
```

Ausgabe:

```
13
-2
```

Wir können erkennen, dass sich beide Ansätze in der Anwendung nicht unterscheiden. Lediglich die Namen sind anders, also `Gerade` statt `generiere_gerade`. Selbstverständlich hätten wir auch die Namen gleich wählen können, aber wir wollten uns an die Konvention halten, dass Klassennamen großgeschrieben und Funktionsnamen kleingeschrieben werden.

### 14.2.2 Private Attribute

So kann man beispielsweise `nonlocal`-Variablen logisch gesehen als private Attribute ansehen, die gekapselt sind, und erreicht dadurch auch eine Datenabstraktion.

```
def aeussere_funktion():

    private_variable = "Ich bin privat für aeussere_funktion"

    def innere_funktion():
        nonlocal private_variable
        private_variable = "Geändert innerhalb von innere_funktion"
        print(private_variable)

    innere_funktion()

# Aufruf der aeussere_funktion(), um das Verhalten zu demonstrieren
aeussere_funktion()
```

Ausgabe:

```
Geändert innerhalb von innere_funktion
```

### 14.2.3 Klasse mit Gettern und Settern als Funktion

Getter und Setter sind Methoden, die in objektorientierten Programmiersprachen verwendet werden, um auf die ansonsten privaten Attribute einer Klasse zuzugreifen und diese zu verändern. Getter-Methoden, auch Zugriffsmethoden genannt, erlauben das Auslesen des Wertes eines (privaten) Attributs. Setter-Methoden ermöglichen das Setzen oder Ändern des Wertes eines Attributs. Sie helfen dabei, die Kapselung zu gewährleisten, ein zentrales Konzept der objektorientierten Programmierung, das die direkte Manipulation von Attributen von außen verhindert. Durch Getter und Setter kann die Validierung von Daten beim Setzen eines Wertes durchgeführt werden. Dies ermöglicht es, Regeln und Einschränkungen für die Werte der Attribute durchzusetzen. Getter und Setter bieten eine kontrollierte Schnittstelle zur Klasse, wodurch der interne Zustand einer Klasse geschützt wird. Sie machen es einfacher, den Code zu warten und zu erweitern, da Änderungen an der internen Implementierung einer Klasse keine Auswirkungen auf den Code haben, der diese Klasse verwendet. Zusätzlich kann in Gettern und Settern zusätzliche Logik implementiert werden wie z. B. das Protokollieren von Zugriffen oder Änderungen. Schließlich tragen sie zur besseren Lesbarkeit und Verständlichkeit des Codes bei, da klar ist, wie und wo auf die Attribute zugegriffen wird.

In unserem nächsten Beispiel wären die in der Funktion lokalen Variablen `name` und `alter` von außen nicht erreichbar, wenn wir nicht entsprechend Getter- und Setter-Funktionen bereitstellen würden. Mittels `hole_name` können wir den Wert von `name` lesen und mittels `setze_name` können wir den Wert von `name` verändern.

```
def Person(name, alter):

    def self():
        return None

    def hole_name():
        return name
```

```
    def setze_name(new_name):
        nonlocal name
        name = new_name

    def hole_alter():
        return alter

    def setze_alter(neues_alter):
        nonlocal alter
        alter = neues_alter

    self.hole_name = hole_name
    self.setze_name = setze_name
    self.hole_alter = hole_alter
    self.setze_alter = setze_alter

    return self

# Create a person object
person = Person("Russel", 25)

print(person.hole_name(), person.hole_alter())

person.setze_name('Jane')
print(person.hole_name(), person.hole_alter())
```

Ausgabe:

```
Russel 25
Jane 25
```

Das obige Programm definiert eine Funktion `Person`, die im gewissen Sinne wie eine Klassendefinition funktioniert. Man kann „Personen"-Objekt mittels `Person` instanziieren. Innerhalb von `Person` gibt es eine Funktion namens `self`. Diese Funktion wird als Container für die anderen inneren Funktionen verwendet, denn diese werden mit Attributen an `self` In einer richtigen Klassendefinition würde man die inneren Funktionen als Methoden bezeichnen. Wie in einer Klasse haben wir Getter, d. h. `hole_name` und `hole_alter`, und Setter, d. h. `setze_name` und `setze_alter`, definiert. Mit der Funktion `Person` wird eine Closure für die lokalen Variablen `name` und `alter` erzeugt. Sie bewahren also ihren Zustand. Mittels `nonlocal` kann in den inneren Funktionen auf sie zugegriffen werden. Um von außen auf die inneren Funktionen zugreifen zu können, hängen wir diese als Attribute an `self` an, die als Rückgabewert von `Person` dient.

Im folgenden Programm definieren wir eine entsprechende „richtige" Klassendefinition:

```
class Person2():

    def __init__(self, name, alter):
        self.setze_name(name)
        self.setze_alter(alter)
```

```
    def hole_name(self):
        return self.__name

    def setze_name(self, new_name):
        self.__name = new_name

    def hole_alter(self):
        return self.__alter

    def setze_alter(self, neues_alter):
        self.__alter = neues_alter

person = Person2("Russel", 25)

print(person.hole_name(), person.hole_alter())
person.setze_name('Jane')
print(person.hole_name(), person.hole_alter())
```

Ausgabe:

```
Russel 25
Jane 25
```

Die „funktionale Klasse“ `Person`” und die „echte“ Klasse lassen sich in der Art, wie sie benutzt werden, nicht unterscheiden.

Wir erweitern unsere „funktionale Klasse“-Funktion, indem wir eine `repr`- und eine `equal`-Funktion hinzufügen (Methode in der Klassenterminologie):

```
def Person(name, alter):

    def self():
        return None

    def hole_name():
        return name

    def setze_name(new_name):
        nonlocal name
        name = new_name

    def hole_alter():
        return alter

    def setze_alter(neues_alter):
        nonlocal alter
        alter = neues_alter

    def repr():
        return f"Person(name={name}, alter={alter})"
```

```
    def equal(other):
        nonlocal name, alter
        return name == other.hole_name() and alter ==
        ↪ other.hole_alter()

    self.hole_name = hole_name
    self.setze_name = setze_name
    self.hole_alter = hole_alter
    self.setze_alter = setze_alter
    self.repr = repr
    self.equal= equal

    return self

person = Person("Russel", 25)

print(person.hole_name(), person.hole_alter())
person.setze_name('Eve')
print(person.hole_name(), person.hole_alter())

person2 = Person("Jane", 25)
person3 = Person("Eve", 25)
print(person.equal(person2))
print(f"{person.repr()=}")
```

Ausgabe:

```
Russel 25
Eve 25
False
person.repr()='Person(name=Eve, alter=25)'
```

### 14.2.4 Nachahmung von Vererbung

Vererbung ist ein grundlegendes Konzept in der OOP, das es ermöglicht, eine neue Klasse zu erstellen, welche die Eigenschaften und Verhaltensweisen einer bereits existierenden Klasse erbt. Diese neue Klasse wird als Subklasse oder abgeleitete Klasse bezeichnet, während die Klasse, von der sie erbt, als Basisklasse oder Elternklasse bezeichnet wird. Dieses Konzept fördert die Wiederverwendung von Code und die Organisation von Klassenhierarchien, was zu klarerem und strukturierterem Code führt.

Die bisherige Herangehensweise bietet die Flexibilität, Vererbung oder sogar Mehrfachvererbung zu simulieren. Durch die Nutzung der Leistungsfähigkeit von Funktionen höherer Ordnung können wir das Verhalten der Vererbung nachbilden, ohne explizit Klassen zu definieren. Dieser rein funktionale Ansatz eröffnet neue Möglichkeiten zur Strukturierung und Organisation unseres Codes und bietet eine einzigartige Perspektive auf objektorientierte Konzepte.

Um dies zu zeigen, benutzen wir wieder unsere Klasse `Person`, die im Folgenden als Basis- oder Elternklasse fungieren wird. Wir benutzen die Funktion `attach_methods` innerhalb der Funktion `Person`, um der innerhalb von `Person` erstellten Objektinstanz `self` eine Liste von verschachtelten Funktionen als Attribute anzufügen. Dadurch vermeiden wir die umständliche manuelle Zuweisung, wie wir es im vorigen Beispiel gemacht haben. Außerdem wird dadurch der Code klarer lesbar. Diese verschachtelten Funktionen definieren verschiedene Verhaltensweisen und Attribute eines `Person`-Objekts, wie beispielsweise Getter und Setter für Name und Alter, eine Repräsentationsmethode und eine Gleichheitsmethode.

- `methods` ist eine Liste, die die innerhalb von `Person` definierten verschachtelten Funktionen enthält.
- `attach_methods(self, methods)` fügt jede Funktion in der Liste `methods` als Attribut dem `self`-Objekt hinzu.

Nach dem Aufruf von `attach_methods` wird das `self`-Objekt Attribute für alle verschachtelten Funktionen haben, die von außen nutzbar sein sollen. `self.hole_name` wird beispielsweise eine Referenz auf die Funktion `hole_name` innerhalb von `Person` sein.

Dieser Ansatz ermöglicht es uns, das Verhalten von Methoden in einem klassenbasierten Ansatz nachzuahmen, bei dem Funktionen innerhalb der Funktion `Person` als Methoden für das durch `Person` erstellte Person-Objekt fungieren.

```
def attach_methods(obj, functions):
    """
    Fügt Funktionen als Attribute mit demselben Namen dem
    übergebenen Objekt hinzu. 'obj' ist das Objekt, dem Funktionen
    hinzugefügt werden sollen. 'functions' ist eine Liste von
    Funktionen, die  hinzugefügt  werden sollen.
    """
    for func in functions:
        setattr(obj, func.__name__, func)

def Person(name, alter):

    def self():
        return None

    def hole_name():
        nonlocal name
        return name

    def setze_name(new_name):
        nonlocal name
        name = new_name

    def hole_alter():
        return alter

    def setze_alter(neues_alter):
        nonlocal alter
        alter = neues_alter
```

```
    def repr():
        return f"Person({name=}, {alter=})"

    def equal(other):
        nonlocal name, alter
        return name == other.hole_name() and alter ==
        ↪ other.hole_alter()


    methods = [hole_name, setze_name,
               hole_alter, setze_alter,
               repr, equal]
    # erzeugen der Attribute an self:
    attach_methods(self, methods)

    return self

person = Person("Russel", 25)

print(person.hole_name(), person.hole_alter())
person.setze_name('Eve')
print(person.hole_name(), person.hole_alter())

print(f"{person.__dict__=}")
```

Ausgabe:

```
Russel 25
Eve 25
person.__dict__={'hole_name': <function Person.<locals>.hole_name at
↪ 0x7fe67bedd1f0>, 'setze_name': <function Person.<locals>.setze_name at
↪ 0x7fe67bedd280>, 'hole_alter': <function Person.<locals>.hole_alter at
↪ 0x7fe67bedd310>, 'setze_alter': <function Person.<locals>.setze_alter
↪ at 0x7fe67bedd3a0>, 'repr': <function Person.<locals>.repr at
↪ 0x7fe67bedd430>, 'equal': <function Person.<locals>.equal at
↪ 0x7fe67bedd4c0>}
```

Nun möchten wir eine Subklasse `Employee` simulieren, die von der „Klasse" `Person` erbt. Mitarbeiter haben üblicherweise viele Attribute und Methoden, die in der Klasse `Person` nicht enthalten sind. In unserem Fall möchten wir jedoch lediglich ein zusätzliches Attribut hinzufügen: `staff_id`, zusammen mit den Methoden `get_staff` und `set_staff`.

```
from functools import wraps

def Employee(name, alter, stuff_id):

    self = Person(name, alter)
    # all attributes of Person are attached to self:
    self = wraps(self)(self)
```

```
        def get_stuff_id():
            return stuff_id

        def set_stuff_id(new_stuff_id):
            nonlocal stuff_id
            stuff_id = new_stuff_id

        # adding 'methods' of child class
        methods = ['get_stuff_id', 'set_stuff_id']
        for method in methods:
            self.__dict__[method] = eval(method)


        return self


    x = Employee('Homer', 42, '007')
    print(f"{x.hole_alter()=}")
```

Ausgabe:

```
x.hole_alter()=42
```

Die Zeile `self = wraps(self)(self)` dient dazu, die Metadaten der ursprünglichen `Person`-Funktion auf die `self`-Instanz innerhalb der `Employee`-Funktion zu übertragen. Hier ist eine detaillierte Erläuterung, wie diese Zeile funktioniert:

- `wraps(self)` ruft die `wraps`-Funktion auf, die einen Wrapper-Dekorator zurückgibt, der die Metadaten der übergebenen Funktion (in diesem Fall `self`) beibehält.
- Der Wrapper-Dekorator wird dann mit `self` als Argument aufgerufen. Dies stellt sicher, dass die Metadaten, die von der `wraps`-Funktion erhalten wurden, auf die `self`-Instanz angewendet werden.
- Das Ergebnis wird dann der Variable `self` zugewiesen. Dies führt dazu, dass `self` nun eine Instanz der ursprünglichen `Person`-Funktion ist, jedoch mit den Metadaten der Wrapper-Funktion, die von `wraps` bereitgestellt werden.

Insgesamt ermöglicht es die Zeile `self = wraps(self)(self)`, dass die `self`-Instanz, die in der `Employee`-Funktion erstellt wird, die gleichen Metadaten wie die ursprüngliche `Person`-Funktion hat. Das bedeutet, dass Attribute wie `__name__` und `__doc__` korrekt übertragen werden und somit die Funktionalität der ursprünglichen `Person`-Funktion beibehalten wird. Diese Methoden werden auf diese Art auch sichergestellt:

- `hole_name`
- `setze_name`
- `hole_alter`
- `setze_alter`
- `repr`
- `equal`

Diese Methoden werden der `self`-Instanz zugewiesen, um sicherzustellen, dass die `Employee`-Instanz sie verwenden kann, nachdem die `wraps`-Funktion aufgerufen wurde.

### 14.2.5 Überlagern von Funktionen

Wenn wir eine Methode überschreiben, ist es oft notwendig, die überschriebene Funktion aufzurufen. Wir sehen diese Notwendigkeit in der `repräsentation`-Funktion, da die `repräsentation`-Funktion der Person keine Mitarbeiter-ID ausgibt. In unserem vorherigen Beispiel waren die Originalfunktionen nicht mehr zugänglich. Um die Originalfunktionen zu behalten, speichern wir Referenzen zu ihnen, indem wir Attribute hinzufügen, die den alten ähneln, aber mit einem Präfix `Person_`. Dies erreichen wir durch die Verwendung der Funktion `copy_parent_attributes`. Das bedeutet, dass wir die neue Funktion `repräsentation` mit dem Namen `repräsentation` und die alte Funktion mit `_Person__repräsentation` hinzufügen können.

```
from functools import wraps

def copy_parent_attributes(objekt, elternklassenname):
    attribute = [attr for attr in objekt.__dict__ if not
    ↪  attr.startswith('__')]
    präfix = f'_{elternklassenname}__'
    for attr_name in attribute:
        attr_wert = getattr(objekt, attr_name)
        setattr(objekt, f'{präfix}{attr_name}', attr_wert)

def erben(klasse, *args, **kwargs):
    selbst = klasse(*args, **kwargs)
    # alle Attribute von Person werden an selbst angehängt:
    selbst = wraps(selbst)(selbst)
    copy_parent_attributes(selbst, klasse.__name__)
    return selbst

def methoden_anhängen(obj, funktionen):
    """
    Hängt Funktionen als Attribute mit dem gleichen Namen
    an das angegebene Objekt an.

    Args:
    obj: Das Objekt, an das Funktionen angehängt werden sollen.
    funktionen: Eine Liste von Funktionen, die angehängt werden
    sollen.

    Returns:
    None
    """
    for func in funktionen:
        setattr(obj, func.__name__, func)

def Person(name, alter):

    def selbst():
        return None
```

```
    def namen_erhalten():
        return name

    def namen_setzen(neuer_name):
        nonlocal name
        name = neuer_name

    def alter_erhalten():
        return alter

    def alter_setzen(neues_alter):
        nonlocal alter
        alter = neues_alter

    def repräsentation():
        return f"Person(name={name}, alter={alter})"

    def gleich(anderer):
        nonlocal name, alter
        return name == anderer.namen_erhalten() and alter ==
         ↪ anderer.alter_erhalten()


    methoden = [namen_erhalten,
                namen_setzen,
                alter_erhalten,
                alter_setzen,
                repräsentation,
                gleich]
    # Erstellen von Attributen der verschachtelten Funktionsnamen
    # zu selbst:
    methoden_anhängen(selbst, methoden)

    return selbst


def Mitarbeiter(name, alter, personal_id):

    selbst = erben(Person, name, alter)

    def personal_id_erhalten():
        return personal_id

    def personal_id_setzen(neue_personal_id):
        nonlocal personal_id
        personal_id = neue_personal_id
```

```
    def repräsentation():
        res = selbst._Person__repräsentation() + personal_id
        return res

    # Hinzufügen von 'Methoden' der Kindklasse
    methoden = ['personal_id_erhalten', 'personal_id_setzen',
    ↪  'repräsentation']
    for methode in methoden:
        selbst.__dict__[methode] = eval(methode)


    return selbst

mitarbeiter = Mitarbeiter("Eddie", 39, "42")
print(mitarbeiter.repräsentation())
```

Ausgabe:

```
Person(name=Eddie, alter=39)42
```

## 14.3 Aufgaben

**1. Aufgabe:**

Erstelle eine Python-Klasse namens `Librarycatalogue`, die einen Katalog für eine Bibliothek repräsentiert. Die Klasse sollte die folgenden Attribute und Methoden haben:

**Attribute**:

- `books`: Ein Wörterbuch, bei dem die Schlüssel Buchtitel (Strings) und die Werte die entsprechenden Autoren (ebenfalls Strings) sind.

**Methoden**:

- `__init__(self)`: Die Konstruktormethode, die das Bücher-Wörterbuch initialisiert.
- `add_book(self, title, author)`: Eine Methode, die die Parameter Titel und Autor entgegennimmt und das Buch dem Katalog hinzufügt.
- `remove_book(self, title)`: Eine Methode, die einen Parameter Titel entgegennimmt und das Buch aus dem Katalog entfernt, wenn es existiert. Wenn das Buch nicht gefunden wird, gib eine Meldung aus, die darauf hinweist, dass das Buch nicht im Katalog enthalten ist.
- `find_books_by_author(self, author)`: Eine Methode, die einen Parameter Autor entgegennimmt und eine Liste von Buchtiteln zurückgibt, die von diesem Autor geschrieben wurden.
- `find_author_by_book(self, title)`: Eine Methode, die einen Parameter Titel entgegennimmt und den Autor des angegebenen Buches zurückgibt.
- `display_catalogue(self)`: Eine Methode, die den gesamten Katalog ausgibt, alle Bücher und ihre Autoren auflistet.

Die Aufgabe besteht darin, die Klasse `Librarycatalogue` mit den angegebenen Attributen und Methoden zu implementieren. Erstelle dann Instanzen der Klasse und teste ihre Funktionalität, indem du Bücher hinzufügst, entfernst, Bücher nach Autor findest, Autoren nach Buch findest und den Katalog anzeigst.

Lösung: Lösungen zu Kapitel 14 (Funktionale Emulation von OOP-Konzepten), Seite 335

**2. Aufgabe:**

Schreibe die vorige Klasse als Funktion.

(Lösung: Seite 336)

**3. Aufgabe:**

Wandele die folgenden Klassen in Funktionen um, die das gleiche Verhalten haben:

```
class Instrument:
    """
    Diese Klasse repräsentiert ein Musikinstrument.
    """
    def __init__(self, name):
        """
        Initialisiert ein neues Instrument mit dem angegebenen
         ↪ Namen.

        Args:
            name (str): Der Name des Instruments.
        """
        self.name = name

    def spielen(self):
        """
        Spielt das Instrument.
        """
        print(f"Spiele {self.name}")

    def stimmen(self):
        """
        Stimmt das Instrument.
        """
        print(f"Stimme {self.name}")

class Gitarre(Instrument):
    """
    Diese Klasse repräsentiert eine Gitarre, die ein
     ↪ Musikinstrument ist.
    """
```

```
    def __init__(self, name, num_strings):
        """
        Initialisiert eine neue Gitarre mit dem angegebenen
         ↪ Namen und der Anzahl der Saiten.

        Args:
            name (str): Der Name der Gitarre.
            num_strings (int): Die Anzahl der Saiten der
             ↪ Gitarre.
        """
        super().__init__(name)
        self.num_strings = num_strings

    def stimmen(self):
        """
        Stimmt die Gitarre, indem die Saiten gestimmt werden.
        """
        super().stimmen()  # übergebe Aufruf an die Oberklasse
        print(f"Stimme Saiten von {self.name}")

    def zupfen(self):
        """
        Zupft die Saiten der Gitarre.
        """
        print(f"Zupfe {self.num_strings} Saiten von
         ↪ {self.name}")

# Instanziieren von Gitarre-Objekt
meine_gitarre = Gitarre("Akustikgitarre", 6)

# Aufrufen von überschriebenen Methoden
meine_gitarre.stimmen()    # Ausgabe: Stimme Akustikgitarre
                           #          Stimme Saiten von
                            ↪ Akustikgitarre
meine_gitarre.spielen()    # Ausgabe: Spiele Akustikgitarre
meine_gitarre.zupfen()     # Ausgabe: Zupfe 6 Saiten von
 ↪ Akustikgitarre
```

Ausgabe:

```
Stimme Akustikgitarre
Stimme Saiten von Akustikgitarre
Spiele Akustikgitarre
Zupfe 6 Saiten von Akustikgitarre
```

■

# 15 Generatoren und Iteratoren

## 15.1 Definitionen

## 15.2 Einführung

Bild 15.1 Fließband

In diesem Kapitel werden wir uns mit den Konzepten der Generatoren und Iteratoren in Python befassen, die eng mit den Prinzipien der funktionalen Programmierung verbunden sind. Funktionale Programmierung betont die Verwendung von zustandslosen Funktionen und unveränderlichen Datenstrukturen, was dazu führt, dass wir in Python häufig auf Generatoren und Iteratoren zurückgreifen anstelle von großen, veränderlichen `collection`-Objekten. Wir werden untersuchen, wie Generator- und Iterator-Objekte in Python erstellt und verwendet werden können, um effizient mit Daten umzugehen, speicherfreundlichen Code zu schreiben und komplexe Operationen auf Sequenzen durchzuführen. Durch die Verwendung von Generatoren und Iteratoren können wir einen deklarativeren Programmierstil fördern, der oft zu klarerem, kompakterem und weniger fehleranfälligem Code führt. Im Kontext von Generatoren – und auch sonst – kommt es häufig zu Verwirrungen und fehlerhafter Verwendung von Begriffen. Viele Leute, die mit Python beginnen, aber auch Menschen, die es besser wissen müssten, ziehen keinen klaren Unterschied zwischen einer „Generator-Funktion" und einem „Generator-Objekt". Zusätzlich werden in zahlreichen Dokumentationen und Büchern die Termini „iterierbar" und „Iterator" oft unscharf verwendet. Deshalb wollen wir zunächst einige wichtige Begriffe definieren und erläutern.

### 15.2.1 Iterierbar

Man bezeichnet ein Python-Objekt als iterierbar (englisch: iterable), wenn es seine Elemente einzeln zurückgeben kann, sodass es in einer for-Schleife durchlaufen werden kann. Die Formulierung „seine Elemente" lässt uns unwillkürlich an Listen, Tupel oder Strings denken, über die wir in for-Schleifen iterieren können:

```
cities = ["Hamburg", "Salzburg", "Zürich"]
for city in cities:
    print("Stadt: " + city)

stadt = "Konstanz"
for buchstabe in stadt:
    print(buchstabe, end=", ")
```

Obiges Programm liefert, wie erwartet, die folgenden Ausgaben zurück:

```
Stadt: Hamburg
Stadt: Salzburg
Stadt: Zürich
K, o, n, s, t, a, n, z,
```

Eine einfache Möglichkeit festzustellen, ob ein Objekt iterierbar ist, besteht darin, die Funktion iter auf das Objekt anzuwenden. Falls iter keine Ausnahme erhebt, ist das Objekt iterierbar. Wenn ein Objekt nicht iterierbar ist, erhebt iter einen TypeError mit dem bezeichnenden Text 'int' object is not iterable. Man kann sich damit eine Funktion is_iterable schreiben, die True zurückliefert, wenn ein Objekt iterierbar ist, und ansonsten False:

```
def is_iterable(obj):
    try:
        iter(obj)
        return True
    except TypeError:
        return False

for x in 5, 4.5, "hi", [3, 4, 5], is_iterable:
    supp = "" if is_iterable(x) else " nicht"
    print(f"{type(x).__name__}-Objekte sind{supp} iterierbar")
```

Ausgabe:

```
int-Objekte sind nicht iterierbar
float-Objekte sind nicht iterierbar
str-Objekte sind iterierbar
list-Objekte sind iterierbar
function-Objekte sind nicht iterierbar
```

### 15.2.2 Iterator und Arbeitsweise der for-Schleife

Im vorigen Unterabschnitt sind wir nicht darauf eingegangen, was die Funktion iter eigentlich zurückliefert. Die Funktion iter liefert einen Iterator zurück. Zunächst einmal können wir sagen, dass Iteratoren iterierbar sind, also dass wir sie in for-Schleifen benutzen können. Jetzt ist es nicht verwunderlich, wenn manche sich fragen, wo denn da der Unterschied zu iterierbaren Objekten liegt? Zunächst einmal können wir sagen, dass wir jedes iterierbare Objekt mittels der iter-Funktion in eine Iteratorversion wandeln können. Wir gingen im letzten Unterabschnitt vereinfacht davon aus, dass for-Schleifen über Listen, Strings und so weiter iterieren. Dies war nicht ganz richtig, denn for-Schleifen können nur über Iteratoren iterieren. Deshalb schauen wir uns nun genauer an, wie for-Schleifen funktionieren.

Schauen wir uns einmal an, was Python genau macht, um die obige for-Schleife auszuführen: Bevor die Schleife gestartet wird, ruft Python die eingebaute[1] Funktion iter mit der Liste cities als Argument auf. Die Funktion iter liefert nun ein Objekt zurück, mit dem es möglich ist, die Elemente der Liste zu durchlaufen. Der Rückgabewert von iter(cities) ist ein Element der Klasse list_iterator, also ein Iterator. Die eigentliche „Arbeit" erledigt die Methode __iter__ der list-Klasse, die von der Funktion iter aufgerufen wird. Um das weitere Vorgehen bei der for-Schleife zu verstehen, nehmen wir an, dass das Resultat von iter(cities) an eine Variable iter_i gebunden wird, also in unserem Fall iter_i = iter(cities). Nach jedem Schleifendurchlauf wird die next-Funktion mit iter_i als Argument aufgerufen und das Ergebnis der Variablen iter_i zugewiesen. Die Schleife wird solange wiederholt, bis next(iter_i) die Ausnahme StopIteration erzeugt.

Man kann diese Iteration auch „manuell" nachvollziehen:

```
>>> cities = ["Hamburg", "München", "Zürich"]
>>> iter_i = iter(cities)
>>> next(iter_i)
'Hamburg'
>>> next(iter_i)
'München'
>>> next(iter_i)
'Zürich'
>>> next(iter_i)
Traceback (most recent call last):
  File "<stdin>", line 1, in <module>
StopIteration
```

Man kann die Iteration der for-Schleife durch folgenden Code simulieren:

```
cities = ["Hamburg", "München", "Zürich"]
iterator = iter(cities)
while True:
    try:
        city = next(iterator)
    except StopIteration:
        break
    print("Stadt: " + city)
```

1 Häufig wird hierfür der englische Begriff „built-in" benutzt!

Die sequentiellen Basistypen sowie ein Großteil der Klassen der Standardbibliothek von Python unterstützen Iterationen. Auch der Datentyp `dict` (Dictionary) unterstützt die Iteration. In diesem Fall läuft die Iteration über die Schlüssel des Dictionarys:[2]

```
hauptstaedte = {"Österreich": "Wien",
                "Deutschland": "Berlin",
                "Schweiz": "Bern"}

for land in hauptstaedte:
    print(land + ": " + hauptstaedte[land])
```

Die Iteration läuft über die Schlüsselwerte, also die Länder:

```
Österreich: Wien
Deutschland: Berlin
Schweiz: Bern
```

Auch wenn wir anhand des bisher Behandelten immer noch nicht richtig verstehen können, was denn nun eigentlich ein Iterator ist, können wir Folgendes festhalten:

Jeder Iterator kann als ein iterierbares Objekt betrachtet werden. Allerdings lässt sich nicht jedes iterierbare Objekt in ein Iterator-Objekt wandeln.

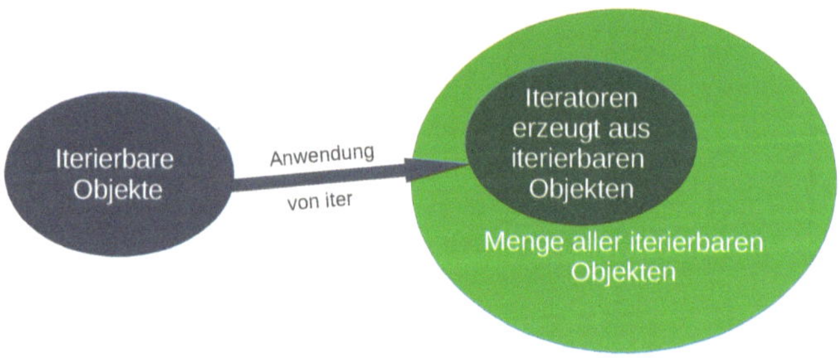


**Bild 15.2** Iterierbare Objekte – Iteratoren

In Python gibt es zwei Hauptarten, iterierbare Objekte zu erzeugen:

1. Iteratoren
2. Generatoren

Hierbei treffen zwei unterschiedliche Programmierparadigmen aufeinander. Iteratoren werden objektorientiert durch Klassen implementiert, während Generatoren funktional durch Generatorfunktionen erzeugt werden. Auch wenn der Fokus dieses Buches auf funktionaler Programmierung liegt, werden wir dennoch kurz auf die Implementierung von Iteratoren durch Klassen eingehen:

[2] Bern ist der Bundessitz der Schweiz, aber wird nicht Haupt-, sondern Bundesstadt genannt. Bern ist nur de facto, aber nicht de jure Hauptstadt der Schweiz.

## 15.3 Eigenen Iterator erzeugen

Wir haben kennengelernt, wie wichtig Iteratoren in Python sind und wie sie beispielsweise in der `for`-Schleife benutzt werden. Nun wollen wir beschreiben, wie man eigene Iteratoren als Klassen implementieren kann.

Aus technischer Sicht ist ein Iterator ein Objekt, welches das Iterator-Protokoll implementiert. Dieses Protokoll besteht aus zwei Hauptmethoden:

- `__iter__()`: Diese Methode gibt das Iterator-Objekt selbst zurück. Sie ermöglicht es, dass das Objekt in einer `for`-Schleife verwendet werden kann.
- `__next__()`: Diese Methode gibt das nächste Element der Sequenz zurück, beispielsweise nach dem Aufruf von `next`. Wenn es keine weiteren Elemente mehr gibt, löst sie eine `StopIteration`-Ausnahme aus, um das Ende der Iteration anzuzeigen.

### 15.3.1 Beispiel einer Iteratorklasse

```python
class ZähleBis:

    def __init__(self, max):
        self.max = max
        self.current = 1

    def __iter__(self):
        return self  # Iterator ist das Objekt selbst

    def __next__(self):
        if self.current <= self.max:
            result = self.current
            self.current += 1
            return result
        else:
            raise StopIteration


zähler = ZähleBis(5)
for zahl in zähler:
    print(zahl)
```

Die Ausgabe des Programms sieht wie folgt aus:

```
1
2
3
4
5
```

## 15.4 Generatoren und Generatorfunktionen

Nun wollen wir zeigen, wie wir Iteratoren auch funktional erzeugen können. Eigentlich werden wir Generatoren erzeugen. Obwohl Generatoren und Iteratoren in ihrer Anwendung oft austauschbar sind, unterscheiden sie sich konzeptionell in der Art und Weise, wie sie erstellt werden: Wir müssen aber begrifflich dennoch unterscheiden: Generatoren werden von Generatorfunktionen generiert, und Iteratoren entstehen durch das Instanziieren von Klassenobjekten, die das Iterator-Protokoll implementieren, wie wir im vorigen Kapitel gesehen haben. Da Iteratoren und Generatoren in der Anwendung meistens gleich sind, werden Generatoren häufig auch als Iteratoren bezeichnet.

Besondere Sorgfalt müssen wir auch beim Begriff „Generatorfunktion" walten lassen. Eine Generatorfunktion ist eine Funktion, die ein „Generator-Objekt" erzeugt, also einen Generator. In der Literatur wird der Begriff „Generator" häufig mehrdeutig verwendet, um sowohl die Generatorfunktion selbst als auch die Generator-Objekte zu bezeichnen, die von einem Generator erzeugt werden.[3] Das folgende Beispiel zeigt eine einfache Generatorfunktion, d. h. wir sehen die Definition der Generatorfunktion mittels `def` und die Erzeugung eines Generator-Objekts durch einen Aufruf der Funktion `generator_funktion()`, die wir dann einer Variablen `generator-objekt` zuordnen und in einer `for`-Schleife benutzen:

```
def generator_funktion():
    yield "Hamburg"
    yield "Salzburg"
    yield "Zürich"

generator_objekt = generator_funktion()

for zahl in generator_objekt:
    print(zahl)
```

Ruft man dieses Programm auf, werden die Städtenamen ausgegeben:

```
Hamburg
Salzburg
Zürich
```

Natürlich würde man in einem praktisch genutzten Programm keine solchen generischen Namen verwenden, sondern man würde zutreffendere Namen vergeben wie zum Beispiel:

```
def generiere_städtenamen():
    yield "Hamburg"
    yield "Salzburg"
    yield "Zürich"
```

[3] Auch wir werden manchmal im Laufe des Kapitels das Wort Generator benutzen, wenn wir eigentlich ein Generator-Objekt meinen. Allerdings werden wir uns um genaue Benennungen bemühen, wenn es missverständlich sein könnte.

```
städte = generiere_städtenamen()

for stadt in städte:
    print(stadt)
```

Auf den ersten Blick sehen Generatoren, also Generatorfunktionen, wie normale Funktionen aus. Es gibt jedoch sowohl einen syntaktischen als auch einen semantischen Unterschied. Ein Unterscheidungsmerkmal sind die `yield`-Anweisungen. Die `yield`-Anweisung verwandelt eine Funktion in einen Generator. Ein Generator ist eine Funktion, die ein Generator-Objekt zurückgibt, was einem Iterator entspricht. Dieses Generator-Objekt kann als eine Funktion angesehen werden, die anstelle eines einzelnen Objekts eine Folge von Ergebnissen erzeugt. Die Ausführung des Codes wird unterbrochen, wenn eine `yield`-Anweisung erreicht ist. Der Wert des Ausdrucks hinter dem `yield`-Schlüsselwort wird zurückgegeben. Die Ausführung des Generator-Objekts wird jetzt unterbrochen. Sobald `next` für das Generatorobjekt erneut aufgerufen wird, macht die Ausführung direkt nach der `yield`-Anweisung im Code weiter.

Die Ausführung wird in dem Zustand fortgesetzt, in dem das Generator-Objekt nach dem letzten `yield` verlassen worden ist. Mit anderen Worten, alle lokalen Variablen sind noch vorhanden, da sie zwischen den Aufrufen automatisch gespeichert bleiben. Dies ist ein grundlegender Unterschied zu Funktionen: Funktionen beginnen ihre Ausführung immer am Anfang des Funktionskörpers, unabhängig davon, wo sie in früheren Aufrufen verblieben sind. Außerdem haben Funktionen keine statischen oder dauerhaften Werte. Der Code eines Generators kann mehr als eine `yield`-Anweisung enthalten oder die `yield`-Anweisung befindet sich möglicherweise im Hauptteil einer Schleife. Wenn der Code eines Generators eine return-Anweisung enthält, wird die Ausführung mit einer `StopIteration`-Ausnahme beendet, wenn dieser Code vom Python-Interpreter ausgeführt wird.

Wir werden nun das vorher Beschriebene in einem Beispiel mit erläuternden Prints verdeutlichen.

```
def simple_generator():
    x = 1
    print("Vor dem ersten yield!")
    yield x
    x = 2
    yield x
    x = 3
    yield x
    print("Kein weiteres yield!")


try:
    print("Programm beginnt")
    iter_obj = simple_generator()
    print(iter_obj)
    print("Iterator erzeugt!")
    print(next(iter_obj))
    print("Nach erstem next")
    print(next(iter_obj))
```

```
        print("Nach zweitem next!")
        print(next(iter_obj))
        print("Nach drittem next!")
        print(next(iter_obj))
        print("Nach viertem next!")
    except StopIteration:
        print("StopIteration aufgetreten!")
```

Den Ablauf dieses Programms haben wir auch in Bild 15.3 visualisiert.

```
Programm beginnt
<generator object simple_generator at 0x7f90aa04bd50>
Iterator erzeugt!
Vor dem ersten yield!
1
Nach erstem next
2
Nach zweitem next!
3
Nach drittem next!
Kein weiteres yield!
StopIteration aufgetreten!
```

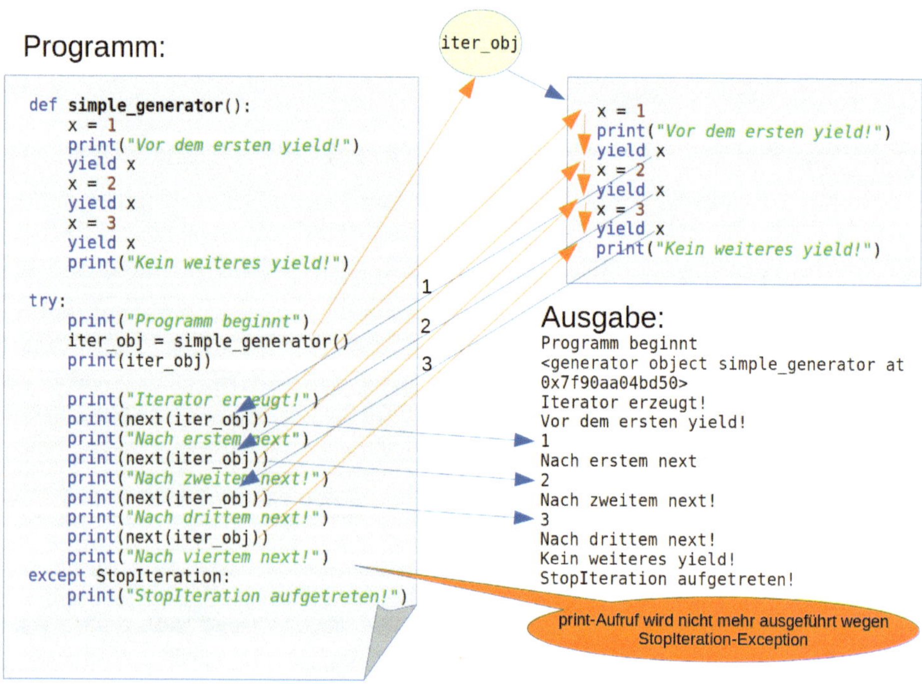


**Bild 15.3** Arbeitsweise eines Generators

Das Programm beginnt mit einem Aufruf der Generatorfunktion, d. h. `simple_generator()`. Dieser Aufruf liefert ein Generator-Objekt (Iterator) `iter_obj` zurück. Im Bild haben wir das Generator-Objekt durch den grauen Kasten oben rechts visualisiert. Wir können uns dies als Programmcode vorstellen, der auf seine Ausführung wartet. Genauer gesagt, startet der erste `next(iter_obj)`-Aufruf diesen Code. Der Code wird von Anfang an ausgeführt, bis ein `yield` erreicht wird. `yield x` bewirkt, dass `1` zum Ergebnis des `next`-Aufrufs wird. Damit gibt `print` den Wert `1` aus. Der nächste `next`-Aufruf im linken Codeblock bewirkt, dass der Kontrollfluss nun wieder an den Codeblock des Generator-Objekts (links oben) übergeht. Dort fährt die Ausführung nun mit der Anweisung nach dem letzten `yield` fort, also der Anweisung `x = 2`. Danach geht mit dem `yield` der Kontrollfluss wieder an den Aufruf zurück. Zurückgegeben wird der Wert 2. Der nächste `next`-Aufruf bewirkt wiederum einen Sprung ins Iteratorobjekt, um dort mit der Ausführung der Anweisung `x = 3` fortzufahren. Danach geht mit dem `yield` der Kontrollfluss wieder an den Aufruf zurück. Zurückgegeben wird diesmal der Wert 3. Beim vierten `next`-Aufruf wird es nun wieder interessant. Im Generator-Objekt steht nun nur noch eine `print`-Anweisung mit dem aussagekräftigen Text „Kein weiteres yield!". Wenn der Codefluss in einem Generator-Objekt endet, ohne dass ein `yield` kommt, wird eine `StopIteration`-Ausnahme erhoben, die wir in unserem Programm abfangen. Deshalb gibt unser Programm als Letztes den Text „StopIteration aufgetreten!" aus.

Wir wollen nun das Beispiel aus dem Abschnitt 15.3 (Eigenen Iterator erzeugen als Generatorfunktion schreiben und damit demonstrieren, dass die Implementierung als Generatorfunktion deutlich eleganter sein kann:

```
def zähle_bis(max):
    current = 1
    while current <= max:
        yield current
        current += 1

# Verwendung der Generatorfunktion
for zahl in zähle_bis(5):
    print(zahl)
```

Die Ausgabe zählt wie erwartet bis 5 hoch:

```
1
2
3
4
5
```

### 15.4.1 Unendliche Generatoren

Generatoren in Python haben eine bemerkenswerte Eigenschaft, die es ermöglicht, mit Sequenzen von Werten zu arbeiten, ohne alle Werte gleichzeitig im Speicher zu halten. Diese Eigenschaft ist besonders nützlich, wenn es um die Arbeit mit potenziell unendlichen Sequenzen geht. Dazu schreiben wir einen Generator, den wir für einen fiktiven Soundcheck vor einem Konzert nutzen können. Neben Informatikerinnen und Informatikern gehören auch die Tontechnikerinnen und Tontechniker zu den Leuten, die anscheinend nicht bis drei zählen können. Vor dem eigentlichen Konzert hört man häufig ein schier endloses „one, two, test, one, two, test ...“, also der ideale Fall für einen endlosen Generator:

**Bild 15.4** Mischpult

```
def generiere_soundcheck():
    while True:
        yield 'one'
        yield 'two'
        yield 'test'

check = generiere_soundcheck()

counter, stop = 0, 10
for wort in check:
    print(wort)
    if counter >= stop:
        break
    counter += 1
```

Mit dem Wert für `stop`, in unserem Fall 10, zähmen wir unseren ansonsten endlos laufenden Generator und erhalten zehn Ausgaben:

```
one
two
test
one
two
test
one
two
test
one
two
```

Wir haben eben gesehen, dass wir einen Generator, der eine Endlosschleife beinhaltet, durchaus sinnvoll benutzen können. Wir dürfen ihn lediglich nicht in einer Endlosschleife aufrufen, also beispielsweise sollte man folgende for-Schleife meiden, wenn man keine Endlosschleife will:

```
for wort in check:
    print(wort)
```

Diese Schleife würde nicht enden bzw. nur mit einem Strg-C.

Wir hatten den Endlos-Generator durch einen Zähler counter und ein break in der for-Schleife gebändigt. Dies könnten wir auch sehr elegant mit einem anderen Generator erledigen. Wir zeigen dies mit firstn im folgenden Beispiel. firstn sorgt dafür, dass ein Klassifikator – endlich oder unendlich – nur maximal n-mal aufgerufen wird.

## 15.5 Endlos-Generatoren zähmen

Obiges Abbruchproblem können wir auch eleganter lösen, indem wir einen Generator firstn(generator, n) schreiben, der die ersten n Elemente eines Generators g ausgibt:

```
def firstn(generator, n):
    iterator = generator()
    for i in range(n):
        yield next(iterator)


def generiere_soundcheck():
    while True:
        yield 'one'
        yield 'two'
        yield 'test'


for sound in firstn(generiere_soundcheck, 9):
    print(sound)
```

Wir sehen, dass es das tut, was wir erwarten:

```
one
two
test
one
two
test
one
two
test
```

Aber Python wäre nicht Python, wenn es nicht bereits eine ähnliche Methode gäbe. Man findet sie im Modul itertools, auf das wir im folgenden Kapitel eingehen werden. Die Methode islice funktioniert ähnlich wie firstn, aber man kann zusätzlich auch noch einen Start, einen Stop und eine Schrittweite angeben:

Die `islice`-Funktion ermöglicht das Extrahieren einer Teilsequenz aus einer iterierbaren Sequenz. Die Parameter sind ähnlich wie bei `range`:

- **iterable:** Das ist die iterierbare Sequenz, aus der die Teilsequenz extrahiert werden soll.
- **start:** Der Start-Index, ab dem die Extraktion beginnen soll. Der Index beginnt bei 0.
- **stop:** Der Stop-Index, bis zu dem die Extraktion erfolgen soll. Der Stop-Index ist exklusiv, d. h. das Element an dieser Position wird nicht in die Teilsequenz aufgenommen.
- **step:** Der Schritt oder die Schrittweite, mit der die Elemente zwischen Start und Stop ausgewählt werden sollen. Standardmäßig ist dies 1.

Wir schreiben nun das vorige Beispiel mittels `islice`. Man beachte bitte, dass wir nicht eine Referenz auf die Generatorfunktion `generiere_soundcheck` selbst übergeben, wie wir es bei `firstn` getan haben, sondern ein Generator-Objekt `generiere_soundcheck()` (also mit Klammern):

```
from itertools import islice

def generiere_soundcheck():
    while True:
        yield 'one'
        yield 'two'
        yield 'test'


for sound in islice(generiere_soundcheck(), 0, 9):
    print(sound)
```

Wir sehen, dass es das tut, was wir erwarten:

```
one
two
test
one
two
test
one
two
test
```

Im folgenden Beispiel lassen wir uns vom unendlichen `fibonacci`-Zahlen-Generator nur die 12. bis zur 19. Generation (exklusive) ausgeben:

```
from itertools import islice

def fibonacci():
    old, new = 0, 1
    while True:
        yield old
        old, new = new, old + new

start, stop = 12, 19
fibonacci_teilsequenz = islice(fibonacci(), start, stop)
```

```
for num, value in enumerate(fibonacci_teilsequenz, start=start):
    print(f"{num}: {value}")
```

Ausgabe:

```
12: 144
13: 233
14: 377
15: 610
16: 987
17: 1597
18: 2584
```

Es folgt nun ein weiteres Beispiel mit mehreren Parametern. Schauen wir uns zunächst die Funktion `findall` an, die eine Liste von allen Positionen zurückliefert, an denen ein Teilstring `needle` in einem anderen String `haystack` vorkommt:

```
def findall(haystack, needle, pos=0):
    pos = haystack.find(needle, pos)
    positions = []
    while pos != -1:
        positions.append(pos)
        pos = haystack.find(needle, pos + 1)
    return positions
```

Im Folgenden zeigen wir, wie die Funktion benutzt werden kann:

```
txt = """'Scipio hat Numantia vernichtet,
Scipio [hat] Karthago zerstört,
und Scipio/er [hat] Frieden gebracht ...' (cicero)"""

print(findall(txt, "Scipio"))
```

Als Ausgabe erhalten wir folgende Liste:

```
[1, 33, 69]
```

Eine Liste als Ausgabe könnte ein Problem sein. Stellen wir uns vor, die Liste enthielte Tausende oder Hunderttausende von Einträgen. Wenn wir wirklich eine Liste brauchen, um damit weiterzuarbeiten, wäre das okay. Häufig wollen wir jedoch anschließend nur über diese Liste iterieren, also zum Beispiel mit einer `for`-Schleife. Alles, was wir dann brauchen, sind die einzelnen Werte der Liste nacheinander, aber nicht die Liste selbst. Das verhält sich ähnlich wie beim Brot kaufen: Du kaufst dir jeden Tag ein Brot, und es würde dich überhaupt nicht erfreuen, wenn der Bäcker zum Anfang des Jahres den jährlichen Verbrauch vor der Haustüre abliefern würde. Wie können wir nun die vorhin definierte Funktion so umschreiben, dass sie einzelne Werte bei Bedarf zurückliefert? Genau, wir schreiben einen Generator. Wir sehen hier auch, wie sich der ursprüngliche Code sogar vereinfacht:

```
def findall(haystack, needle, pos=0):
    pos = haystack.find(needle, pos)
    while pos != -1:
        yield pos
        pos = haystack.find(needle, pos + 1)
```

```
txt = """'Scipio hat Numantia vernichtet,
Scipio [hat] Karthago zerstört,
und Scipio/er [hat] Frieden gebracht ...' (cicero)"""

positions = findall(txt, "Scipio")
print(positions, type(positions))
```

Ausgabe:

```
<generator object findall at 0x7f7735fea040> <class 'generator'>
```

Wir sehen, dass der Aufruf unserer neuen Funktion `findall` nun nicht mehr eine Liste liefert, sondern ein Generator-Objekt zurückgibt, was ja, wie wir bereits festgestellt haben, prinzipiell einem Iterator entspricht:

Über dieses Objekt `positions` können wir nun mittels einer `for`-Schleife iterieren:

```
for index, position in enumerate(positions):
    print(f"{index+1:d}. Position: {position:d}")
```

Dies liefert uns folgendes Ergebnis:

```
1. Position: 1
2. Position: 33
3. Position: 69
```

## 15.6 Beispiele aus der Kombinatorik

### 15.6.1 Permutationen

Unter einer Permutation (von lateinisch permutare, vertauschen) versteht man in der Kombinatorik eine Anordnung von Objekten in einer bestimmten Reihenfolge. Wenn Objekte mehrfach auftreten dürfen, spricht man von einer Permutation mit Wiederholung, ansonsten spricht man von einer Permutation ohne Wiederholung. Im Folgenden wollen wir uns nur mit Permutationen ohne Wiederholung beschäftigen und einen Generator schreiben, der alle Permutationen eines sequentiellen Datenobjekts erzeugt, also z. B. von einem String, einer Liste oder einem Tupel.

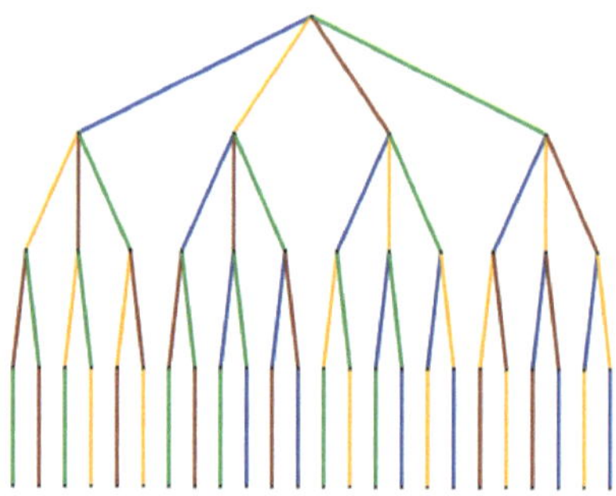

**Bild 15.5** Permutationen von vier Farben auf vier Plätzen

Die Anzahl der Permutationen von n Objekten berechnet sich durch die Fakultät:

$$n! = n \cdot (n-1) \ldots 2 \cdot 1$$

Auch wenn das hier sehr abstrakt klingt, kennt man Permutationen aus dem täglichen Leben:

- Das Mischen der Karten eines Kartenspiels: Der Kartenstapel entspricht einer Permutation aller Karten.
- Ein Anagramm ist eine Permutation der Buchstaben eines Wortes: Lager, Regal, erlag.

```
def permutations(items):
    n = len(items)
    if n == 0:
        yield []
    else:
        for i, item in enumerate(items):
            for cc in permutations(items[:i] + items[i + 1:]):
                yield [item] + cc


print("""permutations for (['r', 'e', 'd']""")
for p in permutations(['r', 'e', 'd']):
    print(''.join(p))

print("""permutations of the letters of the string "bin" """)
for p in permutations(list("bin")):
    print(''.join(p))
```

Ausgabe:

```
permutations for (['r', 'e', 'd']
red
rde
erd
edr
dre
der
permutations of the letters of the string "bin"
bin
bni
ibn
inb
nbi
nib
```

## 15.6.2 Variationen und Kombinationen

Wählt man aus einer n-elementigen Menge von Objekten k Objekte unter Berücksichtigung der Reihenfolge ohne Zurücklegen aus, so bezeichnet man dies als eine Variation ohne Wiederholung. Die Permutationen ergeben sich als ein Sonderfall für n = k.

Die Anzahl der verschiedenen k-Variationen von n Elementen lässt sich wie folgt berechnen:

$$\frac{n!}{(n-k)!} = n \cdot (n-1) \cdot (n-2) \cdots (n-k+1)$$

Der folgende Generator „variations“ liefert alle k-Variationen ohne Wiederholungen:

```
def variations(items, k):
    if k == 0:
        yield []
    else:
        for item in items:
            for v in variations(items, k - 1):
                if item not in v:
                    yield [item] + v


for variation in variations(["a", "b", "c"], 2):
    print(variation)
```

Ausgabe:

```
['a', 'b']
['a', 'c']
['b', 'a']
['b', 'c']
['c', 'a']
['c', 'b']
```

Spielt die Reihenfolge bei der Auswahl ohne Zurücklegen keine Rolle, so bezeichnet man dies als eine Kombination ohne Wiederholung. Die k-Kombinationen von n Elementen kann man auch als die k-elementigen Teilmengen der n Elemente ansehen. Bei der Lotterie 6 aus 49 handelt es sich beispielsweise um eine solche Kombination.

Die Anzahl der verschiedenen k-Kombinationen von n Elementen berechnet sich wie folgt:

$$\binom{n}{k} = \binom{n}{n-k} = \frac{n!}{k! \cdot (n-k)!} = \frac{n \cdot (n-1) \cdot (n-2) \cdots (n-k+1)}{k!}$$

Der folgende Generator „combinations“ liefert alle k-Kombinationen aus „elements“ ohne Zurücklegen:

```
def combinations(elements, k):
    s = set(elements)
    while s:
        el = s.pop()
        if k == 1:
            yield {el}
        for combination in combinations(s, k - 1):
            combination.add(el)
            yield combination


for c in combinations("abcd", 3):
    print(c)
```

Ausgabe:

```
{'d', 'c', 'b'}
{'d', 'c', 'a'}
{'d', 'b', 'a'}
{'c', 'b', 'a'}
```

Die Kombinationen werden als `set` zurückgegeben. Daher kann die Ausgabe bei verschiedenen Durchläufen unterschiedlich aussehen. `{'c', 'a', 'd'}` ist das Gleiche wie `{'a', 'd', 'c'}`.

Falls Sie allerdings nur an einem Lottogewinn interessiert sind, können Sie auch die Funktion `sample` aus dem Modul `random` benutzen.

```
random.sample(population, k)
```

`population` ist eine Sequenz (z. B. Liste), aus der `k` Elemente ausgewählt und in einer neuen Liste zurückgegeben werden. Dabei wird `population` aber nicht verändert.

```
>>> import random
>>> print(random.sample(range(1, 50), 6))
[1, 23, 34, 10, 46, 41]
```

Obige Zahlen können Sie gerne als Tipp für Ihren Lottoschein verwenden. Vergessen Sie bitte nicht den Autor dieses Buches, sollten Sie einen Sechser haben ☺.

## 15.7 Generator-Ausdrücke

Generator-Ausdrücke sind Listen-Abstraktionen (List Comprehensions) sehr ähnlich. Statt eckiger Klammern werden jedoch runde Klammern verwendet. Anders als Listen-Abstraktionen werden keine vollständigen Listen erzeugt, sondern Generatoren, die ihre Elemente wie Generatoren eines nach dem anderen zurückliefern.

Den Zusammenhang zwischen Listen-Abstraktion und Generator-Ausdrücken zeigt das nächste Beispiel:

```
>>> squares1 = [i**2 for i in range(1, 10)]
>>> squares1
[1, 4, 9, 16, 25, 36, 49, 64, 81]
>>> squares2 = (i**2 for i in range(1, 10))
>>> type(squares2)
<class 'generator'>
>>> list(squares2)
[1, 4, 9, 16, 25, 36, 49, 64, 81]
```

Man sieht, dass `list(squares2)` und `squares1` identisch sind:

```
>>> squares = (i**2 for i in range(1, 4))
>>> next(squares)
1
>>> next(squares)
4
>>> next(squares)
```

```
9
>>> next(squares)
Traceback (most recent call last):
  File "<stdin>", line 1, in <module>
StopIteration
```

Der obige Listenausdruck ist identisch mit dem folgenden Generator:

```
def squares():
    for i in range(1, 4):
        yield i ** 2
```

## 15.8 yield from

Die `yield from`-Anweisung in Python bietet eine elegante Möglichkeit, Iteratoren zu delegieren, das heißt, sie ermöglicht es einem Generator, die Iteration an einen anderen Iterator oder Generator zu delegieren. Dies vereinfacht die Handhabung von verschachtelten oder zusammengesetzten Iterationen erheblich.

Die `yield from`-Anweisung wird verwendet, um alle Werte aus einem Unter-Iterator oder-Generator zu „yielden", ohne die Iteration explizit zu steuern, was den Code lesbarer und einfacher zu warten macht

Aus dem folgenden Beispiel können wir ersehen, dass der Generator `gen2` das Gleiche macht wie `gen1`. Durch die Verwendung von `yield from` benötigen wir jedoch keine `for`-Schleife mehr:

```
def gen1():
    for char in "Python":
        yield char
    for i in range(5):
        yield i


def gen2():
    yield from "Python"
    yield from range(5)


g1 = gen1()
g2 = gen2()
print("g1: ", end=", ")
for x in g1:
    print(x, end=", ")
print("\ng2: ", end=", ")
for x in g2:
    print(x, end=", ")
print()
```

Ausgabe:

```
g1: , P, y, t, h, o, n, 0, 1, 2, 3, 4,
g2: , P, y, t, h, o, n, 0, 1, 2, 3, 4,
```

Die Ausgabe zeigt, dass gen1 und gen2 die gleiche Ausgabe liefern.

Die yield from-Anweisung vereinfacht die Arbeit mit Generatoren durch:

1. Vereinfachung von verschachtelten Generatoren
2. automatische Handhabung von StopIteration
3. kürzeren und lesbareren Code
4. Ergebnis- und Ausnahmeübertragung

Im Folgenden sehen wir ein weiteres Beispiel für yield from. Der bereitgestellte Code zeigt, wie man eine verschachtelte Liste mittels eines Generators wie eine flache Liste behandeln kann.

```
def flatten(nested_list):
    for item in nested_list:
        if isinstance(item, list):
            yield from flatten(item)
        else:
            yield item

for value in flatten([1, [2, [3, 4]], 5]):
    print(value)
```

Die Ausgaben sieht wie folgt aus:

```
1
2
3
4
5
```

Der Generator flatten nimmt eine verschachtelte Liste (nested_list) und gibt alle Werte dieser Liste in einer flachen Struktur zurück.

## 15.9 return-Anweisungen in Generatoren

In einem Generator wird implizit eine StopIteration-Ausnahme generiert, wenn das Ende des Generators erreicht wird und es kein return oder raise gibt.

In Generatoren kann man auch eine return-Anweisung benutzen. Allerdings muss ein Generator dennoch mindestens eine yield-Anweisung haben, um ein Generator zu sein. Eine return-Anweisung innerhalb eines Generators entspricht einer raise StopIteration() mit einem Wert.

Schauen wir uns im Folgenden einen Generator an, in dem wir eine StopIteration erheben:

```
>>> def gen():
...     yield 1
...     raise StopIteration(42)
...

>>> g = gen()
>>> next(g)
1
>>> next(g)
Traceback (most recent call last):
  File "<stdin>", line 3, in gen
StopIteration: 42

The above exception was the direct cause of the following exception:

Traceback (most recent call last):
  File "<stdin>", line 1, in <module>
RuntimeError: generator raised StopIteration
```

Wenn wir `raise StopIteration(42)` durch `return 42` austauschen, sehen wir, dass wir bis auf eine Zeile Unterschied im Traceback das gleiche Ergebnis wie vorher erhalten:

```
>>> def gen():
...     yield 1
...     return 42
...

>>> g = gen()
>>> next(g)
1
>>> next(g)
Traceback (most recent call last):
  File "<stdin>", line 1, in <module>
StopIteration: 42
```

`return` in Generatoren ist jedoch in erster Linie für den Einsatz in Untergeneratoren (subgenerators) gedacht. Der von einem Subgenerator mittels `return` zurückgelieferte Wert kann nämlich von dem delegierenden Generator „empfangen" werden, wie wir im folgenden Beispiel demonstrieren:

```
def subgenerator():
    yield 1
    yield 2
    return 42

def delegating_generator():
    ret_value = yield from subgenerator()
    print("return value from subgenerator",
          ret_value)
```

```
for x in delegating_generator():
    print(x)
```

Die Ausgaben des vorigen Programms zeigen die Wirkungsweise von `return` und `next`:

```
1
2
return value from subgenerator 42
```

Nun ist es an der Zeit, ein sinnvolles Beispiel für den Einsatz von `return` in einer Dekoratorfunktion zu liefern. Im folgenden Beispiel schreiben wir eine Generatorfunktion `generate_and_sum`, deren Zweck darin liegt, eine Reihe von 0 bis n-1 zu berechnen und gleichzeitig die Summe dieser Werte zurückzuliefern. `yield` gibt die Werte der Reihe nach aus, und `return` gibt am Ende die Summe aller erzeugten Werte zurück. Der Rückgabewert wird über den `StopIteration`-Fehler zugänglich gemacht, was eine praktische Methode ist, um zusätzliche Informationen aus einem Generator zu erhalten, nachdem die Iteration abgeschlossen ist.

```
def generate_and_sum(n):
    total_sum = 0
    for i in range(n):
        yield i
        total_sum += i
    return total_sum

# Erzeugung eines Generators
gen = generate_and_sum(5)

# Werte aus dem Generator auslesen
for value in gen:
    print(value)

# Zugriff auf den Rückgabewert des Generators
try:
    next(gen)  # Versuche, den Generator weiter zu iterieren
except StopIteration as e:
    print(f"Summe der generierten Werte: {e.value}")
```

Die Ausgaben des vorigen Programms zeigen die Wirkungsweise von `return` und `next`:

```
0
1
2
3
4
Summe der generierten Werte: None
```

# 15.10 send-Methode

## 15.10.1 Arbeitsweise

Generator-Objekte können nicht nur mittels yield Objekte liefern, sondern man kann auch „Nachrichten" (Objekte) an Generator-Objekte senden. Dies erreicht man dadurch, dass man statt next die send-Methode benutzt. Die send-Methode verhält sich wie die next-Methode, aber sendet gleichzeitig noch einen Wert an den Generator. Im Prinzip sendet auch next einen Wert, aber dieser ist immer None.

Das Beispiel und die zugehörigen folgenden Ausgaben erläutern das Verhalten der send-Anweisung. Allerdings sollte man jedoch noch Folgendes verstehen: Nach dem ersten next-Aufruf wird das Generator-Objekt gestartet, und die Ausführung läuft bis zum yield. Nun wird die Ausführung des Generator-Objekts verlassen. Das Generator-Objekt wartet nun auf der rechten Seite der Zuweisung x = yield 42. Es ist also noch keine Zuweisung an die Variable x erfolgt. Erst bei einem erneuten next- oder send-Aufruf wird diese Zuweisung als Erstes ausgeführt. In unserem Programmcode zeigen wir beide Fälle. Im ersten Fall rufen wir wieder ein next auf. In diesem Fall wird eine Referenz an das None-Objekt geliefert und an die Variable x zugewiesen. Im zweiten Fall rufen wir send mit dem Stringargument Hallo auf. Dieser String wird dann auch der Variablen x zugewiesen. Wie bei next wird dann auch bei send das Iteratorobjekt durchlaufen, bis es entweder auf ein yield stößt oder der Code des Iteratorobjekts ohne yield endet und eine StopIteration erhoben wird. Letzteres ist in unserem Beispiel der Fall.

```
def generator_mit_send():
    x = yield 42
    print("Empfangen wurde ", x)


print("Zuerst nur mit next:")
try:
    gen_obj = generator_mit_send()
    ergebnis = next(gen_obj)
    print(ergebnis)
    ergebnis = next(gen_obj)
except StopIteration:
    print("Iterator hat kein yield mehr!")

print("Nun mit send:")
try:
    gen_obj = generator_mit_send()
    ergebnis = next(gen_obj)
    print(ergebnis)
    ergebnis = gen_obj.send("Hallo")
except StopIteration:
    print("Iterator hat kein yield mehr!")
```

Ausgabe:

```
Zuerst nur mit next:
42
Empfangen wurde  None
Iterator hat kein yield mehr!
Nun mit send:
42
Empfangen wurde  Hallo
Iterator hat kein yield mehr!
```

Wir mussten den Generator zuerst mit next aufrufen, weil der Generator zuerst gestartet werden musste. Wendet man send auf einen Klassifikator an, der noch nicht gestartet worden ist, so führt dies zu einer Ausnahme.

```
def generator_mit_send():
    x = yield 42
    print("Empfangen wurde ", x)


try:
    gen_obj = generator_mit_send()
    ergebnis = gen_obj.send("Hallo")
except Exception as e:
    print("Folgende Ausnahme ist erhoben worden: \n", repr(e))
```

Ausgabe:

```
Folgende Ausnahme ist erhoben worden:
 TypeError("can't send non-None value to a just-started generator")
```

Damit wir die send-Methode benutzen können, muss der Generator in einer yield-Anweisung positioniert sein, d. h. er muss bereits vorher einen Wert mittels yield geliefert haben und wartet auf einen Aufruf von next oder send.

Steht yield auf der rechten Seite einer Zuweisung, so wird der Wert des Arguments von send an die Variable auf der linken Seite übergeben. Wird der Generator mit next aufgerufen, so wird None übergeben.

Den nachfolgenden Generator haben wir infinite_looper genannt, weil wir ihn mit einem sequentiellen Datentyp aufrufen können und der Generator dann in der Lage ist, „ewig" über dieses Objekt zu iterieren, d. h. er beginnt automatisch wieder mit dem ersten Element, wenn das letzte abgearbeitet worden ist. Mittels der send-Methode können wir diesen Generator auf eine beliebige Position des sequentiellen Datentyps umsetzen.

```
def infinite_looper(objects):
    count = 0
    while True:
        if count >= len(objects):
            count = 0
        message = yield objects[count]
        if message != None:
            count = 0 if message < 0 else message
        else:
            count += 1
```

Wir zeigen in der folgenden interaktiven Sitzung, wie man diesen Generator nutzen kann.

```
>>> x = infinite_looper("Ein kleiner String")
>>> next(x)
'E'
>>> x.send(10)
'r'
>>> next(x)
' '
>>> next(x)
'S'
```

### 15.10.2 Umprogrammierung mittels send

Das folgende Programm ist ein Beispiel für einen Generator, der Wörter aus einer Liste endlos generiert und es dem Aufrufer ermöglicht, die Liste während der Laufzeit zu ändern.

```
def words_without_end(words=['tree', 'sky', 'blue']):
    while True:
        for word in words:
            received = yield word
            if received is not None:
                # Eine neue Wort-Liste wurde übergeben
                words = received
                break     # bricht die for-Schleife ab

from itertools import islice
word_iterator = words_without_end()

for word in islice(word_iterator, 5):
    print(word)
# neue Wort-Liste an den Iterator senden:
print(word_iterator.send(['one', 'two', 'three']))
for word in islice(word_iterator, 5):
    print(word)
```

Ausgabe:

```
tree
sky
blue
tree
sky
one
two
three
one
two
three
```

Die Generator-Funktion `words_without_end` akzeptiert optional eine Liste von Wörtern (`words`) als Argument. Standardmäßig ist diese Liste auf `['tree', 'sky', 'blue']` gesetzt. Der Generator verwendet eine Endlosschleife (`while True`), um kontinuierlich Wörter zu generieren. In der inneren `for`-Schleife wird jedes Wort aus der aktuellen Liste von Wörtern generiert, und dieses Wort wird mit `yield` an den Aufrufer zurückgegeben. Der Generator wartet dann auf Eingabe (`received`), die mit `yield` gesendet werden kann. Wenn eine Eingabe vorhanden ist (d. h. `received` ist nicht `None`), wird die aktuelle Liste von Wörtern durch die empfangene Liste ersetzt, und die `for`-Schleife wird durch `break` abgebrochen.

Ein Iterator (`word_iterator`) wird erstellt, indem die Generator-Funktion aufgerufen wird. Der Iterator wird initialisiert, um Wörter aus der Standardliste zu generieren. Mit der Funktion `islice` werden die ersten 5 generierten Wörter aus dem Iterator abgerufen und gedruckt. Mit `send` wird dem Iterator eine neue Liste von Wörtern (`['one', 'two', 'three']`) gesendet. Dies führt dazu, dass der Generator die aktuelle Liste von Wörtern ersetzt. Danach werden erneut 5 Wörter aus dem aktualisierten Iterator abgerufen und gedruckt.

### 15.10.3 Radio-Beispiel mit send

Im folgenden Beispiel geht es um Musik und ein etwas anwendungsorientierteres Beispiel für die `send`-Anweisung. Außerdem zeigen wir hier, dass man einen Generator auch sinnvoll mit Werten initialisieren kann.

Haben Sie auch das Gefühl, dass bei vielen populären Radiosendern immer die gleichen Titel gespielt werden? So als gebe es eine kleine Liste von erprobten Musiktiteln, die das Publikum liebt, und dann scheint es, als würden die Titel mit einer Zufallsfunktion aus dieser Liste ausgewählt. Eine Liste bestehend aus den aktuellen Top-Hundert oder den Top-Hundert vor x Jahrzehnten, je nach Radiosender. Okay, das ist nur so ein Eindruck und sicherlich falsch. Aber in dieser Übung implementieren wir so einen primitiven Radiosender. Kernbestandteil unseres Radiosenders ist der `song_generator`. Er wird aufgerufen mit einer Songliste als Argument.

Bild 15.6 Musikstücke-Generator

```
from random import choice


def song_generator(song_list):
    new_song = None
    while True:
        if new_song is not None:
            if new_song not in song_list:
                song_list.append(new_song)
            new_song = yield new_song
        else:
            new_song = yield(choice(song_list))
```

Um den song_generator zu starten, benötigen wir eine Songliste. Die folgende enthält ein paar von meinen Lieblingstiteln. Mit diesen Titeln sollte man allerdings keinen kommerziellen Radiosender starten, falls man einen schnellen Konkurs vermeiden will:

```
songs = ["Fields of Gold - Sting",
         "Pinhani - Dön Bak Dünyaya",
         "Monday - Ludovico Einaudi",
         "Riverside - Agnes Obel",
         "Not for Radio - Nas",
         "Nacht - Michael Wollny",
         "Mirajazz Dunesong - Bernd Klein",
         "Lateralus - TOOL",
         "Le vent nous portera - Noir Désir",
         "On Stream - Nils Petter Molvær",
         "Protect Me From What I Want - Placebo",
         "Bobby Brown - Frank Zappa",
         "Tutu - Miles Davis"]
```

Nun haben wir alles zusammen, was wir für ein Radioprogramm benötigen. Wir starten nun eine Titelfolge, indem wir den Generator mit der Songliste aufrufen.

```
titel_folge = song_generator(songs)
```

Nun können wir nach einer Anmoderation den ersten Titel spielen:

```
print("Moderator: 'Wir spielen den ersten Titel':")
titel = next(titel_folge)
print(titel)
print("Moderator: 'Ist das nicht ein toller Titel, ")
print("            und gleich der nächste Hit:")
print(next(titel_folge))
```

Ausgabe:

```
Moderator: 'Wir spielen den ersten Titel':
Riverside - Agnes Obel
Moderator: 'Ist das nicht ein toller Titel,
            und gleich der nächste Hit:
Pinhani - Dön Bak Dünyaya
```

So könnten wir nun bis in alle Ewigkeit mit unserem Radioprogramm fortfahren. Aber wie wäre es mit ein wenig Publikumsbeteiligung? In unserer Sendung „Sie wünschen – wir spielen" können Wünsche vom Publikum gespielt werden. Wir realisieren dies mit der `send`-Methode:

```
print("Wir spielen nun den Wunsch unserer Hörerin Sophia:")
titel = titel_folge.send("If I Had a Heart - Fever Ray")
print(titel)
```

Ausgabe:

```
Wir spielen nun den Wunsch unserer Hörerin Sophia:
If I Had a Heart - Fever Ray
```

Der Titel wurde dauerhaft in die Songliste aufgenommen und auch sofort statt eines Zufallstitels gespielt.

```
print("If I Had a Heart - Fever Ray" in songs)
```

Diese Abfrage liefert folgenden Booleschen Wert:

```
True
```

## 15.11 Die close-Methode

Manchmal möchte man einen Generator vorzeitig beenden oder im Falle von unendlich laufenden Generatoren diesen überhaupt beenden. Benutzt man einen Generator innerhalb einer Schleife, dann kann man die Schleife natürlich auch immer mittels eines `break` verlassen, wie wir es bereits gemacht hatten. Deutlich eleganter geht dies natürlich mit der `close`-Methode, die die Generator-Objekte zur Verfügung stellen. Die `close`-Methode schließt einen Generator und bewirkt, dass der Generator ein `StopIteration` zurückliefert. In Python-Generatorfunktionen ist die Methode `close()` nicht direkt in der Funktion definiert, sondern wird durch das Generator-Objekt bereitgestellt, das von der Generatorfunktion zurückgegeben wird.

Wenn `close()` aufgerufen wird, passiert Folgendes: Der Aufruf von `close()` beendet den Generator und hebt die Iteration auf. Der Generator wird in einem geschlossenen Zustand versetzt und wirft keine weiteren Werte mehr aus. Wenn man `close()` aufruft, bevor der Generator abgeschlossen ist, wird eine `GeneratorExit`-Ausnahme innerhalb des Generators ausgelöst, wenn er auf das nächste `yield` stößt. Wenn ein Generator Ressourcen wie Dateihandler oder Netzwerkverbindungen verwendet, kann `close()` besonders sinnvoll verwendet werden, um sicherzustellen, dass diese Ressourcen freigegeben werden.

Wir wollen das eben Gesagte an der folgenden Generatorfunktion demonstrieren:

```
def resource_intensive_generator():
    try:
        while True:
            # Hier stellen wir uns Code mit intensiver
            # Ressourcennutzung vor
            yield "Daten"
```

```
        except GeneratorExit:
            print("Generator wurde geschlossen. Ressourcen werden
             ↪ freigegeben.")

# Erstellen eines Generator-Objekts
gen = resource_intensive_generator()

# Verwenden des Generators
print(next(gen))  # Ausgabe: Daten

# Generator vorzeitig beenden
gen.close()  # Ausgabe: Generator wurde geschlossen. Ressourcen werden
 ↪ freigegeben.

# Versuch, weitere Werte zu holen, führt zu einem Fehler, den wir
 ↪ auffangen
try:
    print(next(gen))
except StopIteration:
    print("Generator wurde bereits geschlossen oder ist leer.")
```

Die Ausgabe:

```
Daten
Generator wurde geschlossen. Ressourcen werden freigegeben.
Generator wurde bereits geschlossen oder ist leer.
```

## 15.12 Die throw-Methode

Der Name `throw` kann bei Programmierenden von anderen Sprachen wie C++ oder Java leicht falsche Assoziationen wecken. In den meisten Programmiersprachen, die eine Ausnahmebehandlung ermöglichen, haben sich die Begriffe `throw` und `catch` etabliert. Python benutzt hierfür die Begriffe `raise` und `except`. Dennoch ist es nicht ganz falsch, wenn einen der Name `throw` an `raise` denken lässt. `throw` erhebt auch eine Ausnahme, aber nicht sofort wie `raise`, sondern sie wird erst im Generator erhoben. Das heißt, dass ein `throw`-Aufruf erst in den Generator zurückkehrt und dann dort eine Ausnahme generiert.

Wir demonstrieren dies im folgenden Beispiel:

```
def repeat(player_list):
    while True:
        print("Start der while-Schleife")
        try:
            for player in player_list:
                yield player
        except Exception:
            print("Spielerliste wird resettiert!")
```

```
spieler_liste = ["Nils", "Ida", "Lennja", "Paul"]

spieler = repeat(spieler_liste)

for i in range(1, 8):
    print(f"Ergebnis vom {i}. next-Aufruf: ", next(spieler))

throw_ergebnis = spieler.throw(ValueError("Eigentlich kein
↪ ValueError!"))
print(f"Ergebnis von throw: ", throw_ergebnis)
print(f"Ergebnis vom {i+1}. next-Aufruf: ", next(spieler))
```

Ausgabe:

```
Start der while-Schleife
Ergebnis vom 1. next-Aufruf:  Nils
Ergebnis vom 2. next-Aufruf:  Ida
Ergebnis vom 3. next-Aufruf:  Lennja
Ergebnis vom 4. next-Aufruf:  Paul
Start der while-Schleife
Ergebnis vom 5. next-Aufruf:  Nils
Ergebnis vom 6. next-Aufruf:  Ida
Ergebnis vom 7. next-Aufruf:  Lennja
Spielerliste wird resettiert!
Start der while-Schleife
Ergebnis von throw:  Nils
Ergebnis vom 8. next-Aufruf:  Ida
```

An den Ausgaben können wir ersehen, dass `throw` eine Ausnahme im Iteratorobjekt erzeugt. Das bedeutet in unserem Beispiel, dass der `try`-Block verlassen und der `except` Zweig verarbeitet wird. Danach beginnt die `while`-Schleife von Neuem, und `throw` liefert wie ein `next` oder `send` den `yield`-Ausdruck zurück.

Im Folgenden bauen wir das vorige Beispiel zu einer vollständigen Spielsimulation aus. Wir lassen unsere Spieler mehrere Runden spielen:

```
from random import choice

anzahl_der_runden = 3

class ResetPlayers(BaseException):
    pass


def repeat(player_list):
    while True:
        print("Start der while-Schleife")
        try:
            for player in player_list:
                yield player
        except ResetPlayers:
            print("Spielerliste wird resettiert!")
```

```
spieler_liste = ["Nils", "Ida", "Lennja", "Paul"]

spieler = repeat(spieler_liste)

an_der_reihe = None
for runde in range(1, anzahl_der_runden + 1):
    print(f"{runde:1d}. Runde startet:")
    while True:
        if not an_der_reihe:
            an_der_reihe = next(spieler)
        wuerfel_ergebnis = choice(range(1, 7))
        if wuerfel_ergebnis == 6:
            print(an_der_reihe + " würfelte eine 6 und gewinnt!")
            an_der_reihe = spieler.throw(ResetPlayers("Spielerliste
             ↪  reset!"))
            break    # Runde ist fertig, weiter mit for-Schleife
        else:
            print(an_der_reihe + " würfelt eine " +
             ↪  str(wuerfel_ergebnis))
            an_der_reihe = next(spieler)

    print(f"{runde:1d}. Runde beendet!\n")
```

Ausgabe:

```
1. Runde startet:
Start der while-Schleife
Nils würfelt eine 2
Ida würfelt eine 3
Lennja würfelte eine 6 und gewinnt!
Spielerliste wird resettiert!
Start der while-Schleife
1. Runde beendet!

2. Runde startet:
Nils würfelt eine 1
Ida würfelt eine 5
Lennja würfelt eine 1
Paul würfelt eine 2
Start der while-Schleife
Nils würfelt eine 2
Ida würfelt eine 3
Lennja würfelt eine 1
Paul würfelt eine 1
Start der while-Schleife
Nils würfelt eine 4
Ida würfelt eine 1
Lennja würfelt eine 2
Paul würfelt eine 1
Start der while-Schleife
```

```
Nils würfelt eine 2
Ida würfelt eine 4
Lennja würfelte eine 6 und gewinnt!
Spielerliste wird resettiert!
Start der while-Schleife
2. Runde beendet!

3. Runde startet:
Nils würfelt eine 4
Ida würfelte eine 6 und gewinnt!
Spielerliste wird resettiert!
Start der while-Schleife
3. Runde beendet!
```

Die `throw`-Methode kann auch dazu benutzt werden, den Generator zu veranlassen, bestimmte Informationen zu präsentieren, also beispielsweise Daten in Datenbanken zu schreiben oder in Log-Dateien. Wir demonstrieren dies am Beispiel des `infinite_looper`-Generators. Dieser liefert die Elemente des sequentiellen Datentyps zurück, aber wir erhalten keinerlei Information über die Variable `count`. Wir können die `throw`-Methode nutzen, um an diese Information zu gelangen. Wir fangen die `exception` auf und geben den Wert von `count` aus, wenn die `throw`-Methode aufgerufen wird:

```
def infinite_looper(objects):
    count = 0
    while True:
        if count >= len(objects):
            count = 0
        try:
            message = yield objects[count]
        except StateOfGenerator:
            print("index: " + str(count))
        except Exception:
            print("index: " + str(count))
            message = None
        if message != None:
            count = 0 if message < 0 else message
        else:
            count += 1
```

Dieser Generator lässt sich wie folgt benutzen:

```
>>> from generator_throw import infinite_looper
>>> looper = infinite_looper("Python")
>>> next(looper)
'P'
>>> looper.throw(Exception)
index: 0
'y'
>>> next(looper)
't'
```

```
>>> looper.throw(Exception)
index: 2
'h'
```

Das vorige Beispiel können wir noch verbessern, indem wir unsere eigene Ausnahme-Klasse `StateOfGenerator` definieren:

```
class StateOfGenerator(Exception):
    def __init__(self, message=None):
        self.message = message
```

Ein Beispiel für die Benutzung des gerade definierten Generators:

```
>>> from generator_throw import infinite_looper, StateOfGenerator
>>> looper = infinite_looper("Python")
>>> next(looper)
'P'
>>> next(looper)
'y'
>>> looper.throw(StateOfGenerator)
index: 1
't'
>>> next(looper)
'h'
```

## 15.13 Dekoration von Generatoren

Unser Ansatz hat aber einen Schönheitsfehler: Wir können ihn nicht direkt starten und gleichzeitig einen Index übergeben, d. h. wir können nicht sofort ein `send` benutzen. Wir müssen zuerst die `next`-Methode aufrufen, um damit den Generator zu starten und ihn dadurch zur `yield`-Anweisung vorwärts zu bewegen.

Wir werden nun einen Dekorator schreiben, der in der Lage ist, einen Generator zu erstellen, indem es diesen automatisch bei der Erzeugung zur `yield`-Anweisung fortbewegt. Dadurch wird es möglich, die `send`-Methode unmittelbar nach der Initialisierung zu benutzen.

```
from functools import wraps


def get_ready(gen):
    """
    macht einen Generator gen bereit, indem
    zur ersten yield-Anweisung vorgerückt wird
    """
    @wraps(gen)
    def generator(*args, **kwargs):
        g = gen(*args, **kwargs)
        next(g)
```

```
            return g
        return generator


    @get_ready
    def infinite_looper(objects):
        count = -1
        message = yield None
        while True:
            count += 1
            if message is not None:
                count = 0 if message < 0 else message
            if count >= len(objects):
                count = 0
            message = yield objects[count]


    x = infinite_looper("abcdef")
    print(next(x))
    print(x.send(4))
    print(next(x))
    print(next(x))
    print(x.send(5))
    print(next(x))
```

Ausgabe:

```
a
e
f
a
f
a
```

## 15.14 Aufgaben

**1. Aufgabe:**

Schreibe einen Generator, der die Fibonacci-Zahlen generiert.

Zur Erinnerung:

Die *n*-te Fibonacci-Zahl errechnet sich

$$F(n) = F(n-1) + F(n-2),$$

mit $F(0) = 0$ und $F(1) = 1$

**2. Aufgabe:**

Schreibe einen Generator `round_robin` mit einem Generator g als Argument, der zunächst die Elemente von g auch generiert. Falls g endlich ist, beginnt `round_robin` wieder von vorne mit g, nachdem das letzte Element von g produziert worden ist.

Beispiel: Falls g die Elemente 1, 2 und 3 generiert, dann generiert `round_robin` die Elemente 1,2,3,1,2,3,1,2,3 …

**3. Aufgabe:**

Schreibe einen Generator „`frange`" analog zu range, der jedoch mit float-Zahlen funktioniert.

Wenn dieser Generator in einem Modul `rangetools` gespeichert ist, sollen folgende Beispiele funktionieren:

```
from rangetools import frange

for i in frange(5.6):
    print(i, end=", ")
print()
for i in frange(0.3, 5.6):
    print(i, end=", ")
print()
for i in frange(0.3, 5.6, 0.8):
    print(i, end=", ")
print()
```

Die Ausgaben sollen so aussehen:

```
0.0, 1.0, 2.0, 3.0, 4.0, 5.0,
0.3, 1.3, 2.3, 3.3, 4.3, 5.3,
0.3, 1.1, 1.9, 2.7, 3.5, 4.3, 5.1,
```

**4. Aufgabe:**

Schreibe einen Pendelgenerator `pendulum` mit einem Generator g als Argument, der als Erstes die Elemente von g generiert. Falls g endlich ist, gibt `pendulum` die Elemente von g in umgekehrter Reihenfolge aus, nachdem das letzte Element von g produziert worden ist. Wird dann wieder das erste Element erreicht, beginnt `pendulum` von vorne.

Beispiel: Falls g die Elemente 1, 2 und 3 generiert, dann generiert `pendulum` die Folge 1,2,3,3,2,1,1,2,3,3,2,1 …

**5. Aufgabe:**

Schreibe einen Generator „pair_sum" mit einem Generator g als Argument. Nehmen wir an, dass g die Werte $g_1, g_2, \ldots g_n$ generiert. „pair_sum" generiert dann die Werte $g_1+g_2$, $g_2+g_3$, … $g_{n-1}+g_n$, $g_n+g_1$, $g_1+g_2$, …

**6. Aufgabe:**

Schreibe einen Generator mit Namen `random_ones_and_zeroes`, der in jeder Iteration eine 1 oder eine Null zurückliefert. Die Wahrscheinlichkeit `p`, mit der eine 1 zurückgeliefert wird, wird durch die Variable `p` gesteuert. Beim Start des Generators wird der Wert von `p` auf 0.5 gesetzt. Das bedeutet, dass Nullen und Einsen mit gleicher Wahrscheinlichkeit erzeugt werden.

Bild 15.7 Bulle und Bär

**7. Aufgabe:**

Schreibe eine Python-Funktion `aktienkurssimulator`, die Aktienkurse über einen gegebenen Zeitraum (Sekunden, Stunden, Tage etc.) basierend auf einem Startkurs, einer täglichen Volatilität und einer leichten steigenden Tendenz simuliert. Die Funktion soll als Iterator fungieren und für jede Zeiteinheit den aktuellen Kurs zurückgeben. Verwende eine zufällige Kursänderung, die um einen kleinen positiven Wert erweitert wird, um die steigende Tendenz zu erzeugen. Die Funktion soll die Parameter `start_kurs`, `zeitraum`, `volatilität` und `eps` akzeptieren und die Ergebnisse auf zwei Nachkommastellen gerundet ausgeben.

**8. Aufgabe:**

Erweitere das vorige Beispiel um eine weitere Generatorfunktion `kauflaune`. Dieser Iterator soll einen Wert zurückliefern, den wir im `aktienkurssimulator` zum jeweiligen Kurswert dazu addieren.

Zur Erklärung: Die allgemeine Kauflaune an der Börse wird oft als „Marktstimmung“ oder „Sentiment“ bezeichnet. Dieser Begriff beschreibt die übergeordnete Einstellung oder das Gefühl der Investoren und Händler gegenüber dem Markt. Eine positive Marktstimmung deutet darauf hin, dass Investoren eher dazu neigen, Aktien zu kaufen, während eine negative Marktstimmung darauf hinweist, dass sie eher verkaufen könnten.

# 16 Iteratoren der Standardbibliothek

## 16.1 Einführung

Bild 16.1 Essensausgabe

Dieses Kapitel haben wir mit einem Bild eingeleitet, das die Essensausgabe in einer Kantine darstellt. Wir sind zwar im letzten Kapitel ausgiebig auf die Iteratoren eingegangen, wollen aber mit der Analogie zwischen Essensausgabe und Python-Iterator die Funktionsweise eines Iterators nochmals bildlich darstellen. Erscheint ein Gast in der Kantine an der Ausgabe, erhält er eine Essensportion. Die Person bei der Essensausgabe zusammen mit dem verfügbaren Essen kann man als einen Iterator betrachten. Erscheint ein Gast an der Ausgabe, entspricht diese gewissermaßen einem `next` in einem Python-Programm. Es wird solange Essen an weitere Gäste (`next`) ausgegeben, bis kein Essen mehr vorhanden ist, dann folgt `StopIteration`, also die Person sagt, dass kein Essen mehr vorhanden ist.

In diesem Kapitel gehen wir auf einige wichtige Iteratoren der Python-Standardbibliothek ein. Wir werden aber auch Funktionalitäten wie beispielsweise `range` behandeln, die in ihrem Verhalten ähnlich zu Iteratoren sind, aber dennoch keine sind. Im Prinzip geht es um Objekte, die sich „lazy" verhalten, also nur bei Bedarf Werte berechnen.

## 16.2 Wichtige Iteratoren und iteratorähnliche Funktionen in der Python-Standardbibliothek

### Tatsächliche Iteratoren

- `enumerate`
- `map`
- `filter`
- `reduce` (im Modul functools)
- `reversed`
- `iter`

### Funktionen, die mit Iteratoren arbeiten

- `next`

### Funktionen, die iterierbare Objekte (iterables) zurückgeben

- `range`
- `zip`

## 16.3 `enumerate`

**Bild 16.2** Abakus

In Python ist `enumerate` eine eingebaute Funktion, die häufig verwendet wird, wenn man über eine Liste (oder einen anderen iterierbaren Datentyp) iteriert und dabei sowohl die Indizes als auch die Werte der Elemente benötigt. Ohne `enumerate` müsste man, wenn man die Werte der Indizes innerhalb einer Iteration benötigt, eine Zählervariable verwenden, die in jeder Iteration manuell erhöht werden muss. Alternativ könnte man die Funktion `range` zusammen mit `len` nutzen, um über die Indizes zu iterieren und die entsprechenden Werte abzurufen. Während diese Methoden funktionieren, ist `enumerate` oft lesbarer und deutlich eleganter.

Die grundlegende Syntax von `enumerate` ist wie folgt:

```
enumerate(iterable, start=0)
```

Hier ist `iterable` das Objekt, das durchlaufen werden soll, und `start` ist der Start-Index (standardmäßig 0).

Angenommen, wir haben eine Liste von Früchten und möchten sowohl die Position als auch den Namen jeder Frucht drucken:

```
fruits = ['apple', 'banana', 'cherry']
for index, fruit in enumerate(fruits):
    print(index, fruit)
```

Der obige Code gibt folgendes aus:

```
0 apple
1 banana
2 cherry
```

`enumerate` liefert ein iterierbares `enumerate`-Objekt zurück. Bei jeder Iteration erhält man ein Tupel. Jedes Tupel besteht aus einem Index (beginnend bei 0) und dem entsprechenden Element aus der `fruits`-Liste.

Man kann die Indizes und Werte einer Liste auch ohne `enumerate` explizit erzeugen. Prinzipiell geht dies auf zwei Arten:

1. Man kann einen Zähler innerhalb der Schleife verwenden, um die Indizes manuell zu verfolgen:

   ```
   fruits = ['apple', 'banana', 'cherry']
   index = 0
   for fruit in fruits:
       print(index, fruit)
       index += 1
   ```

   Ausgabe des vorigen Codes:

   ```
   0 apple
   1 banana
   2 cherry
   ```

2. Man kann die Funktion `range` zusammen mit `len` verwenden, um über die Indizes zu iterieren:

   ```
   fruits = ['apple', 'banana', 'cherry']
   for index in range(len(fruits)):
       print(index, fruits[index])
   ```

   Dieser Code gibt ebenfalls Folgendes aus:

   ```
   0 apple
   1 banana
   2 cherry
   ```

   Die Verwendung von `enumerate` ist jedoch deutlich attraktiver, da der erzeugte Code meistens lesbarer ist, weil die Indizes und Werte direkt zur Verfügung stehen. Außerdem ist `enumerate` eine eingebaute Funktion, die speziell für diesen Zweck entwickelt wurde, wodurch der Code eleganter und typischer für Python wird.

Man kann den Startwert des Index explizit setzen, indem man den `start`-Parameter verwendet:

```
fruits = ['apple', 'banana', 'cherry']
for index, fruit in enumerate(fruits, start=1):
    print(index, fruit)
```

Dies ergibt folgende Ausgabe:

```
1 apple
2 banana
3 cherry
```

## 16.4 map, filter und reduce

### 16.4.1 map

Die `map`-Funktion ist ein wesentliches Werkzeug der funktionalen Programmierung und spielt eine zentrale Rolle bei der Datentransformation. Sie ermöglicht es, eine gegebene Funktion auf alle Elemente einer Sequenz (wie einer Liste, einem Tupel oder einem anderen iterierbaren Objekt) anzuwenden, ohne explizite Schleifen schreiben zu müssen. Dies führt zu klarem und ausdrucksstarkem Code.

Die `map`-Funktion nimmt mindestens zwei Argumente entgegen:

1. Eine Funktion, die auf jedes Element der Sequenz angewendet werden soll.
2. Eine oder mehrere Sequenzen, deren Elemente transformiert werden. Die Anzahl der Sequenzen muss mit der Parameterzahl der übergebenen Funktion übereinstimmen.

Das Ergebnis ist ein `map`-Objekt, das ein Iterator ist. Dieses Iterator-Objekt kann in eine Liste, ein Tupel oder ein anderes iterierbares Objekt umgewandelt werden.

Ein einfaches Beispiel zeigt, wie `map` verwendet wird, um die Quadrate einer Liste von Zahlen zu berechnen:

```
zahlen = [1, 2, 3, 4, 5]
quadrate = map(lambda x: x**2, zahlen)
print(list(quadrate))
```

Ausgabe:

```
[1, 4, 9, 16, 25]
```

In dem vorigen Beispiel wird die anonyme Funktion (Lambda-Funktion) `lambda x: x**2` auf jedes Element der Liste `zahlen` angewendet, und das Ergebnis wird als Liste von Quadraten zurückgegeben.

Wir zeigen nun noch ein Beispiel mit einer Funktion, die drei Argumente beim Aufruf benötigt. Infolgedessen benötigt `map` auch drei Sequenzen.

Gegeben sind die Temperaturen für drei Städte an 5 aufeinanderfolgenden Tagen. Wir verwenden `map`, um die Durchschnittstemperatur für jede Stadt zu berechnen.

```
# Temperaturen für drei Städte an 5 aufeinanderfolgenden Tagen
stadt_temperaturen = [
    [23, 25, 22, 26, 24],  # Konstanz
    [20, 18, 19, 22, 21],  # Zürich
    [27, 26, 25, 28, 30]   # Salzburg
]

# Berechnung der Durchschnittstemperatur für jede Stadt mit map
# und einer Lambda-Funktion
durchschnittstemperaturen = list(map(lambda temperaturen:
↪  sum(temperaturen) / len(temperaturen), stadt_temperaturen))

print("Durchschnittstemperaturen für jede Stadt:",
↪  durchschnittstemperaturen)
```

Ausgabe der Durchschnittstemperaturen für die Städte:

```
Durchschnittstemperaturen für jede Stadt: [24.0, 20.0, 27.2]
```

In diesem Beispiel wird `map` verwendet, um eine Lambda-Funktion auf jede Teilliste von `stadt_temperaturen` anzuwenden, die die Durchschnittstemperatur für jede Stadt berechnet, indem die Temperaturen summiert und durch die Anzahl der Tage geteilt werden. Schließlich wird das Ergebnis mit `list()` in eine Liste umgewandelt.

**Vorteile der Verwendung von `map`**: `map` fördert die funktionale Abstraktion, indem sie Funktionen als Argumente akzeptiert und Iteratoren zurückgibt. Durch die Verwendung von `map` entfällt die Notwendigkeit für explizite Schleifen, was den Code kompakter, weniger fehleranfällig und lesbarer macht. Zudem ist der Code oft effizienter als äquivalente Schleifen, da `map` optimierte interne Implementierungen nutzt.

### 16.4.2 Filtern mit „filter"

Die Funktion

```
filter(func, iter)
```

benötigt als erstes Argument eine Funktion `f`, die Wahrheitswerte liefert. Diese Funktion wird dann auf jedes Argument des Objekts `iter` angewendet. `iter` ist entweder ein sequentieller Datentyp wie beispielsweise eine Liste oder ein Tupel oder es ist ein iterierbares Objekt. Liefert `f` `True` für ein `x`, dann wird `x` in der Ergebnisliste übernommen, ansonsten wird `x` nicht übernommen.

Ebenso wie `map` spielt die `filter`-Funktion eine wichtige Rolle in der funktionalen Programmierung. In der funktionalen Programmierung geht es darum, Funktionen als Argumente zu verwenden und auf Datenstrukturen anzuwenden, ohne den Zustand zu ändern. Die `filter`-Funktion erzeugt ein neues Iterable, das nur diejenigen Elemente enthält, für die die Filterfunktion `True` zurückgibt, ohne die ursprüngliche Sequenz zu ändern. `filter` ermöglicht eine deklarative Programmierung, bei der der Fokus auf dem „Was" liegt, nicht auf dem „Wie". Anstatt Schleifen zu verwenden, um Elemente zu durchlaufen und zu überprüfen, ob sie einer Bedingung entsprechen, können wir einfach die `filter`-Funktion verwenden, um die Elemente basierend auf einer gegebenen Bedingung zu filtern. Dies führt oft zu klarerem und weniger fehleranfälligem Code.

Ein Beispiel für die Verwendung von `filter` ist die Filterung einer Liste von Zahlen, um nur die Primzahlen zu behalten:

```
def is_prime(n):
    if n <= 1:
        return False
    for i in range(2, int(n**0.5) + 1):
        if n % i == 0:
            return False
    return True

zahlen = [1, 2, 3, 4, 5, 6, 7, 8, 9, 10]

prime_zahlen = filter(is_prime, zahlen)

print(list(prime_zahlen))
```

Ausgbe:

```
[2, 3, 5, 7]
```

In diesem Beispiel wird die Funktion `is_prime` als Filterfunktion verwendet, um zu überprüfen, ob eine Zahl eine Primzahl ist. Die `filter`-Funktion wird verwendet, um diese Filterfunktion auf jedes Element der Liste `zahlen` anzuwenden und nur die Primzahlen zurückzugeben.

Die Verwendung von `filter` in Verbindung mit anderen höheren Ordnungsfunktionen wie `map` und `reduce` ermöglicht eine effektive Verarbeitung von Daten in einer funktionalen Programmierweise, wodurch der Code oft klarer, lesbarer und wartbarer wird.

```
fibonacci = [0, 1, 1, 2, 3, 5, 8, 13, 21, 34, 55]
ungerade_zahlen = list(filter(lambda x: x % 2, fibonacci))
print(f'{ungerade_zahlen}')
gerade_zahlen = list(filter(lambda x: x % 2 == 0, fibonacci))
print(f'{gerade_zahlen=}')

# or alternatively:
gerade_zahlen = list(filter(lambda x: x % 2 - 1, fibonacci))
print(f'{gerade_zahlen=}')
```

Die Ausgabe sieht wie folgt aus:

```
[1, 1, 3, 5, 13, 21, 55]
gerade_zahlen=[0, 2, 8, 34]
gerade_zahlen=[0, 2, 8, 34]
```

### 16.4.3 reduce

Die Funktion

```
reduce(func, seq)
```

wendet die Funktion `func()` fortlaufend auf eine Sequenz `seq` an und liefert einen einzelnen Wert zurück. Die Funktion `func` ist eine Funktion, die zwei Argumente erwartet.

- Zuerst wird func auf die beiden ersten Argumente s1 und s2 angewendet. Das Ergebnis ersetzt die beiden Elemente s1 und s2.
- Die Liste sieht damit wie folgt aus: [ func(s1, s2), s3, ... , sn ]. Die beiden ersten Elemente der ursprünglichen Liste wurden also durch das Ergebnis der Anwendung von func auf diese Elemente ersetzt. Die Liste wurde also reduziert, also ist die Anzahl der Elemente der Liste nun eins kleiner.
- Im nächsten Schritt wird func auf func(s1, s2) und s3 angewendet.
- Die Liste sieht damit wie folgt aus: [ func(func(s1, s2),s3), ... , sn ].
- Dies wird solange fortgesetzt, bis nur noch ein Element übrig bleibt, d. h. man hat die Liste auf ein Element reduziert.

Für den Fall n = 5 illustrieren wir die Arbeitsweise von reduce mit folgendem Beispiel. Um mit reduce zu arbeiten, müssen wir das Modul functools importieren.

```
import functools
ergebnis = functools.reduce(lambda x, y: x + y, [47, 11, 42, 13, 6])
print(f'{ergebnis=}')
```

Ausgabe:

```
ergebnis=119
```

Im folgenden Diagramm stellen wir die Arbeitsweise dar:

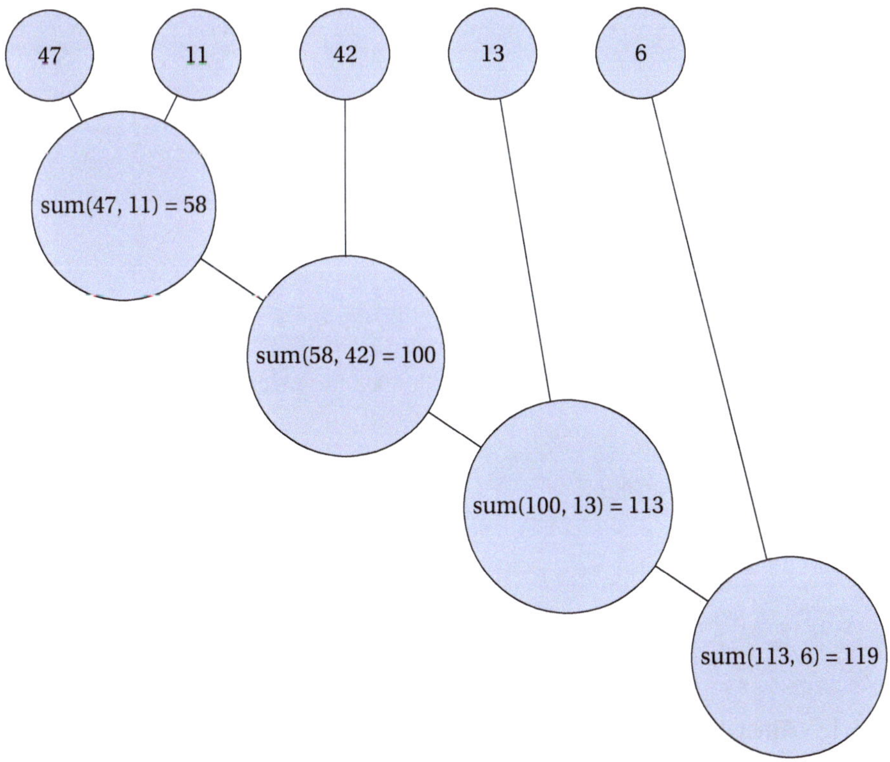


**Bild 16.3** Berechnungsbaum für die reduce-Funktion

### 16.4.4 Zusammenspiel von map, filter und reduce

Wir beenden dieses Kapitel mit einem praktischen Beispiel, in dem wir `map`, `filter` und `reduce` zusammen verwenden können. Stellen wir uns vor, dass wir in einem Warenhaus für die Bestellungen verantwortlich sind. Jede Position einer Bestellung besteht aus dem Produktnamen, einem Preis, der gewünschten Anzahl und einer Verfügbarkeitsinformation, die angibt, ob das Produkt derzeit lieferbar ist.

Unsere Aufgabe besteht darin, die Gesamtkosten aller lieferbaren Produkte zu berechnen. Die Gesamtkosten eines Produkts ergeben sich aus dem Preis, multipliziert mit der Anzahl der auf Lager befindlichen Stücke. Nur Produkte, die als lieferbar gekennzeichnet sind, sollen in die Berechnung einbezogen werden.

```
from functools import reduce

produkte = [
    {"name": "Deluxe Widget", "preis": 120, "anzahl": 2,
     "verfügbar": True},
    {"name": "Economy Widget", "preis": 60, "anzahl": 5,
     "verfügbar": False},
    {"name": "Premium Gadget", "preis": 150, "anzahl": 1,
     "verfügbar": True},
    {"name": "Basic Gadget", "preis": 80, "anzahl": 10,
     "verfügbar": True},
    {"name": "Ultimate Gizmo", "preis": 200, "anzahl": 3,
     "verfügbar": False}
]


verfügbare_produkte = filter(
    lambda p: p["verfügbar"], produkte)

gesamtpreise = map(
    lambda p: p["preis"] * p["anzahl"], verfügbare_produkte)

gesamtkosten = reduce(lambda x, y: x + y, gesamtpreise)

print(gesamtkosten)
```

Der Gesamtpreis der Bestellung:

```
1190
```

## 16.5 Listen-Abstraktion

### 16.5.1 Alternative zu map und filter

Die Listen-Abstraktion ist ein mächtiges Werkzeug, um Listen zu erzeugen. Sie ermöglicht es, auf elegante und kompakte Weise neue Listen zu erstellen, indem sie eine Ausdruckssyntax verwenden, die sowohl die Iteration über Sequenzen als auch die Transformation und Filterung von Elementen umfasst. Durch die Nutzung von Listen-Abstraktionen können komplexe Operationen in einer einzigen, gut lesbaren Zeile ausgedrückt werden, was den Code im Vergleich zu expliziten `for`-Schleifen nicht nur prägnanter, sondern auch weniger fehleranfällig macht. Listen-Abstraktionen stellen in vielen Fällen eine gute Alternative zu `map` und `filter` dar.

Im Folgenden erzeugen wir die Liste der Quadratzahlen für die Zahlen von 1 bis 9 ohne Benutzung der Listen-Abstraktion:

```
quadrate = []
for i in range(1, 10):
    quadrate.append(i**2)

print(quadrate)
```

Die Ausgabe:

```
[1, 4, 9, 16, 25, 36, 49, 64, 81]
```

Viel einfacher – das heißt in nur einer Codezeile – lässt sich dies unter Benutzung der Listen-Abstraktion bewerkstelligen:

```
quadrate = [i**2 for i in range(1, 10)]

print(quadrate)
```

Die Ausgabe:

```
[1, 4, 9, 16, 25, 36, 49, 64, 81]
```

Unter Benutzung von `map` und `lambda` sieht es wie folgt aus:

```
quadrate_iterator = map(lambda x: x**2, range(1, 10))
print(quadrate)
```

Die Ausgabe:

```
[1, 4, 9, 16, 25, 36, 49, 64, 81]
```

`map` liefert einen Iterator auf ein `list`-Objekt zurück, während die Listen-Abstraktion eine Liste zurückgibt.

### 16.5.2 Syntax

Die Listen-Abstraktion ist von eckigen Klammern umrahmt. Nach der öffnenden Klammer steht ein Ausdruck, der von einem oder mehreren `for`-Ausdrücken und gegebenenfalls von einer `if`-Bedingung gefolgt wird.

Im folgenden Beispiel erzeugen wir alle 2-Tupel mit Zahlen von 1 bis 6, deren Summe gleich 7 ist. Dies könnte beispielsweise den Ergebnissen von zwei Würfeln entsprechen:

```
w = [(x, y) for x in range(1, 7) for y in range(1, 7) if x + y == 7]
print(f"Würfe, die in der Summe 7 ergeben:\n{w}")
```

Die Ausgabe:

```
Würfe, die in der Summe 7 ergeben:
[(1, 6), (2, 5), (3, 4), (4, 3), (5, 2), (6, 1)]
```

Dies ist äquivalent mit folgendem „konventionellen“ Code ohne Listen-Abstraktion:

```
t = []
for x in range(1, 7):
    for y in range(1, 7):
        if x + y == 7:
            t.append((x, y))

print(f"Würfe, die in der Summe 7 ergeben:\n{w}")
```

Wie erwartet erhalten wir die gleiche Ausgabe wie vorhin:

```
Würfe, die in der Summe 7 ergeben:
[(1, 6), (2, 5), (3, 4), (4, 3), (5, 2), (6, 1)]
```

### 16.5.3 Weitere Beispiele

Im folgenden Beispiel wandeln wir eine Liste mit Werten in Grad Celsius in Fahrenheit-Werte mittels der Listen-Abstraktion um:

```
Celsius = [39.2, 36.5, 37.3, 37.8]
Fahrenheit = [((float(9) / 5) * x + 32) for x in Celsius]
print(Fahrenheit)
```

Ein pythagoreisches Tripel oder pythagoreisches Zahlentripel besteht aus drei positiven ganzen Zahlen mit der Eigenschaft $a^2 + b^2 = c^2$. Ein solches Tripel wird üblicherweise mit (a, b, c) notiert. Ein Beispiel stellen die Zahlen 3, 4 und 5 dar, also das Tripel (3, 4, 5).

Die pythagoreischen Tripel lassen sich leicht mittels List Comprehension berechnen, wie das folgende Beispiel zeigt:

```
[(x, y, z) for x in range(1, 30) for y in range(x, 30)
 for z in range(y, 30) if x**2 + y**2 == z**2]
```

Im folgenden Beispiel berechnen wir das Kreuzprodukt aus zwei Mengen:

```
colours = ["red", "green", "blue"]
things = ["house", "tree"]
coloured_things = [(x, y) for x in colours for y in things]
print(coloured_things)
```

### 16.5.4 Die zugrunde liegende Idee

Die Idee, eine Liste quasi algorithmisch zu beschreiben, ist angelehnt an die mathematische Notation von Mengen. Im folgenden Beispiel erzeugen wir die Menge aller ganzen Zahlen, die durch 4 teilbar sind:

$$\{x | x \in \mathbb{Z} \land x \text{ teilbar durch } 4\}$$

oder ein anderes Beispiel:

$$\{x | 10 <= x <= 100 \land x \text{ teilbar durch } 4\}$$

Das letzte Beispiel lässt sich wie folgt in Python schreiben:

```
[x for x in range(10, 101) if not x % 4]
```

Der senkrechte Strich, also „|" in der mathematischen Notation, wird übrigens im Englischen bei der Mengenschreibweise meist als „for" gelesen, also im obigen Beispiel „All x for which 10 is ..."

### 16.5.5 Anspruchsvolleres Beispiel

Berechnung der Primzahlen bis 100 nach dem Sieb des Eratosthenes:

```
noprimes = [j for i in range(2, 8) for j in range(i * 2, 100, i)]
primes = [x for x in range(2, 100) if x not in noprimes]
print(primes)
```

Die Primzahlen:

```
[2, 3, 5, 7, 11, 13, 17, 19, 23, 29, 31, 37, 41, 43, 47, 53, 59, 61, 67,
↪ 71, 73, 79, 83, 89, 97]
```

Das vorige Beispiel wollen wir nun in einer etwas allgemeineren Form schreiben, damit es die Primzahlen für eine beliebige Zahl n berechnet:

```
from math import sqrt
n = 75
sqrt_n = int(sqrt(n))
no_primes = [j for i in range(2, sqrt_n) for j in range(i * 2, n, i)]
```

Wenn wir uns `no_primes` ausgeben lassen, erkennen wir, dass es bei der Konstruktion dieser Liste ein Problem gibt. Diese Liste beinhaltet Doppeleinträge, was die Berechnung der Liste der Primzahlen ineffizient werden lässt, da auch alle Doppeleinträge jeweils betrachtet werden müssen:

```
no_primes
```

Am besten wäre es, diese Doppeleinträge bereits gar nicht zu erzeugen.

Im nächsten Beispiel benutzen wir eine doppelte Iteration in einer Listen-Abstraktion mit Bezug auf die erste Schleife. Angenommen, wir haben eine Liste von Wörtern (eine Liste von Zeichenketten) und möchten diese in eine einzelne Liste von Zeichen aufteilen. Jedes Wort in der äußeren Liste wird zuerst durchlaufen, und dann iterieren wir über jedes Zeichen in diesen Wörtern.

```
wörter = ["rot", "blau", "grün"]

# Die Liste von Zeichenketten in eine Liste von Zeichen umwandeln
flache_zeichenliste = [zeichen for wort in wörter for zeichen in wort]

print(flache_zeichenliste)
```

Die Ausgabe

```
['r', 'o', 't', 'b', 'l', 'a', 'u', 'g', 'r', 'ü', 'n']
```

In diesem Beispiel haben wir die Vorgehensweise gezeigt, wie man mit einer einzigen Listen-Abstraktion effizient über verschachtelte Datenstrukturen iterieren kann, wobei die zweite Iteration auf den Ergebnissen der ersten aufbaut.

### 16.5.6 Mengen-Abstraktion

Die Mengen-Abstraktion (Set Comprehension) ist analog zur Listen-Abstraktion (List Comprehension), aber sie liefert – wie der Name andeutet – eine Menge und nicht eine Liste zurück. Zur syntaktischen Unterscheidung zur Listen-Abstraktion benutzen wir geschweifte Klammern, also „richtige Mengenklammern“.

Mit der Mengen-Abstraktion sind wir nun in der Lage, das vorige Problem zu lösen, also die Nicht-Primzahl ohne Doppelte zu kreieren:

```
from math import sqrt
n = 75
sqrt_n = int(sqrt(n))
no_primes = {j for i in range(2, sqrt_n) for j in range(i * 2, n, i)}
no_primes
primes = {i for i in range(n) if i not in no_primes}
print(primes)
```

Die Primzahlen:

```
{0, 1, 2, 3, 5, 7, 11, 13, 17, 19, 23, 29, 31, 37, 41, 43, 47, 53, 59, 61,
↪ 67, 71, 73}
```

### 16.5.7 Generatoren-Abstraktion

Die Syntax der Generatoren-Abstraktion ist nahezu identisch mit den Listen-Abstraktionen, außer dass sie in runde Klammern statt in eckige Klammern eingebettet sind. Erzeugt wird ein Iterator statt einer Liste. Man hat sie eingeführt, weil häufig keine Liste benötigt wird, sondern nur die einzelnen Elemente, über die iteriert wird.

Im folgenden Summationsausdruck wird zunächst mittels der Listen-Abstraktion die Liste der Quadratzahlen von 1 bis 10 gebildet. Danach wird die Funktion `sum` darauf angewendet, um diese Quadratzahlen zu summieren:

```
print(sum([x**2 for x in range(1, 11)]))
```

Ausgabe:

```
385
```

Für die Funktion `sum` hätte aber auch ein Generator-Objekt statt einer Liste genügt. Speicherplatzschonend kann man obige Summe also auch so berechnen:

```
print(sum(x**2 for x in range(1, 11)))
```

Ausgabe:

```
385
```

Einige haben sicherlich bemerkt, dass im vorigen Ausdruck eigentlich ein Klammernpaar fehlte. Im Prinzip hätten wir den Ausdruck so schreiben müssen:

```
print(sum((x**2 for x in range(1, 11))))
```

Bei Reduktionsfunktionen, die ein sequentielles Datenobjekt auf einen Wert reduzieren, so wie `sum`, `min` und `max`, brauchen wir also kein separates Klammernpaar. Sonst ist es aber notwendig:

```
(x**2 for x in range(1, 11))
```

Ohne Klammern erhalten wir eine Fehlermeldung.

### 16.5.8 map und filter oder Listen-Abstraktion

In der funktionalen Programmierung werden `map` und `filter` oft als bessere Alternativen zu Listen-Abstraktionen betrachtet, und dies aus verschiedenen Gründen:

- **Klarheit der Intention**: `map` und `filter` machen die Absicht des Codes klarer, da sie explizit angeben, dass eine Funktion auf eine Sequenz angewendet (`map`) oder eine Sequenz gefiltert (`filter`) werden soll. Listen-Abstraktionen können zwar ähnliche Aufgaben erledigen, aber die explizite Nennung von `map` und `filter` verdeutlicht sofort die funktionale Transformation oder Filterung.
- **Funktionale Abstraktion**: `map` und `filter` fördern die funktionale Programmierung, indem sie Funktionen als Argumente akzeptieren und Iteratoren zurückgeben. Dies unterstützt die Wiederverwendbarkeit und Modularität von Funktionen.
- **Komplexität**: Bei komplexeren Transformationen und Filterungen können `map` und `filter` oft übersichtlicher sein als verschachtelte Listen-Abstraktionen. Mehrere `map`- und `filter`-Aufrufe können leicht verkettet werden, um komplexe Operationen zu erstellen, ohne dass die Lesbarkeit leidet.
- **Effizienz**: `map` und `filter` nutzen oft optimierte interne Implementierungen, die effizienter sein können als äquivalente Listen-Abstraktionen. Sie geben Iteratoren zurück, was Speicher spart, da die Elemente erst bei Bedarf erzeugt werden.

### 16.5.9 Dict-Komprehension in Python

Eine `Dict-Komprehension` ermöglicht es, ein Wörterbuch (`dict`) in Python auf kompakte und effiziente Weise zu erstellen.

**Beispiel:** Angenommen, wir haben eine Liste von Wörtern und möchten ein Wörterbuch erstellen, in dem jedes Wort als Schlüssel und die Länge des Wortes als Wert gespeichert wird:

```
wörter = ["funktionale", "Programmierung", "python"]
wörterbuch = {wort: len(wort) for wort in wörter}
print(wörterbuch)
```

Das resultierende Wörterbuch wird wie folgt aussehen:

```
{'funktionale': 11, 'Programmierung': 14, 'python': 6}
```

Dict-Komprehensions sind ein mächtiges Werkzeug, um schnell und lesbar neue Wörterbücher aus iterierbaren Objekten zu erstellen.

## 16.6 reversed

In Python ist die Funktion `reversed` dazu da, eine umgekehrte Version einer Sequenz zu erzeugen. Sie funktioniert mit beliebigen iterierbaren Datentypen wie Listen, Tupeln oder Strings und gibt einen Iterator zurück, der die Elemente in umgekehrter Reihenfolge liefert.

```
# Beispiel mit einer Liste:
list_example = [1, 2, 3, 4]
for item in reversed(list_example):
    print(item)

# Beispiel mit einem String
string_example = "Python"
reversed_string = ''.join(reversed(string_example))
print(reversed_string)
```

Ausgabe:

```
4
3
2
1
nohtyP
```

Anstatt `reversed` zu verwenden, könnte man eine Sequenz auch manuell umkehren, indem man Slicing verwendet oder eine Schleife rückwärts laufen lässt. Beispielsweise kann man eine Liste `list_example` umkehren, indem man `list_example[::-1]` verwendet, was eine neue Liste mit den Elementen in umgekehrter Reihenfolge erzeugt.

```
list_example = [1, 2, 3, 4]
reversed_list = list_example[::-1]
print(reversed_list)
```

Ausgabe:

```
[4, 3, 2, 1]
```

In vielen Fällen ist `reversed` jedoch die bevorzugte Methode, da sie klarer und lesbarer ist. Vor allen Dingen liefert `reversed` einen Iterator zurück, während `[::-1]` eine neue Liste erzeugt, was vor allen Dingen bei großen Listen sehr ineffizient ist.

## 16.7 Die zip-Funktion

Die Funktion `zip`[1] gibt ein zip-Objekt zurück, bei dem es sich um einen Tupel-Iterator handelt. Das erste Tupel wird durch Paarung der ersten Elemente der Argumente erzeugt, das zweite Tupel mit den zweiten Elementen usw. „zip'" bedeutet im Englischen unter anderem Reißverschluss, und mit einem Reißverschluss können wir die Arbeitsweise von `zip` ideal verdeutlichen:

[1] Eigentlich handelt es sich bei zip um eine Klasse!

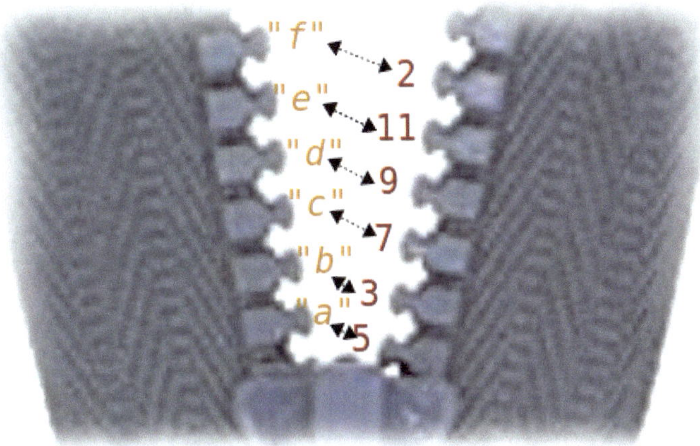


```
einige_buchstaben = ["a", "b", "c", "d", "e", "f"]
einige_zahlen = [5, 3, 7, 9, 11, 2]

# nachschauen, um was für ein Objekt es sich handelt:
print(type(zip(einige_buchstaben, einige_zahlen)))


# Tupel mit for-Schleife erzeugen:
for t in zip(einige_buchstaben, einige_zahlen):
    print(t)
```

Obiges Python-Skript liefert folgende Ausgaben:

```
<class 'zip'>
('a', 5)
('b', 3)
('c', 7)
('d', 9)
('e', 11)
('f', 2)
```

Eben haben wir `zip` auf zwei Listen angewendet. `zip` kann jedoch auf eine beliebige Anzahl von iterierbaren Objekten, also beispielsweise Strings, Listen und Tupel, angewandt werden. `zip` liefert, wie wir gesehen haben, einen Iterator zurück, der Tupel liefert. Zuerst ein Tupel mit den ersten Elementen der Eingabeargumente, dann die zweiten, dritten usw. `zip` stoppt, sobald eines der iterierbaren Objekte aufgebraucht ist.

Im folgenden Beispiel benützen wir vier Listen: ort, luftdruck, temperatur, hoehe

```
ort = ["Helgoland", "Kiel", "Berlin-Tegel",
       "Konstanz", "Hohenpeißenberg"]
luftdruck = (1021.2, 1019.9, 1023.7, 1023.1, 1027.7)
temperatur = (6.0, 4.3, 2.7, -1.4, -4.4)
hoehe = (4, 27, 37, 443, 977)

for t in zip(ort, luftdruck, temperatur, hoehe):
    print(t)
```

Die gezippten Ergebnisse ergeben die Wetterdaten eines imaginären Tages:

```
('Helgoland', 1021.2, 6.0, 4)
('Kiel', 1019.9, 4.3, 27)
('Berlin-Tegel', 1023.7, 2.7, 37)
('Konstanz', 1023.1, -1.4, 443)
('Hohenpeißenberg', 1027.7, -4.4, 977)
```

Wie bereits erwähnt, ist die Verwendung von `zip` nicht auf Listen und Tupel beschränkt. Sie kann auf alle iterierbaren Objekte wie Listen, Tupel, Zeichenfolgen, Wörterbücher, Mengen, Bereiche und vieles mehr angewendet werden.

```
buchstaben = "abc"
for i, buchst in zip(range(1, len(buchstaben) + 1), buchstaben):
    print(f"{buchst:s} ist der {i:1d}. Buchstabe des Alphabetes")
```

In Kombination mit den Ergebnissen sollte obiges Programm klar sein:

```
a ist der 1. Buchstabe des Alphabetes
b ist der 2. Buchstabe des Alphabetes
c ist der 3. Buchstabe des Alphabetes
```

Sind die Argumente von `zip` verschieden lang, dann arbeitet `zip` nur auf den Argumenten bis zur kleinsten Länge. Alle darüber hinaus existierenden Elemente werden ignoriert.

```
ort = ["Helgoland", "Kiel", "Berlin-Tegel"]
luftdruck = (1021.2, 1019.9, 1023.7, 1023.1, 1027.7)

for ort, ld in zip(ort, luftdruck):
    print(f"Der Luftdruck in {ort} beträgt: {ld:7.1f}")
```

Die Ausgabe:

```
Der Luftdruck in Helgoland beträgt:  1021.2
Der Luftdruck in Kiel beträgt:  1019.9
Der Luftdruck in Berlin-Tegel beträgt:  1023.7
```

## 16.8 zip in Kombination mit map und filter

Der besondere Vorteil von `zip` zeigt sich vor allem im Zusammenspiel mit anderen Iteratoren wie beispielsweise `map`.

Im folgenden Beispiel kombinieren wir die Listen `produkte` und `preise`, um verkaufsfördernde Textanzeigen zu erstellen, die den Namen eines Produkts zusammen mit seinem Preis in einem formatierten Satz anzeigen.

```
produkte = ["Laptop", "Smartphone", "Tablet"]
preise = [999.99, 599.99, 399.99]
result = list(map(lambda x: f"{x[0]} für nur {x[1]:.2f} Euro!",
                  zip(produkte, preise)))
print(result)
```

Die Ausgabe:

```
['Laptop für nur 999.99 Euro!', 'Smartphone für nur 599.99 Euro!', 'Tablet
↪ für nur 399.99 Euro!']
```

Im nächsten Beispiel kommt noch `filter` hinzu. Der Code filtert eine Liste von Schülern basierend darauf, ob sie in allen drei Fächern (Mathe, Deutsch, Englisch) mindestens 60 Punkte erreicht haben. Er verwendet `filter`, um nur die Schüler auszuwählen, die diese Bedingung erfüllen, und `map`, um diese Schüler zusammen mit ihren Punktzahlen in einem Iterator zu akkumulieren.

```
produkte = ["Laptop", "Smartphone", "Tablet"]
preise = [999.99, 599.99, 399.99]
result = list(map(lambda x: f"{x[0]} für nur {x[1]:.2f} Euro!",
                  zip(produkte, preise)))
print(result)
```

Herzlichen Glückwunsch an die Erfolgreichen:

```
['Laptop für nur 999.99 Euro!', 'Smartphone für nur 599.99 Euro!', 'Tablet
↪ für nur 399.99 Euro!']
```

## 16.9 Aufgaben

**1. Aufgabe:**

In einer Buchhandlung findet sich in einem Abrechnungsprogramm in Python eine Liste mit Unterlisten mit folgendem Aufbau:

| Bestellnummer | Buchtitel und Autor | Anzahl | Einzelpreis |
|---|---|---|---|
| 34587 | Learning Python, Mark Lutz | 4 | 40.95 |
| 98763 | Numerisches Python: Arbeiten mit NumPy, Matplotlib und Pandas, Bernd Klein | 5 | 29.99 |
| 77227 | Einführung in Python 3: Für Ein- und Umsteiger | 3 | 24.99 |

Schreibe ein Programm unter Benutzung von `lambda` und `map`, das als Ergebnis eine Liste mit Zweier-Tupeln liefert. Jedes Tupel besteht aus der Bestellnummer und dem Produkt aus der Anzahl und dem Einzelpreis. Das Produkt soll jedoch um 10,- € erhöht werden, wenn der Bestellwert unter 100,00 € liegt.

Lösung: Lösungen zu Abschnitt 16.5 (Listen-Abstraktion), Seite 304

**2. Aufgabe:**

Situation wie in voriger Aufgabe, aber jetzt sehen die Unterlisten wie folgt aus:

[Bestellnummer, (Artikel-Nr., Anzahl, Einzelpreis), ... (Artikel-Nr., Anzahl, Einzelpreis)]

Schreibe wieder ein Programm, das eine Liste mit 2-Tupel (Bestellnummer, Gesamtpreis) liefert.

Lösung: Lösungen zu Abschnitt 16.5 (Listen-Abstraktion), Seite 305

**3. Aufgabe:**

Mittels einer Listen-Abstraktion soll die Menge aller Paare von natürlichen Zahlen kleiner als ein gegebenes n gebildet werden, sodass die erste der Zahlen ohne Rest durch die zweite teilbar ist und die beiden Zahlen nicht identisch sind.

Lösung: Lösungen zu Abschnitt 16.5 (Listen-Abstraktion), Seite 306

**4. Aufgabe:**

Wie groß ist die Wahrscheinlichkeit, dass beim Wurf zweier Würfel die Summe der Augenzahlen 7 entspricht?

Lösung: Lösungen zu Abschnitt 16.5 (Listen-Abstraktion), Seite 306

**5. Aufgabe:**

Schreibe eine Funktion, die obige Wahrscheinlichkeit für eine beliebige Summe als Argument berechnet.

Lösung: Lösungen zu Abschnitt 16.5 (Listen-Abstraktion), Seite 306

**6. Aufgabe:**

Gegeben ist eine Liste von Tupeln `(produkt, preis)`, wobei `produkt` entweder ein Lebensmittel oder ein Non-Food-Produkt sein kann. Außerdem gibt es eine Liste mit den Artikeln, die als Lebensmittel gelten. Alle anderen Artikel werden als Non-Food-Produkte angesehen.

Verwende die Funktionen `sum`, `filter` und `map`, um die Summe der Preise für Lebensmittel- und Nicht-Lebensmittel-Artikel zu berechnen.

```
preisliste = [("Äpfel", 2.5), ("Brot", 1.75), ("Buch", 12.99),
 ↪ ("Milch", 1.25), ("Laptop", 899.99)]

lebensmittel = ['Äpfel', 'Banane', 'Milch', 'Brot', 'Eier']
```

Lösung: Lösungen zu Abschnitt 16.5 (Listen-Abstraktion), Seite 307

**7. Aufgabe:**

Schreibe das in Abschnitt 16.4.4 (Kapitel 16, Zusammenspiel von map, filter und reduce) auf Seite 218 gegebene Beispiel mit Listen-Abstraktion um.

Lösung: Lösungen zu Abschnitt 16.5 (Listen-Abstraktion), Seite 308

# 17 Das Modul itertools

## 17.1 Übersicht

**Bild 17.1** Iterierendes Riesenrad

Dieses Kapitel widmet sich dem Modul `itertools`, das eine Vielzahl nützlicher Funktionen und Werkzeuge für die Arbeit mit Iterables und Iterator-Objekten bereitstellt. Das Modul `itertools` bietet eine breite Palette von Werkzeugen, die auf den Prinzipien der funktionalen Programmierung basieren und es ermöglichen, effizienten und eleganten Code zu schreiben. `itertools` ist besonders wertvoll für die funktionale Programmierung, da es zahlreiche Funktionen und Werkzeuge bereitstellt, die häufig in funktionalen Programmiersprachen verwendet werden. Diese Funktionen erlauben es, Iterables zu verarbeiten, zu transformieren und zu kombinieren, ohne komplexe Schleifenstrukturen schreiben zu müssen. Im Verlauf dieses Kapitels werden wir nahezu alle Funktionalitäten des Moduls `itertools` erkunden. Wir werden untersuchen, wie wir Iterables durchlaufen, Kombinationen und Permutationen erzeugen, Sequenzen zusammenführen und vieles mehr.

Durch die Verwendung von `itertools` können wir komplexe Operationen auf Iterables mit minimalem Codeaufwand durchführen und gleichzeitig die Lesbarkeit und Wartbarkeit unseres Codes verbessern. Anhand verschiedener Anwendungsfälle und Beispiele werden wir die vielseitigen Möglichkeiten von `itertools` vollständig verstehen und effektiv nutzen.

Das Modul beinhaltet die folgenden Funktionalitäten:

1. Unendliche Iteratoren:
   - `count(start=0, step=1) -> start, start+step, start+2*step, ...`
   - `cycle(p) -> p0, p1, ..., plast, p0, p1, ...`
   - `repeat(elem [,n]) -> elem, elem, elem, ...`
     `endlessly or up to n times`
2. Iteratoren, die auf der kürzesten Eingabesequenz enden:
   - `accumulate(p[, func]) -> p0, p0+p1, p0+p1+p2`
   - `chain(p, q, ...) -> p0, p1, ..., plast, q0, q1, ...`
   - `chain.from_iterable([p, q, ...]) -> p0, p1, ..., plast, q0, q1, ...`

- `compress(data, selectors) -> (d[0] if s[0]), (d[1] if s[1]), ...`
- `dropwhile(pred, seq) -> seq[n], seq[n+1], starting when pred fails`
- `groupby(iterable[, keyfunc]) -> sub-iterators grouped by value of keyfunc(v)`
- `filterfalse(pred, seq) -> elements of seq where pred(elem) is False`
- `islice(seq, [start,] stop [, step]) -> elements from seq[start:stop:step]`
- `pairwise(s) -> (s[0],s[1]), (s[1],s[2]), (s[2], s[3]), ...`
- `starmap(fun, seq) -> fun(*seq[0]), fun(*seq[1]), ...`
- `tee(it, n=2) -> (it1, it2 , ...itn) splits one iterator into n`
- `takewhile(pred, seq) -> seq[0], seq[1], until pred fails`
- `zip_longest(p, q, ...) -> (p[0], q[0]), (p[1], q[1]), ...`

3. Kombinatorische Generatoren:
   - `product(p, q, ...[repeat=1]) -> cartesian product`
   - `permutations(p[, r])`
   - `combinations(p, r)`
   - `combinations_with_replacement(p, r)`

## 17.2 Unendliche Iteratoren

Unendliche Iteratoren, wie der Name bereits impliziert, sind spezielle Arten von Iteratoren, die in der Lage sind, unendlich viele Werte zu erzeugen. In Python können unendliche Iteratoren mithilfe von Generatoren implementiert werden, die aufgrund ihrer lazy-Evaluation-Eigenschaft eine unendliche Sequenz erzeugen können. „lazy“ bedeutet, dass die Elemente einer Sequenz erst dann erzeugt werden, wenn sie angefordert – also benötigt – werden, was es ermöglicht, unendliche Sequenzen effizient zu generieren, ohne dass alle Elemente im Voraus im Speicher gespeichert werden müssen.

Hier ist ein einfaches Beispiel für einen unendlichen Iterator, der die natürlichen Zahlen generiert:

```python
def natürliche_zahlen():
    n = 1
    while True:
        yield n
        n += 1

iterator = natürliche_zahlen()
for i in range(5):  # Gibt die ersten 5 natürlichen Zahlen aus
    print(next(iterator))
```

Mit Typehints:

```
from typing import Iterator

def natürliche_zahlen() -> Iterator[int]:
    n: int = 1
    while True:
        yield n
        n += 1

iterator: Iterator[int] = natürliche_zahlen()
for _ in range(5):  # Gibt die ersten 5 natürlichen Zahlen aus
    print(next(iterator))
```

Ausgabe:

```
1
2
3
4
5
```

Man könnte den obigen Generator auch als einen Zähler betrachten, der von 1 ab hochzählt. Man könnte einen solchen Generator auch noch verallgemeinern, dass er bei einer beliebigen Zahl — also auch einer Gleitkommazahl — zu zählen beginnt und man die Schrittweite beliebig wählen kann. Genau dies leistet der Generator `count` von `itertools`.

### 17.2.1 itertools.count

`count` ist wie `range` ein Zähler. Der wesentliche Unterschied ist, dass `count` keine obere Schranke hat. Es zählt also unendlich weit, lediglich begrenzt durch den verfügbaren Speicher.

Die Funktion `itertools.count` erzeugt eine unendliche Sequenz von Zahlen:

```
itertools.count(start=0, step=1)
```

`start` bestimmt den Startwert der Sequenz. Der Standardwert ist 0. Normalerweise wird in Schritten von 1 hochgezählt. Mit `step` kann man jedoch eine beliebige Schrittweite setzen.

Ein Generator für `count` lässt sich wie folgt auch selbst programmieren, was der Originalimplementierung entspricht:

```
def count(firstval=0, step=1):
    x = firstval
    while True:
        yield x
        x += step
```

#### 17.2.1.1 Beispiel: Teilbarkeit

Im folgenden Programm wird mit count solange hochgezählt, bis eine Zahl gefunden wird, die durch 13 und 29 teilbar ist.

```
import itertools

def finde_divisible_zahl(start: int) -> None:
    for number in itertools.count(start=start):  # type: Iterator[int]
        # Überprüfe, ob die Zahl durch 13 und 29 teilbar ist
        if number % 13 == 0 and number % 29 == 0:
            print(f"Die Zahl {number} ist durch 13 und 29 teilbar.")
            break


finde_divisible_zahl(start=1)
```

Ausgabe:

```
Die Zahl 377 ist durch 13 und 29 teilbar.
```

#### 17.2.1.2 Beispiel: Quadratpolynome

Zur Lösung des vorigen Problems hätte es weder einer Schleife noch eines count bedurft. Das folgende Beispiel aus der Zahlentheorie ergibt deutlich mehr Sinn und wäre mittels eines range deutlich weniger schön zu realisieren.

```
from itertools import count

def ist_palindrom(s):
    return s == s[::-1]

def erste_n_quadrat_palindrome(n, gerade=True):
    quadrat_palindrome = []
    zaehler = 0
    gerade = 0 if gerade else 1
    for zahl in count(1): # Starte bei 1
        quadrat = zahl ** 2
        quadrat_str = str(quadrat)
        if (ist_palindrom(quadrat_str) and
             len(quadrat_str) % 2 == gerade):
            quadrat_palindrome.append(quadrat)
            zaehler += 1
        if zaehler == n:
            return quadrat_palindrome


n = 10  # gewünschte Anzahl von Quadratpalindromen
ergebnis = erste_n_quadrat_palindrome(n, gerade=False)
print(f"Die ersten {n} quadr. Palindrome mit ungerader Länge:")
print(ergebnis)
```

```
n = 3 # gewünschte Anzahl von Quadratpalindromen
ergebnis = erste_n_quadrat_palindrome(n, gerade=True)
print(f"Die ersten {n} quadr. Palindrome mit gerader Länge:")
print(ergebnis)
```

Ausgabe:

```
Die ersten 10 quadr. Palindrome mit ungerader Länge:
[1, 4, 9, 121, 484, 676, 10201, 12321, 14641, 40804]
Die ersten 3 quadr. Palindrome mit gerader Länge:
[698896, 637832238736, 4099923883299904]
```

#### 17.2.1.3 Beispiel: Bestellungsmanager

Die Funktion `bestellungs_manager` ermöglicht die Verwaltung von Bestellungen durch Rückgabe zweier Funktionen:

1. `neue_bestellung`
2. `zeige_bestellungen`.

`neue_bestellung` fügt neue Bestellungen hinzu und weist diesen automatisch fortlaufende Bestellungsnummern zu, die mit 1001 beginnen und bei jeder neuen Bestellung um eins erhöht werden. `zeige_bestellungen` gibt alle aktuellen Bestellungen mit ihren zugehörigen Bestellungsnummern und Artikeln aus. Dieser funktionale Ansatz ist effizient, da er die Zustandsverwaltung auf eine klare und leichtgewichtige Weise ermöglicht ohne die Notwendigkeit einer umfassenden Klassenstruktur.

```
import itertools
from typing import Callable, List, Tuple


def bestellungs_manager() -> Tuple[Callable[[str], None],
                                   Callable[[], None]]:
    bestellungen: List[dict] = []
    # Starte Bestellungsnummer bei 1001:
    order_counter: itertools.count = itertools.count(start=1001)

    def neue_bestellung(artikel: str) -> None:
        nonlocal bestellungen
        order_id = next(order_counter)
        bestellungen.append({'id': order_id, 'artikel': artikel})
        print("Neue Bestellung aufgenommen:")
        print(f"Bestellungsnummer {order_id}, Artikel: {artikel}")

    def zeige_bestellungen() -> None:
        print("Aktuelle Bestellungen:")
        for bestellung in bestellungen:
            print(f"{bestellung['id']} {bestellung['artikel']}")

    return neue_bestellung, zeige_bestellungen
```

```
neue_bestellung, zeige_bestellungen = bestellungs_manager()

neue_bestellung("Laptop")
neue_bestellung("Smartphone")
neue_bestellung("Tablet")

zeige_bestellungen()
```

Ausgabe:

```
Neue Bestellung aufgenommen:
Bestellungsnummer 1001, Artikel: Laptop
Neue Bestellung aufgenommen:
Bestellungsnummer 1002, Artikel: Smartphone
Neue Bestellung aufgenommen:
Bestellungsnummer 1003, Artikel: Tablet
Aktuelle Bestellungen:
1001 Laptop
1002 Smartphone
1003 Tablet
```

### 17.2.2 chain und chain.from_iterable

`itertools.chain` und `itertools.chain.from_iterable` sind nützliche Funktionen zur effizienten Iteration über mehrere Sequenzen. `itertools.chain(*iterables)` nimmt mehrere iterierbare Objekte als Argumente und gibt einen Iterator zurück, der diese in der angegebenen Reihenfolge durchläuft, als wären sie eine einzige Sequenz. Im Gegensatz dazu nimmt `itertools.chain.from_iterable(iterable)` ein einzelnes iterierbares Objekt, das wiederum iterierbare Objekte enthält, und gibt einen Iterator zurück, der diese inneren iterierbaren Objekte flach durchläuft. Beide Methoden sind besonders nützlich, wenn man mehrere Listen oder andere iterierbare Objekte miteinander verketten möchte, ohne neue Listen zu erstellen.

Beide Funktionen sind äußerst nützlich, um Iterables verschiedener Typen oder Quellen effizient zu verketten, ohne dass der gesamte Inhalt im Speicher gespeichert werden muss. Sie bieten eine flexible Möglichkeit, Iterables zu kombinieren und durch sie zu iterieren.

Schauen wir nun genauer auf die Funktion `chain()`, indem wir demonstrieren, warum wir diese Funktion benötigen. Die Aufgabe im nächsten Beispiel besteht darin, zuerst über die Liste `lst1` und dann über die Liste `lst2` zu iterieren. Wenn wir uns die Ausgabe anschauen, scheint alles okay zu sein, aber es ist etwas faul:

```
lst1 = [34, 65, 89]
lst2 = [1, 9]

for x in lst1 + lst2:
    print(x)
```

Ausgabe:

```
34
65
```

```
89
1
9
```

Das Programm arbeitet korrekt, aber wir haben ein Effizienzproblem. Die Addition der Listen `lst1` und `lst2` erzeugt eine neue Liste, die nur innerhalb der `for`-Schleife benutzt wird. Je größer die beiden Listen sind, desto ineffizienter wird der Code. Diese Konkatenation der Listen wird aber nicht benötigt. Man muss ja lediglich über die Elemente der beiden Listen iterieren. Man könnte das Problem auch durch zwei `for`-Schleifen lösen, aber dann haben wir redundanten Code erzeugt, was auch sehr schlecht ist:

```
lst1 = [34, 65, 89]
lst2 = [1, 9]

for x in lst1:
    print(x)
for x in lst2:
    print(x)
```

Ausgabe:

```
34
65
89
1
9
```

Das Problem haben wir nun erkannt, aber wie sieht die Lösung aus? Die Lösung besteht in einem Generator, der zwei oder mehr Listen oder auch andere iterierbare Objekte „verkettet“, ohne neue Listen zu erzeugen. Wir nennen diesen Generator `chain`:

```
def chain(*iterables):
    for iterable in iterables:
        yield from iterable

for x in chain(lst1, lst2, lst1):
    print(x)
```

Ausgabe:

```
34
65
89
1
9
34
65
89
```

Damit können wir unser Problem elegant lösen:

```
lst1 = [34, 65, 89]
lst2 = [1, 9]

for x in chain(lst1, lst2):
    print(x)
```

Ausgabe:

```
34
65
89
1
9
```

Dieser Generator und die Implementierung entspricht dem eingangs dieses Kapitels erwähnten gleichnamigen Generator des Moduls `itertools`.

Es folgt nun ein Beispiel für `chain.from_iterable()`:

```
import itertools

nested_lists = [[1, 2, 3], ['a', 'b', 'c'], [True, False]]
flattened_list = list(itertools.chain.from_iterable(nested_lists))
print(flattened_list)
```

Ausgabe:

```
[1, 2, 3, 'a', 'b', 'c', True, False]
```

Möglicherweise haben einige sich gefragt, ob man `itertools.chain.from(iterable)` wirklich benötigt? Eigentlich nicht, außer dass der Code etwas expliziter lesbar wird, kann man auch `chain` mit dem Sternchen-Operator verwenden:

```
import itertools

nested_lists = [[1, 2, 3], ['a', 'b', 'c'], [True, False]]
flattened_list = list(itertools.chain(*nested_lists))
print(flattened_list)
```

Ausgabe:

```
[1, 2, 3, 'a', 'b', 'c', True, False]
```

Dies funktioniert natürlich auch, wenn das Argument eine Generatorfunktion ist, die Iteratoren verschachtelt generiert:

```
import itertools

def generate_iterables():
    yield range(1, 5)
    yield range(10, 20, 3)
    yield enumerate('abc')

# Funktioniert direkt mit dem Generator
chained = itertools.chain.from_iterable(generate_iterables())
print(list(chained))
```

Ausgabe:

```
[1, 2, 3, 4, 10, 13, 16, 19, (0, 'a'), (1, 'b'), (2, 'c')]
```

### 17.2.3 cycle

Der `cycle`-Iterator ermöglicht es uns, eine endliche Sequenz, die natürlich auch ein Iterator sein kann, zu nehmen und sie unendlich oft zu wiederholen, was in bestimmten Anwendungsfällen äußerst praktisch sein kann.

Die `cycle`-Funktion aus dem `itertools`-Modul wird verwendet, um einen Iterator endlos zu wiederholen.

Dieser Iterator des Moduls `itertools`[1] könnte wie folgt implementiert sein, wie es in vielen Dokumentationen behauptet wird:

```
def cycle(iterable):
    # cycle('ABCD') --> A B C D A B C D A B C D ...
    saved = []
    for element in iterable:
        yield element
        saved.append(element)
    while saved:
        for element in saved:
              yield element
```

Diese Implementierung ist jedoch ineffizient, da sie eine Liste aus dem iterierbaren Objekt erzeugt. Besonders schlimm wird es, wenn `iterable` ein Iterator ist. Aus diesem Iterator wird dann eine Liste erzeugt. Besser wäre es, wenn man den gegebenen Iterator nochmals durchlaufen könnte, was aber nicht geht, da der Iterator nach der ersten `for`-Schleife aufgebraucht ist. Auch hierzu gibt es eine effiziente Lösung, dazu müssen wir jedoch noch zuerst den `tee`-Generator aus dem `itertools`-Modul vorstellen.

### 17.2.4 tee

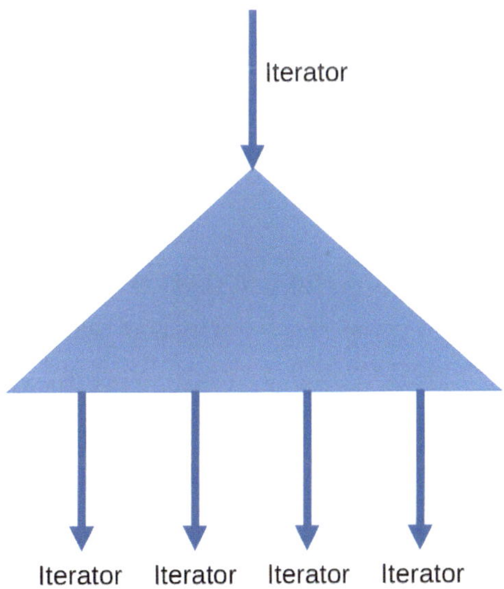


[1] siehe *https://docs.python.org/3/library/itertools.html*

Die tee-Funktion wird verwendet, um einen Iterator in mehrere Kopien zu duplizieren. Diese Kopien können dann unabhängig voneinander durchlaufen werden, ohne den ursprünglichen Iterator erneut durchlaufen zu müssen.

```
from itertools import tee

# Erstelle einen einfachen Iterator
my_iterator = iter([1, 2, 3, 4, 5])

# Teile den Iterator in zwei Kopien
copy1, copy2 = tee(my_iterator)

# Iteriere über die erste Kopie
print("Copy 1:")
for item in copy1:
    print(item)

# Iteriere über die zweite Kopie
print("\nCopy 2:")
for item in copy2:
    print(item)
```

Ausgabe:

```
Copy 1:
1
2
3
4
5

Copy 2:
1
2
3
4
5
```

#### 17.2.4.1 Effiziente Implementierung von cycle

Nun können wir cycle mithilfe von tee effizient programmieren.

```
from itertools import tee
def cycle(iterable):
    while True:
        iterable2 = tee(iterable, 1)[0]
        for element in iterable2:
            yield element
```

```
cyc = cycle(range(4))
summe = 0
for i in range(10):
    n = next(cyc)
    print(f"{n=}", end=", ")
    summe += n
print(f"\n{summe=}")
```

Ausgabe:

```
n=0, n=1, n=2, n=3, n=0, n=1, n=2, n=3, n=0, n=1,
summe=13
```

#### 17.2.4.2 Beispiel: Aufgaben und Mitarbeiter

```
import itertools

# Liste der Mitarbeiter
mitarbeiter = ['Mitarbeiter 1', 'Mitarbeiter 2', 'Mitarbeiter 3']

# Liste der Aufgaben
aufgaben = ['Aufgabe A', 'Aufgabe B', 'Aufgabe C', 'Aufgabe D',
            'Aufgabe E', 'Aufgabe F', 'Aufgabe G', 'Aufgabe H']

# Erstellen eines unendlichen Iterators über die Mitarbeiter
cycle_mitarbeiter = itertools.cycle(mitarbeiter)

# Funktion zur Zuweisung von Aufgaben an Mitarbeiter
def aufgaben_zuweisen(aufgaben, mitarbeiter_iterator):
    for aufgabe in aufgaben:
        mitarbeiter = next(mitarbeiter_iterator)
        print(f"{mitarbeiter} wird zugewiesen: {aufgabe}")

# Aufgaben den Mitarbeitern zuweisen
aufgaben_zuweisen(aufgaben, cycle_mitarbeiter)
```

In der Ausgabe sehen wir die Aufgabenzuteilungen für die Mitarbeiter::

```
Mitarbeiter 1 wird zugewiesen: Aufgabe A
Mitarbeiter 2 wird zugewiesen: Aufgabe B
Mitarbeiter 3 wird zugewiesen: Aufgabe C
Mitarbeiter 1 wird zugewiesen: Aufgabe D
Mitarbeiter 2 wird zugewiesen: Aufgabe E
Mitarbeiter 3 wird zugewiesen: Aufgabe F
Mitarbeiter 1 wird zugewiesen: Aufgabe G
Mitarbeiter 2 wird zugewiesen: Aufgabe H
```

### 17.2.5 repeat

`itertools.repeat` wiederholt einen einzelnen Wert eine festgelegte Anzahl von Malen oder unendlich oft, was nützlich ist, um konstante Werte zu erzeugen. `itertools.cycle` hingegen wiederholt eine gesamte Sequenz von Werten unendlich oft, ideal für das Durchlaufen einer Liste in einer Schleife. Während `repeat` für konstante Wiederholungen geeignet ist, bietet `cycle` die Flexibilität, komplexe Sequenzen endlos zu iterieren. Beide Methoden dienen unterschiedlichen Zwecken und ergänzen sich je nach Anforderung.

Hier ist ein Beispiel, wie `repeat` verwendet werden kann:

```
from itertools import repeat

aufgaben = ['Aufgabe A', 'Aufgabe B', 'Aufgabe C',
            'Aufgabe D', 'Aufgabe E', 'Aufgabe F']

arbeiter = ['Arbeiter 1', 'Arbeiter 2', 'Arbeiter 3']

wiederholungen = len(aufgaben) - len(arbeiter)
platzhalter = repeat('Kein Arbeiter verfügbar', wiederholungen)

zuweisungen = list(itertools.chain(arbeiter, platzhalter))

# Aufgaben den Arbeitern zuweisen:
for aufgabe, arbeiter in zip(aufgaben, zuweisungen):
    print(f"{aufgabe} wird zugewiesen: {arbeiter}")
```

Ausgabe mit den Zuweisungen:

```
Aufgabe A wird zugewiesen: Arbeiter 1
Aufgabe B wird zugewiesen: Arbeiter 2
Aufgabe C wird zugewiesen: Arbeiter 3
Aufgabe D wird zugewiesen: Kein Arbeiter verfügbar
Aufgabe E wird zugewiesen: Kein Arbeiter verfügbar
Aufgabe F wird zugewiesen: Kein Arbeiter verfügbar
```

## 17.3 Iteratoren über endliche Sequenzen

Eine wichtige Gruppe von Generatoren im Modul `itertools` sind die Iteratoren über endliche Sequenzen. Diese Generatoren ermöglichen es, Operationen auf Iterables auszuführen, die eine endliche Anzahl von Elementen enthalten. Im Gegensatz zu den unendlichen Iteratoren wie `count`, `cycle` und `repeat`, die unendliche Sequenzen erzeugen, arbeiten die Iteratoren über endliche Sequenzen mit bereits vorhandenen Daten und führen Operationen wie das Akkumulieren von Summen, das Verketten von Iterables oder das Auswählen von Elementen basierend auf bestimmten Kriterien aus.

## 17.3.1 slice und islice

### 17.3.1.1 slice

Bevor wir auf `itertools.islice` eingehen wollen wir noch auf das Python-Objekt `slice` eingehen. Das `slice`-Objekt in Python ist ein Werkzeug, das verwendet wird, um Teile von Sequenzen wie Listen, Tupeln oder Strings auszuwählen. Es speichert Informationen über einen Start-, Stopp- und Schrittwert. Die Syntax sieht wie folgt aus:

```
slice(start, stop, step)
```

- `start` (optional): Der Start-Index des Schnitts. Standardwert ist `None`, was bedeutet, dass die Sequenz vom Anfang an durchlaufen wird.
- `stop`: Der Endindex (exklusiv) des Schnitts.
- `step` (optional): Die Schrittweite des Schnitts. Standardwert ist `None`, was einem Schritt von 1 entspricht.

Wir schauen uns dies an einem Beispiel an:

```
# Beispiel für direkten Zugriff auf einen Teil der Liste:
my_list = [0, 1, 2, 3, 4, 5]
print(f"{my_list[1:4]=}")

# Verwendung des slice-Objekts:
print(f"{my_list[slice(1, 4)]=}")

# Beispiel mit Schrittweite:
print(f"{my_list[::2]=}")
print(f"{my_list[slice(None, None, 2)]=}")
```

Die Ausgaben:

```
my_list[1:4]=[1, 2, 3]
my_list[slice(1, 4)]=[1, 2, 3]
my_list[::2]=[0, 2, 4]
my_list[slice(None, None, 2)]=[0, 2, 4]
```

Die `[::]`-Notation ist eine Kurzform für das Erstellen eines `slice`-Objekts.

### 17.3.1.2 islice

`islice` erzeugt einen Iterator, der eine ausgewählte Teilmenge von Elementen aus einem iterierbaren Objekt zurückgibt. Die allgemeine Syntax lautet:

```
islice(iterable, start, stop[, step])
```

Hierbei ist `iterable` das iterierbare Objekt, aus dem die Elemente ausgewählt werden sollen. `start` und `stop` geben den Anfang und das Ende der Auswahl an, wobei `start` inklusiv und `stop` exklusiv ist. Der optionale Parameter `step` definiert den Schritt, mit dem Elemente ausgewählt werden (Standardwert ist 1). Diese Funktion entspricht der Slicing-Syntax von Python für Listen.

Im folgenden Beispiel zeigen wir, wie man `islice` mit verschiedenen `start`-, `stop`- und `step`-Werten benutzen kann:

```
from itertools import islice

stop = 2
print(list(islice('ABCDEFG', stop)))
start, stop = 2, 4
print(list(islice('ABCDEFG',start, stop)))
start, stop = 2, None
print(list(islice('ABCDEFG', start, stop)))
start, stop, step = 0, None, 2
print(list(islice('ABCDEFG', start, stop, step)))
```

Ausgabe:

```
['A', 'B']
['C', 'D']
['C', 'D', 'E', 'F', 'G']
['A', 'C', 'E', 'G']
```

Im folgenden Programm zeigen wir einen häufigen Anwendungsfall für `islice`, d. h. das Herausfiltern von endlich vielen Werten aus einem unendlichen Iterator. In dem Code wird eine Funktion `squares` definiert, die einen Generator für Quadratzahlen erstellt, indem sie die Quadratzahl jeder aufeinanderfolgenden positiven ganzen Zahl berechnet. Anschließend wird `islice` verwendet, um eine Teilsequenz von Quadratzahlen aus dieser Sequenz zu extrahieren, beginnend mit der Quadratzahl an Index 7 und endend mit der Quadratzahl an Index 14. Die ausgewählten Quadratzahlen werden als Liste ausgegeben.

```
from itertools import islice

def squares():
    num = 1
    while True:
        yield num ** 2
        num += 1

start_index, end_index = 7, 15

selected_squares = islice(squares(), start_index, end_index)

print(list(selected_squares))
```

Ausgabe:

```
[64, 81, 100, 121, 144, 169, 196, 225]
```

Auch zu `islice` zeigen wir, wie man diese Funktion implementieren kann. Wir testen diese selbst implementierte Funktion mit unserem anfänglichen Beispiel:

```
from itertools import count

def islice(iterable, *args):
    """
    islice(iterable, [start,] stop [, step]) --> islice object
    """
```

```
    s = slice(*args)
    start = 0 if s.start is None else s.start
    stop = s.stop
    step = 1 if s.step is None else s.step
    if start < 0 or (stop is not None and stop < 0) or step <= 0:
        raise ValueError("Negative indices and zero step are not
        ↪ allowed.")
    indices = count() if stop is None else range(max(stop, start))
    next_i = start
    for i, element in zip(indices, iterable):
        if i == next_i:
            yield element
            next_i += step
```

```
stop = 2
print(list(islice('ABCDEFG', stop)))
start, stop = 2, 4
print(list(islice('ABCDEFG',start, stop)))
start, stop = 2, None
print(list(islice('ABCDEFG', start, stop)))
start, stop, step = 0, None, 2
print(list(islice('ABCDEFG', start, stop, step)))
```

Ausgabe:

```
['A', 'B']
['C', 'D']
['C', 'D', 'E', 'F', 'G']
['A', 'C', 'E', 'G']
```

#### 17.3.1.3 slice und islice im Vergleich

Mit dem `slice`-Objekt lassen sich Teilsequenzen aus Listen, Tupeln oder Strings extrahieren, die dann wieder Listen, Tupel oder Strings sind. `slice` lässt sich nur auf indizierbare Objekte anwenden, während `islice` aus dem `itertools`-Modul auf alle iterierbaren Objekte angewendet werden kann. Außerdem liefert `islice` immer einen Iterator zurück, was speichereffizienter ist, da die Elemente nur bei Bedarf erzeugt werden, anstatt sofort eine speicherintensive Liste oder ein Tupel zu erstellen. Im folgenden Beispiel sehen wir, wie `slice` durch `islice` ersetzt werden kann:

```
from itertools import islice

lst = [3, 5, 12, 98, 87, 102]

lst2 = lst[slice(2, 5)]

lst3 = islice(lst, 2, 5)

print(lst2 == list(lst3))
```

Die Ausgabe:

```
True
```

lst3 ist ein Iterator, der zum Vergleich mit der Liste lst2 in eine Liste gewandelt werden muss. Wir sehen also, dass sich in beiden Fällen die gleichen Teilsequenzen erzeugen lassen.

## 17.3.2 accumulate

accumulate ist eine Funktion, die verwendet wird, um kumulative Summen oder andere kumulative Operationen auf einer iterierbaren Sequenz auszuführen. Diese Funktion erzeugt einen Iterator, der sukzessive die kumulierten Ergebnisse der angegebenen binären Funktion über die Elemente der Sequenz liefert. Standardmäßig verwendet accumulate die Addition als die binäre Funktion, aber man kann auch eine andere Funktion angeben, die zwei Argumente nimmt und ein Ergebnis zurückgibt. Beispiele für kumulative Operationen, die mit accumulate durchgeführt werden können, sind die Berechnung der kumulativen Summe einer Liste von Zahlen oder die kumulative Berechnung von Maximum- oder Minimumwerten über eine Liste. accumulate ist nützlich, wenn man Schritt für Schritt die kumulierten Ergebnisse einer Operation auf einer Sequenz benötigt, anstatt die gesamte Sequenz auf einmal zu verarbeiten.

```
from itertools import accumulate
lst = [3, 5, 2, 8, 1]
print(f"Akkumulierte Summe: {list(accumulate(lst))}")
print(f"Akkumuliertes Produkt: {list(accumulate(lst, int.__mul__))}")
print(f"Akkumuliertes Maximum: {list(accumulate(lst, max))}")
```

Die Ausgabe zeigt dann das Standardverhalten von accumulate mit Addition, das akkumulierte Produkt und das akkumulierte Maximum:

```
Akkumulierte Summe: [3, 8, 10, 18, 19]
Akkumuliertes Produkt: [3, 15, 30, 240, 240]
Akkumuliertes Maximum: [3, 5, 5, 8, 8]
```

### 17.3.2.1 Praktisches Börsenbeispiel

Wir machen nun einen Ausflug in die Welt der Banken und Börsen. Das folgende Programm könnte von praktischem Nutzen für alle sein, die ihre Aktienkäufe und Depotentwicklung nachvollziehen möchten. Es berechnet und gibt die kumulierten Werte eines Aktiendepots basierend auf einer Reihe von Aktienkäufen aus. Jeder Kauf wird mit Datum, Anzahl der Aktien und dem Kurs erfasst, und das Programm berechnet sowohl den Kaufpreis als auch den akkumulierten Depotwert nach jedem Kauf. Die Ergebnisse werden in einer tabellarischen Form ausgegeben, die das Datum, die Anzahl der gekauften Aktien, den Kurs, den Kaufpreis und den akkumulierten Depotwert enthält.

```
from itertools import accumulate
from collections import namedtuple

# Transaktionen als Liste von Tupeln (Datum, Anzahl, Kurs)
Kauf = namedtuple("Kauf", ["Datum", "Anzahl", "Kurs"])
käufe = [
    Kauf("1. Januar", 12, 121.24),
    Kauf("2. Februar", 24, 118.12),
    Kauf("3. März", 10, 135.56),
    Kauf("4. April", 30, 122.87)]

def kauf_preis(kauf: Kauf) -> float:
    return round(kauf.Anzahl * kauf.Kurs, 2)

kaufpreise = map(kauf_preis, käufe)

depot = accumulate(map(kauf_preis, käufe))

# Ausgabe der Ergebnisse
print(f"{'Datum':12s} {'Anzahl':>6s} {'Kurs':>10s} {'Kaufpreis':>12s}
 ↪ {'Depotwert':>12s}")
print("-" * 60)
for kauf, preis, d in zip(käufe, kaufpreise, depot):
    print(f"{kauf.Datum:12s} {kauf.Anzahl:6d} {kauf.Kurs:10.2f}
     ↪ {preis:12.2f} {d:12.2f}"
    )
```

Hier nun die schön formatierte Ausgabe:

```
Datum          Anzahl       Kurs    Kaufpreis    Depotwert
------------------------------------------------------------
1. Januar          12     121.24      1454.88      1454.88
2. Februar         24     118.12      2834.88      4289.76
3. März            10     135.56      1355.60      5645.36
4. April           30     122.87      3686.10      9331.46
```

Dieser Python-Code berechnet den Gesamtwert eines Depots basierend auf einer Liste von Aktienkäufen. Jede Transaktion enthält das Kaufdatum, die Anzahl der gekauften Aktien und den Kurswert der Aktien zum Zeitpunkt des Kaufs. Der Code berechnet den Kaufpreis für jede Transaktion und den kumulierten Depotwert über die Zeit.

Die Liste `kaeufe` enthält die Transaktionen als Tupel.

Die Funktion `kauf_preis` berechnet den Kaufpreis für eine gegebene Transaktion. Die Funktion nimmt ein Tupel `(datum, anzahl, kurswert)` als Eingabe und gibt den abgerundeten Wert `anzahl` × `kurswert` zurück.

Die `map`-Funktion wird verwendet, um die `kauf_preis`-Funktion auf jede Transaktion in der Liste `kaeufe` anzuwenden und die Kaufpreise zu berechnen.

Die `accumulate`-Funktion wird verwendet, um den kumulierten Depotwert zu berechnen. Die Funktion `accumulate` summiert die Kaufpreise iterativ, um den Gesamtwert des Depots zu jedem Zeitpunkt zu berechnen.

Dieser Code demonstriert, wie man mit Python die Berechnung von Kaufpreisen und den kumulierten Depotwert für eine Liste von Aktienkäufen automatisieren kann. Die Verwendung der `map`- und `accumulate`-Funktionen ermöglicht eine effiziente und lesbare Implementierung.

## 17.3.3 compress

### 17.3.3.1 Einführung

Die Funktion `compress` akzeptiert zwei Argumente: Als erstes Argument werden die Daten `data` in Form eines beliebigen iterierbaren Objektes übergeben. Als zweites muss eine Auswahlmaske `selectors` übergeben werden. Diese ist ein iterierbares Objekt, dessen Elemente meist boolesche Werte beinhaltet, und wenn nicht, werden diese entsprechend interpretiert.[2] `compress` gibt einen Iterator zurück, der die Elemente aus `data` liefert, für die das entsprechende Element in `selectors` True ist.

Die Syntax lautet: `itertools.compress(data, selectors)`.

Zum Beispiel würde `itertools.compress(['a', 'b', 'c', 'd'], [True, False, True, False])` einen Iterator erzeugen, der die Elemente `'a'` und `'c'` liefert, da nur für diese Elemente das entsprechende Element in `selectors` True ist.

Die Funktion ist ähnlich wie `filter`, aber anstatt eine Funktion als Filter zu verwenden, akzeptiert `compress` eine Liste von Booleans (die Selektoren), um die Daten zu filtern oder zu maskieren.

In dem folgenden Beispiel geht es darum, Zahlen basierend auf den Selektoren zu filtern:

```
import itertools

data = [10, 20, 30, 40, 50]
selectors = [True, False, True, False, True]
```

2 Ein Objekt ist `True`, falls es nicht `None`, `False`, '0' in jeglicher Form oder eine leere Sequenz oder Collection darstellt ([], (), '', {}, `set()`, `range(0)`).

```
filtered_data = itertools.compress(data, selectors)
print(list(filtered_data))  # Ausgabe: [10, 30, 50]
```

Ausgabe:

```
[10, 30, 50]
```

#### 17.3.3.2 Umfangreiches Beispiel

In diesem Beispiel werden wir ein Python-Programm entwickeln, das die Arbeitszeiten von Teammitgliedern aus einer CSV-Datei einliest, summiert und filtert. Wir implementieren eine Funktion `file_reader`, die die relevanten Informationen (Name, Projektname, Minuten für Projekt) aus einer Datei extrahiert. Anschließend summieren wir die Arbeitsminuten für jedes Teammitglied und Projekt in einem Dictionary mit der Funktion `zeiten_summieren`. Mithilfe einer weiteren Funktion `name_projekte_over_threshold` filtern wir die Einträge, die über einem bestimmten Schwellenwert liegen, und geben diese aus. Dabei benutzen wir `itertools.compress`, um die Daten effizient zu extrahieren und zu filtern.

```
from itertools import compress
csv_filename = 'team_arbeitszeiten_telefon.csv'

def file_reader(filename):
    with open(filename) as fh:
        fh.readline()  # Deskriptorzeile wird nicht benötigt
        for line in fh:
            data = line.rstrip().split(',')
            yield compress(data, (True,  # Name
                                  False, # Telefonnummer
                                  False, # Datum
                                  True,  # Projektname
                                  True,  # Minuten für Projekt
                                  False  # Abteilungsbzeichnung
                            ))

def zeiten_summieren(filename):
    """ Diese Funktion summiert die Arbeitsminuten für jedes
        Teammitglied und Projekt in einem Dictionary
        teammitglieder_projekte. """
    teammitglieder_projekte = {}
    for zeile in file_reader(filename):
        name = next(zeile)
        projekt = next(zeile)
        if (name, projekt) not in teammitglieder_projekte:
            teammitglieder_projekte[(name, projekt)] = 0
        minuten = next(zeile)
        teammitglieder_projekte[(name, projekt)] += int(minuten)
    return teammitglieder_projekte
```

```
def name_projekte_over_threshold(data, threshold):
    """ Filtert die Teammitglieder und Projekte, bei denen die
        summierten Arbeitsminuten über einem bestimmten
        Schwellenwert liegen."""
    selektor = (data[t]>threshold for t in data)
    komprimierte_daten = compress(data.items(), selektor)
    for ((name, projekt), minuten) in komprimierte_daten:
        yield name, projekt, minuten


data = zeiten_summieren(csv_filename)
for el in name_projekte_over_threshold(data, 5000):
    print(el)
```

Ausgabe der Teammitglieder, die bei einem bestimmten Projekt über dem Schwellenwert liegen:

```
('Anna Müller', 'Alpha', 5765)
('Anna Müller', 'Omega', 5975)
('Maximilian Schmidt', 'Hope', 5070)
('Sophie Fischer', 'Alpha', 5880)
('Emma Hoffmann', 'Alpha', 6365)
('Paula Richter', 'Alpha', 5955)
('Paula Richter', 'Omega', 5945)
('Julius Keller', 'Hope', 5900)
('Mia Wolf', 'Hope', 5620)
('Sophie Fischer', 'Hope', 5915)
('Felix Becker', 'Alpha', 6915)
('Emma Hoffmann', 'Omega', 5355)
('Maximilian Schmidt', 'Omega', 5505)
('Lena Wagner', 'Alpha', 5570)
```

### 17.3.4 dropwhile

Die Funktion `dropwhile` ermöglicht es, Elemente aus einer iterierbaren Sequenz zu entfernen, solange eine bestimmte Bedingung erfüllt ist. Sie akzeptiert zwei Argumente: eine Funktion, das sogenannte Prädikat,[3] und eine iterierbare Sequenz wie z. B. eine Liste oder einen Generator. Während `dropwhile` die Sequenz durchläuft, überprüft es jedes Element gegen das Prädikat. Solange das Prädikat wahr ist, werden die Elemente „fallengelassen" und nicht zurückgegeben. Sobald das Prädikat für ein Element nicht mehr erfüllt ist, gibt `dropwhile` alle verbleibenden Elemente der Sequenz zurück, ungeachtet der Bedingung. Typische Anwendungen sind das Entfernen von Elementen am Anfang einer Sequenz, die einer bestimmten Bedingung entsprechen, oder das Überspringen von Anfangsdaten in einem Datensatz, bis eine bestimmte Bedingung erfüllt ist.

[3] In der Informatik bezeichnet ein „Prädikat" eine Funktion, die eine Bedingung oder eine Aussage überprüft und als Ergebnis einen Wahrheitswert (True oder False) zurückgibt.

```
from itertools import dropwhile

temperaturen = [18, 19, 20, 21, 22, 21, 19, 18, 20]

def temperatur_unter_20(temperatur):
    return temperatur < 20

# Überspringen aller Werte unter 20 Grad am Anfang
temps_anfang_gefiltert = list(dropwhile(temperatur_unter_20,
                                        temperaturen))

print("Start mit Temperaturen über 20:", temps_anfang_gefiltert)
```

Ausgabe:

```
Start mit Temperaturen über 20: [20, 21, 22, 21, 19, 18, 20]
```

An diesem Beispiel sieht man schön, dass zwar am Anfang alle Temperaturen entfernt werden, die unter 20 Grad liegen, aber sobald eine Temperatur über 20 Grad erreicht wird, werden danach alle verbleibenden Werte, einschließlich der kleineren, nicht mehr ignoriert und vollständig zurückgegeben.

Die Implementierung von `dropwhile()` entspricht im Wesentlichen dem folgenden Code:

```
def dropwhile(predicate, iterable):
    iterable = iter(iterable)
    for x in iterable:
        if not predicate(x):
            yield x
            break
    for x in iterable:
        yield x
```

Zusammenfassend lässt sich sagen, dass `filter()` alle Elemente beibehält, für die das Prädikat `True` ist, während `dropwhile()` alle Elemente beibehält, nachdem das Prädikat zum ersten Mal `False` zurückgegeben hat.

Ein weiteres schönes Praxisbeispiel folgt im nächsten Unterkapitel zu `takewhile`.

### 17.3.5 takewhile

`takewhile` ist eine Funktion im `itertools`-Modul von Python, die Elemente aus einem iterierbaren Objekt entnimmt, solange eine Bedingung erfüllt ist. Die Funktion erhält zwei Argumente: eine Prädikatsfunktion und ein iterierbares Objekt. Sie liefert ein Generatorobjekt zurück, das Elemente vom Anfang des iterierbaren Objekts ausgibt, solange die Prädikatsfunktion `True` zurückgibt. Sobald die Prädikatsfunktion `False` zurückgibt, stoppt `takewhile` und gibt keine weiteren Elemente mehr aus.

Die Funktion `takewhile` kann in vielen verschiedenen Kontexten nützlich sein. Hier ist ein Beispiel, das zeigt, wie man sie verwenden kann, um Zeichen aus einer Zeichenkette zu extrahieren, solange sie nicht aufhören, alphabetisch zu sein.

```
import itertools

# Beispielhafte Eingabezeichenkette
iterable = "abc123def"
predicate_func = str.isalpha
result = itertools.takewhile(predicate_func, iterable)

print(''.join(result))
```

Ausgabe:

```
abc
```

Die Funktion `takewhile` ist in etwa gleichbedeutend mit:

```
def takewhile(predicate, iterable):
    # takewhile(lambda x: x<5, [1,4,6,4,1]) → 1 4
    for x in iterable:
        if predicate(x):
            yield x
        else:
            break
```

Wir schreiben nun eine interessante Anwendung, die mit den Funktionen `dropwhile` und `takewhile` von `itertools` arbeitet, um Datenzeilen aus einer Textdatei effizient zu extrahieren. Die Datenzeilen sind durch spezielle Start- und Stoppmarkierungen gekennzeichnet.

Bevor wir mit der eigentlichen Anwendung beginnen, erzeugen wir eine solche Datei:

```
import itertools
inhalt = """Kundendaten: Oscar Petersohn, 89000 München
Datum: 01.04.2024
Bestellnummer: 123456
Weitere Kundendaten: Telefonnummer, E-Mail-Adresse
Weitere Informationen: Lieferhinweise, Rechnungsdetails
Daten in der Form:
anzahl,title,author,preis
--- START DATA ---
1,"Frost","Thomas Bernhard",12.99€
1,"Herzog","Saul Bellow",10.00€
1,"Die angeregte Gesellschaft","Philipp Hübl",11.00€
1,"Die Unruhe der Welt","Orhan Pamuk",12.50€
1,"Der Fremde","Albert Camus",9.50€
1,"Aufklärung jetzt","Steven Pinker",14.99€
--- STOP DATA ---
Lieferstatus: Versendet am 02.01.2024
Tracking-Nummer: 987654321
Zahlungsstatus: Bezahlt
Weitere Hinweise: Bitte bei Abwesenheit beim Nachbarn abgeben"""
open("musterbestellung.txt", "w").write(inhalt)
```

Der Iterator überspringt zunächst alle Zeilen bis zur Markierung `--- START DATA ---` und gibt anschließend alle Zeilen bis zur Markierung `--- STOP DATA ---` aus. Diese Methode ermöglicht eine einfache und effektive Extraktion von Bestelldaten aus strukturierten Textdateien.

```
from itertools import dropwhile, takewhile

def data_iterator(file_path):
    with open(file_path, 'r') as file:
        start = "--- START DATA ---"
        stop = "--- STOP DATA ---"
        # Überspringe Zeilen bis zur Startmarkierung
        lines = dropwhile(lambda line: line.strip() != start, file)
        # Überspringe die Zeile mit der Startmarkierung selbst
        next(lines, None)

        # Nimm Zeilen bis zur Stoppmarkierung
        data = takewhile(lambda line: line.strip() != stop, lines)

        for line in data:
            yield line.strip()


for data_line in data_iterator("musterbestellung.txt"):
    print(data_line)
```

Ausgabe:

```
1,"Frost","Thomas Bernhard",12.99€
1,"Herzog","Saul Bellow",10.00€
1,"Die angeregte Gesellschaft","Philipp Hübl",11.00€
1,"Die Unruhe der Welt","Orhan Pamuk",12.50€
1,"Der Fremde","Albert Camus",9.50€
1,"Aufklärung jetzt","Steven Pinker",14.99€
```

### 17.3.6 filterfalse

Die Funktion `filterfalse` gibt einen Iterator zurück, der nur die Elemente aus einem iterierbaren Objekt enthält, für die eine gegebene Prädikatfunktion `False` zurückgibt.

```
\texttt{itertools.filterfalse(predicate, iterable)}
```

Hierbei ist `predicate` die Prädikatfunktion und `iterable` das iterierbare Objekt, dessen Elemente gefiltert werden sollen.

Beispiel für `filterfalse`:

```
from itertools import filterfalse

x = filterfalse(lambda x: x%2, range(10))
print(list(x))
```

Ausgabe:

```
[0, 2, 4, 6, 8]
```

`filterfalse` funktioniert analog zu `filter` mit dem Unterschied, dass `filter` die Elemente herausfiltert, in denen die Prädikatsfunktion `True` ergibt und `filterfalse` dies nur im `False`-Fall tut.

### 17.3.7 groupby

Die Funktion `groupby` ist ein leistungsstarkes Werkzeug zum Gruppieren von Elementen einer iterierbaren Datenstruktur basierend auf einem Schlüsselwert. Sie ermöglicht es, ähnliche Elemente zu gruppieren und in einem iterierbaren Format zurückzugeben. Mit folgendem Code zeigen wir, wie `groupby` arbeitet:

```
from itertools import groupby

data = 'AAAABBBCCDAABBB'
for key, group in groupby(data):
    print(f"{key=}")
    for g in group:
        print(f"    {g=}")
```

Ausgabe:

```
key='A'
    g='A'
    g='A'
    g='A'
    g='A'
key='B'
    g='B'
    g='B'
    g='B'
key='C'
    g='C'
    g='C'
key='D'
    g='D'
key='A'
    g='A'
    g='A'
key='B'
    g='B'
    g='B'
    g='B'
```

**Zusammenfassung:**

- Die äußere `for`-Schleife iteriert über die Gruppen, die von `groupby` erstellt werden.
- `key` repräsentiert das aktuelle Zeichen, das gruppiert wird.
- Die innere `for`-Schleife iteriert über jedes Element `g` in der aktuellen Gruppe und gibt jedes Element separat aus.

- Anzumerken ist auch noch, dass wir im vorigen Beispiel keine explizite Schlüsselfunktion verwendet hatten und daher die Identitätsfunktion, d. h. die einzelnen Buchstaben als key verwendet wurden.

Das letzte Beispiel war natürlich sehr praxisfern und nur aus didaktischen Gründen gewählt. Im folgenden Beispiel sehen wir ein interessanteres Beispiel:

```
from itertools import groupby

# Beispiel-Studenten mit erweiterten Daten
students = [
    {"name": "Alice", "studienfach": "Mathematik", "semester": 3},
    {"name": "Bob", "studienfach": "Informatik", "semester": 2},
    {"name": "Charlie", "studienfach": "Mathematik", "semester": 4},
    {"name": "David", "studienfach": "Physik", "semester": 2},
    {"name": "Eva", "studienfach": "Informatik", "semester": 3},
    {"name": "Frank", "studienfach": "Physik", "semester": 3}
]

# Funktion zur Bereitstellung des Schlüsselwerts (Studiengang)
def key_function(student):
    return student["studienfach"]

# Gruppierung der Studierenden nach Studiengang
grouped_students = groupby(sorted(students, key=key_function),
                           key_function)

# Ausgabe der gruppierten Daten
for studienfach, group in grouped_students:
    print(f"Studiengang: {studienfach}")
    for student in group:
        print(f"- {student['name']} (Semester:
        ↪ {student['semester']})")
    print()
```

Ausgabe:

```
Studiengang: Informatik
- Bob (Semester: 2)
- Eva (Semester: 3)

Studiengang: Mathematik
- Alice (Semester: 3)
- Charlie (Semester: 4)

Studiengang: Physik
- David (Semester: 2)
- Frank (Semester: 3)
```

In diesem Beispiel ist die Sortierung nach Studienfach von entscheidender Bedeutung. Ersetzt man die Zeile

```
grouped_students = groupby(sorted(students, key=key_function),
                           key_function)
```

durch die Zeile

```
grouped_students = groupby(students, key_function)
```

findet keine Sortierung vor der Anwendung von groupby statt, und wir erhalten dann folgende Ausgabe:

Ausgabe:

```
Studiengang: Mathematik
- Alice (Semester: 3)

Studiengang: Informatik
- Bob (Semester: 2)

Studiengang: Mathematik
- Charlie (Semester: 4)

Studiengang: Physik
- David (Semester: 2)

Studiengang: Informatik
- Eva (Semester: 3)

Studiengang: Physik
- Frank (Semester: 3)
```

### 17.3.8 pairwise

Die Funktion pairwise erstellt einen Iterator, der aufeinanderfolgende Paare von Elementen eines iterierbaren Objekts erzeugt. Dies ist nützlich, wenn man benachbarte Elemente in einer Sequenz vergleichen oder verarbeiten möchte. Die Funktion nimmt ein iterierbares Objekt und erzeugt Paare von Elementen, wobei jedes Paar das aktuelle Element und das darauf folgende Element enthält. Wenn das iterierbare Objekt weniger als zwei Elemente enthält, gibt pairwise einen leeren Iterator zurück, da keine Paare gebildet werden können. Schauen wir uns ein Beispiel an:

```
import itertools

data1 = [1, 2, 3, 4, 5]
pairs1 = itertools.pairwise(data1)
print("Ausgabe der Paare von data1:")
print(list(pairs1))

data2 = [42]
pairs2 = itertools.pairwise(data2)
print("Keine Paare bei data2, da nur ein Element:")
print(list(pairs2))
```

Ausgabe:

```
Ausgabe der Paare von data1:
[(1, 2), (2, 3), (3, 4), (4, 5)]
Keine Paare bei data2, da nur ein Element:
[]
```

`pairwise` kann in vielen Situationen nützlich sein, z. B. beim Vergleichen von aufeinanderfolgenden Messwerten in einer Zeitreihe oder beim Berechnen von Differenzen zwischen benachbarten Elementen in einer Liste.

Im folgenden Beispiel verwenden wir `pairwise` zur Berechnung der Differenzen zwischen benachbarten Elementen:

```
from itertools import pairwise

# Liste von Temperaturen an aufeinanderfolgenden Tagen
temperaturen = [23, 21, 25, 22, 24, 27, 23]

# Temperaturdifferenzen zwischen aufeinanderfolgenden Tagen
temperatur_differenzen = map(lambda x: x[1]- x[0],
                             pairwise(temperaturen))

print("Temperaturen: ", temperaturen)
print("Differenzen zwischen aufeinanderfolgenden Tagen:")
print(list(temperatur_differenzen))
```

Ausgabe der Liste der Differenzen:

```
Temperaturen:  [23, 21, 25, 22, 24, 27, 23]
Differenzen zwischen aufeinanderfolgenden Tagen:
[-2, 4, -3, 2, 3, -4]
```

Diese Berechnung wäre ohne `pairwise` deutlich umständlicher und weniger lesbar gewesen. Schöner wäre es jedoch, eine Generatorfunktion zu schreiben, die die Differenzen der Paare zurückliefert. Dies entspricht dem funktionalen Programmierstil, und wir vermeiden unnötige Listenbildungen.

```
from itertools import pairwise

def diff_pairs(iterable):
    pairs = pairwise(iterable)
    for pair in pairs:
        yield pair[1] - pair[0]


data = [10, 20, 30, 40, 50]
differences = diff_pairs(data)
print(list(differences))
```

Ausgabe der Liste der Differenzen:

```
[10, 10, 10, 10]
```

Unsere Generatorfunktion `diff_pairs` können wir auch auf den Fibonacci-Generator anwenden, um die Differenz zwischen den Werten zu bestimmen:

```
from itertools import pairwise

def diff_pairs(iterable):
    pairs = pairwise(iterable)
    for pair in pairs:
        yield pair[1] - pair[0]


def fibonacci():
    old, new = 0, 1
    while True:
        yield old
        old, new = new, old + new

differences = diff_pairs(fibonacci())
for _ in range(15):
    d = next(differences)
    print(d, end=", ")
```

Ausgabe der Liste der Differenzen:

```
1, 0, 1, 1, 2, 3, 5, 8, 13, 21, 34, 55, 89, 144, 233,
```

Wenn man den Ansatz abstrahiert, kommt man auf die Idee, einen Generator zu schreiben, der auf jeweils n aufeinanderfolgende Elemente eines anderen Generators eine Funktion anwendet. Im folgenden Unterkapitel definieren wir zwei äußerst nützliche Iteratoren (`n_grams` und `map_n`), die es in dieser Form bisher in Python noch nicht gibt.

### 17.3.9 n_grams und map_n

Den Namen `n_grams` haben wir aus der Linguistik entlehnt. In der Linguistik bezieht sich der Begriff „Gram" auf eine Sequenz von n aufeinanderfolgenden Einheiten, die normalerweise in der Textanalyse verwendet wird. Aufeinanderfolgende Einheiten können beispielsweise Buchstaben, Silben oder Wörter sein.

```
from itertools import tee, islice

def n_grams(iterable, n=2):
    iterator = iter(iterable)
    iter1, iter2 = tee(iterator, 2)
    while True:
        n_gram = islice(iter1, n)
        try:
            next(iter2)
        except StopIteration:
            break
        iter1, iter2 = tee(iter2, 2)
```

```
        n_gram = tuple(n_gram)
        if len(n_gram) == n:
            yield tuple(n_gram)
        else:
            break

for i in n_grams(range(10), 6):
    print(i)
```

Ausgabe der n-Gramme:

```
(0, 1, 2, 3, 4, 5)
(1, 2, 3, 4, 5, 6)
(2, 3, 4, 5, 6, 7)
(3, 4, 5, 6, 7, 8)
(4, 5, 6, 7, 8, 9)
```

Dieses Programm erzeugt und gibt n-Gramme aus einem iterierbaren Objekt aus. Die Funktion `n_grams` verwendet dazu die Module `tee` und `islice` aus `itertools`. `tee` wird benötigt, um eine Kopie des übergebenen Iterators zu erzeugen. Mittels `tee` erzeugen wir `iter1` und `iter2`. Wir benötigen die Kopie, da die Anwendung von `islice(iter1, n)` die ersten `n` Glieder des Iterators konsumiert. Danach bewegen wir `iter2`, also die Kopie, um ein Glied nach vorne mittels `next(iter2)`. Dann wird `iter1, iter2 = tee(iter2, 2)` wieder entsprechend kopiert.

Ein kleiner Nachteil der obigen Implementierung besteht darin, dass wir die n-Gramme als Tupel zurückgeben, was ja insbesondere bei großem `n` und großen Iterables ein Effizienzproblem sein kann. Wir wandeln das Programm nun so um, dass es auch die n-Gramme als Iteratoren zurückgibt. Allerdings können wir dann nicht am Ende die Länge der n-Gramme testen, sodass wir am Schluss unvollständige n-Gramme zurückliefern müssen:

```
from itertools import tee, islice

def n_grams_alternative(iterable, n=2):
    iterator = iter(iterable)
    iter1, iter2 = tee(iterator, 2)
    while True:
        n_gram = islice(iter1, n)
        yield n_gram
        try:
            next(iter2)
        except StopIteration:
            break
        iter1, iter2 = tee(iter2, 2)


for n_gram in n_grams_alternative(range(12), 6):
    for i in n_gram:
        print(i, end=",")
    print()
```

Es folgt die Definition von map_n, eine Verallgemeinerung der map-Funktion. Diese Funktion verwendet n_grams. Die Definition kommt erstaunlich schlicht und elegant einher:

```
def map_n(func, iterable, n=1):
    for el in n_grams(iterable, n):
        yield func(*el)

# analog zu map
print(list(map_n(lambda x: x + 2, range(10))))

# und so elegant lassen sich nun die Differenzen berechnen:
temperatures = [23, 21, 25, 22, 24, 27, 23]
print(list(map_n(lambda x, y: y -x, temperatures, n=2)))
```

Ausgabe:

```
[2, 3, 4, 5, 6, 7, 8, 9, 10, 11]
[-2, 4, -3, 2, 3, -4]
```

### 17.3.10 zip_longest

Die Funktion zip_longest ermöglicht das Zusammenführen von Elementen aus mehreren Iteratoren, wobei sie im Gegensatz zur Funktion zip fehlende Werte mit einem angegebenen Standardwert oder None füllt, wenn kein Standardwert angegeben ist. Dies ist besonders nützlich, wenn die Iteratoren unterschiedliche Längen haben und alle Elemente bis zum längsten Iterator kombiniert werden sollen, ohne dass dabei Daten verloren gehen. Typische Anwendungsbeispiele sind das parallele Verarbeiten von Listen oder Tabellenzeilen, wo jede Zeile oder Spalte vollständig sein soll.

```
import itertools

list1 = [1, 2, 3]
list2 = ['a', 'b']
list3 = [True, False, True, False]

result = itertools.zip_longest(list1, list2, list3, fillvalue='N/A')

print(list(result))
```

Ausgabe:

```
[(1, 'a', True), (2, 'b', False), (3, 'N/A', True), ('N/A', 'N/A', False)]
```

Das bedeutet, dass die Elemente der kürzeren Iterables mit dem Füllwert ‚N/A' ergänzt werden, bis das längste Iterable erschöpft ist.

### 17.3.11 starmap

starmap ist eine Funktion, die ähnlich wie map funktioniert, aber Tupel als Argumente akzeptiert. Sie ermöglicht die Anwendung einer Funktion auf eine Liste von Tupeln, wobei jedes Tupel entpackt wird, bevor es der Funktion übergeben wird. Diese Funktion ist besonders nützlich, wenn eine Funktion auf mehrere Eingabesätze angewendet werden soll, wobei jedes Set an Argumenten aus einem Tupel stammt. Ein typisches Anwendungsbeispiel ist die gleichzeitige Verarbeitung von mehreren Datensätzen, die als Tupel bereitgestellt werden, um Ergebnisse effizient zu generieren.

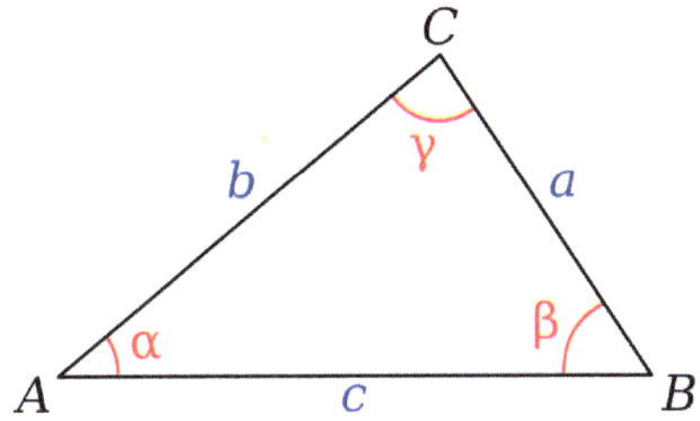


**Bild 17.2** Ein Dreieck mit Beschriftungen

**Mathematisches:** Gegeben seien die Seitenlängen eines Dreiecks: $a$, $b$ und $c$. Die Winkel $\alpha$, $\beta$ und $\gamma$ lassen sich wie folgt berechnen:

$$\alpha = \cos^{-1}\left(\frac{b^2+c^2-a^2}{2bc}\right), \quad \beta = \cos^{-1}\left(\frac{a^2+c^2-b^2}{2ac}\right), \quad \gamma = \cos^{-1}\left(\frac{a^2+b^2-c^2}{2ab}\right)$$

Nun werden wir `starmap` benutzen, um aus einer Liste mit Dreier-Tupel, die den Seitenlängen a, b und c entsprechen, die zugehörigen Winkel zu berechnen bzw. einen Iterator mit den Winkeln zu erzeugen.

```
import math
from itertools import starmap

def berechne_innenwinkel(a, b, c):
    # Berechnung der Winkel in Radiant
    alpha = math.acos((b**2 + c**2 - a**2) / (2 * b * c))
    beta = math.acos((a**2 + c**2 - b**2) / (2 * a * c))
    gamma = math.acos((a**2 + b**2 - c**2) / (2 * a * b))

    # Umrechnung von Radiant zu Grad
    alpha_deg = math.degrees(alpha)
    beta_deg = math.degrees(beta)
    gamma_deg = math.degrees(gamma)

    return alpha_deg, beta_deg, gamma_deg

dreieckslaengen = [
    (3, 4, 5),
    (5, 12, 13),
    (7, 24, 25),
```

```
        (8, 15, 17),
        (9, 12, 15)
    ]

for winkel in starmap(berechne_innenwinkel, dreieckslaengen):
    print(winkel)
```

Ausgabe:

```
(36.86989764584401, 53.13010235415599, 90.0)
(22.61986494804042, 67.38013505195957, 90.0)
(16.260204708311967, 73.73979529168804, 90.0)
(28.07248693585296, 61.92751306414704, 90.0)
(36.86989764584401, 53.13010235415599, 90.0)
```

# 17.4 Kombinatorische Generatoren

## 17.4.1 product

Die `product`-Funktion erzeugt das kartesische Produkt von Iterables.

Die allgemeine Syntax lautet:

`itertools.product(*iterables, repeat=1)`

Das kartesische Produkt zweier Mengen ist definiert als die Menge aller geordneten Paare von Elementen der beiden Mengen, wobei die erste Komponente ein Element der ersten Menge und die zweite Komponente ein Element der zweiten Menge ist.

Wenn wir zwei Mengen $a, b, c$ und $x, y$ haben, entspricht das kartesische Produkt dem Kantenpaaren des bipartiten Graphen.

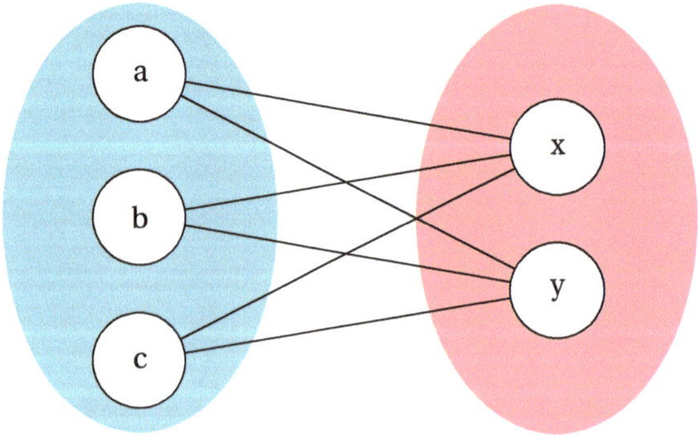


Nun benutzen wir `product` im folgenden Programm:

```
from itertools import product

s1 = 'a', 'b', 'c'
s2 = 'x', 'y'
products = product(s1, s2)
```

```
for product in products:
    print(product)
```

Ausgabe der Paarungen:

```
('a', 'x')
('a', 'y')
('b', 'x')
('b', 'y')
('c', 'x')
('c', 'y')
```

Etwa gleichwertig mit verschachtelten `for`-Schleifen in einem Generatorausdruck. Zum Beispiel gibt `product(A, B)` dasselbe wie `((x,y) for x in A for y in B)` zurück.

Um das Produkt eines Iterables mit sich selbst zu berechnen, gibt man die Anzahl der Wiederholungen mit dem optionalen Schlüsselwort-Argument `repeat` an. Zum Beispiel bedeutet `product(A, repeat=4)` dasselbe wie `product(A, A, A, A)`.

Die Implementierung von `product` entspricht ungefähr dem folgenden Code mit der Ausnahme, dass die tatsächliche Implementierung keine Zwischenergebnisse im Speicher aufbaut:

```
def product(*args, repeat=1):
    """
    Erzeugt das kartesische Produkt der Eingabe-Iterables.

    Args:
    *args: Die Eingabe-Iterables.
    repeat (int): Die Anzahl der Wiederholungen.
                  Standardmäßig ist repeat=1.

    Yields:
    tuple: Das nächste Element im kartesischen Produkt.
    """
    pools = [tuple(pool) for pool in args] * repeat
    result = [[]]
    for pool in pools:
        result = [x+[y] for x in result for y in pool]
    for prod in result:
        yield tuple(prod)

print(list(product('ABCD', 'xy')))
print(list(product(range(2), repeat=3)))
```

Ausgabe:

```
[('A', 'x'), ('A', 'y'), ('B', 'x'), ('B', 'y'), ('C', 'x'), ('C', 'y'),
↪ ('D', 'x'), ('D', 'y')]
[(0, 0, 0), (0, 0, 1), (0, 1, 0), (0, 1, 1), (1, 0, 0), (1, 0, 1), (1, 1,
↪ 0), (1, 1, 1)]
```

`product` kann mit beliebig vielen Iterables aufgerufen werden. Im folgenden Beispiel rufen wir es mit drei verschiedenen Listen auf:

```
from itertools import product

# Drei verschiedene Listen
colors = ['rot', 'grün', 'blau']
sizes = ['klein', 'medium', 'groß']
textures = ['weich', 'fest']

# Verwende product, um alle möglichen Produkte zu generieren
all_products = list(product(colors, sizes, textures))
print(all_products)
```

Ausgabe:

```
[('rot', 'klein', 'weich'), ('rot', 'klein', 'fest'), ('rot', 'medium',
↪ 'weich'), ('rot', 'medium', 'fest'), ('rot', 'groß', 'weich'), ('rot',
↪ 'groß', 'fest'), ('grün', 'klein', 'weich'), ('grün', 'klein',
↪ 'fest'), ('grün', 'medium', 'weich'), ('grün', 'medium', 'fest'),
↪ ('grün', 'groß', 'weich'), ('grün', 'groß', 'fest'), ('blau', 'klein',
↪ 'weich'), ('blau', 'klein', 'fest'), ('blau', 'medium', 'weich'),
↪ ('blau', 'medium', 'fest'), ('blau', 'groß', 'weich'), ('blau',
↪ 'groß', 'fest')]
```

### 17.4.2 permutations

Allgemeine Syntax:

`itertools.permutations(iterable, r=None)`

Gibt aufeinanderfolgende Permutationen der Länge *r* von Elementen als Iterable zurück.

Wenn *r* nicht angegeben oder `None` ist, dann wird *r* auf die Länge des Iterables gesetzt, und alle möglichen Permutationen voller Länge werden generiert.

Die Permutations-Tupel werden in lexikographischer Reihenfolge entsprechend der Reihenfolge des Eingabe-Iterables ausgegeben. Wenn das Eingabe-Iterable sortiert ist, werden die Ausgabe-Tupel in sortierter Reihenfolge erzeugt.

Elemente werden basierend auf ihrer Position als eindeutig behandelt, nicht auf ihrem Wert. Wenn die Eingabeelemente eindeutig sind, gibt es innerhalb einer Permutation keine wiederholten Werte.

```
from itertools import permutations

sequenz = ['A', 'B', 'C']

for perm in permutations(sequenz):
    print(perm)
```

Ausgabe:

```
('A', 'B', 'C')
('A', 'C', 'B')
('B', 'A', 'C')
('B', 'C', 'A')
```

```
('C', 'A', 'B')
('C', 'B', 'A')
```

Ein sehr schönes praktisches Beispiel stellt die folgende Implementierung des Mastermind-Spiels dar. Mastermind ist ein Logikspiel für zwei Spieler, bei dem ein Spieler (der Code-Macher) eine geheime Farbkombination aus einer festgelegten Anzahl von Farben erstellt. Der andere Spieler (der Code-Knacker) versucht, diese Kombination durch systematisches Raten zu erraten. Nach jedem Versuch gibt der Code-Macher Rückmeldung darüber, wie gut die Vermutung war, indem er angibt, wie viele Farben an der richtigen Position (schwarze Stifte) und wie viele Farben an der falschen Position (weiße Stifte) stehen. Das Ziel des Code-Knackers ist es, die geheime Farbkombination in möglichst wenigen Versuchen zu knacken, während der Code-Macher versucht, die Kombination so schwer wie möglich zu machen.

```
from itertools import permutations, dropwhile
import random

farben = ['Rot', 'Blau', 'Grün', 'Gelb', 'Orange', 'Lila',
          'Pink', 'Türkis', 'Braun', 'Grau']

positionen = int(input("Wieviele Positionen sind gewünscht?"))
anz_farben = int(input("Wieviele Farben sind gewünscht?"))
if positionen > anz_farben:
    print("Die Anzahl der Positionen darf nicht größer sein als die
     ↪  Anzahl der Farben!")
    exit(1)

# zufällige Auswahl von Farben
farben = random.sample(farben, anz_farben)

def generiere_geheime_farbkombination(farben, positionen):
    """Generiert eine Farbkombination mit verschiedenen Farben
    an Anzahl 'positionen'"""
    return random.sample(farben, positionen)

def berechne_schwarz_und_weiss(geheime_kombination, vermutung):
    """Berechnet die Anzahl der schwarzen und weißen
    Stifte für eine gegebene Vermutung."""
    schwarz = sum(g == v for g, v in zip(geheime_kombination,
                                         vermutung))
    weiss = (sum(min(geheime_kombination.count(v),
     ↪  vermutung.count(v))
             for v in set(vermutung)) - schwarz)
    return schwarz, weiss

def konsistent(versuche, vermutung):
    """ Prüft, ob eine neue Permuation konsistent mit allen alten
    Versuchen ist """
    konsistent = True
```

```
        for (p, (schwarze, weisse)) in versuche:
            if (berechne_schwarz_und_weiss(vermutung, p)
                                            != (schwarze, weisse)):
                konsistent = False
                break
        return konsistent

    permutationen = permutations(farben, positionen)
    geheimzahl = generiere_geheime_farbkombination(farben, positionen)
    print(f"Rate eine {positionen}-stellige Kombination"
          f"aus den Farben:\n{farben}")

    versuche = []
    anzahl_versuche = 0
    vermutung = None
    while True:
        permutationen = dropwhile(lambda x: not konsistent(versuche, x),
                                  permutationen)
        try:
            vermutung = next(permutationen)
        except StopIteration:
            # es gibt keine weiteren gültigen Möglichkeiten mehr
            print("Die Antworten waren inkonsistent!")
            break
        anzahl_versuche += 1
        print(f"Mein Vorschlag: {vermutung}")

        schwarz = int(input("Anzahl schwarze Stifte: "))
        if schwarz == positionen:
            print(f"Ich habe {anzahl_versuche} Versuche gebraucht!")
            break
        weiss = int(input("Anzahl weiße Stifte: "))
        versuche.append((vermutung, (schwarz, weiss)))
```

Eine mögliche Spielsession könnte so aussehen:

```
Wieviele Positionen sind gewünscht? 4
Wieviele Farben sind gewünscht? 6

Rate eine 4-stellige Kombination aus den Farben:
['Türkis', 'Grün', 'Gelb', 'Pink', 'Grau', 'Rot']
Mein Vorschlag: ('Türkis', 'Grün', 'Gelb', 'Pink')

Anzahl schwarze Stifte:  0
Anzahl weiße Stifte:  2

Mein Vorschlag: ('Grün', 'Türkis', 'Grau', 'Rot')
```

```
Anzahl schwarze Stifte:  0
Anzahl weiße Stifte:  2

Mein Vorschlag: ('Gelb', 'Pink', 'Rot', 'Grau')

Anzahl schwarze Stifte:  4

Ich habe 3 Versuche gebraucht!
```

## 17.4.3 combinations

### 17.4.3.1 Arbeitsweise

Formale Definition:

```
itertools.combinations(iterable, r)
```

gibt Untersequenzen der Länge *r* von Elementen aus dem Eingabe-Iterable zurück.

Die Kombinations-Tupel werden in lexikografischer Reihenfolge entsprechend der Reihenfolge des Eingabe-Iterables ausgegeben. Wenn das Eingabe-Iterable sortiert ist, werden die Ausgabe-Tupel in sortierter Reihenfolge erzeugt.

Elemente werden basierend auf ihrer Position und nicht auf ihrem Wert als einzigartig behandelt. Wenn die Eingabeelemente einzigartig sind, wird es keine wiederholten Werte in jeder Kombination geben.

### 17.4.3.2 Beispiel: Speisekartengenerierung

Im folgenden, umfangreichen Beispiel benutzen wir `combinations`, um eine Speisekarte für eine imaginäre Python-Pizzeria zu erzeugen. Die Ausgabe des Programms erzeugt eine Latex-Dokument zur Erzeugung dieser Speisekarte:

```python
from itertools import combinations
import random

beläge = ["Tomaten", "Mozzarella", "Salami", "Schinken", "Pilze",
          "Paprika", "Oliven", "Zwiebeln"]

fantasienamen = [
    "Pizza Lambda-Ausdruck - Pizza Espressione Lambda",
    "Pizza Rekursion - Pizza Ricorsione",
    "Pizza Unveränderlich - Pizza Immutabile",
    "Pizza Syntaxfehler - Pizza Errore di Sintassi",
    "Pizza Bürger-Erster-Klasse - Pizza Cittadino di Prima Classe",
    "Pizza Generator - Pizza Generatore",
    "Pizza Iterator - Pizza Iteratore",
    "Pizza Kapselung - Pizza Incapsulamento"
]

pizzen = list(combinations(beläge, 6))
```

```
anzahl_pizzen = len(fantasienamen)
ausgewählte_pizzen = list(zip(fantasienamen, pizzen))[:anzahl_pizzen]

# Erstellen des Latex-Codes
latex_code = r"""
\documentclass[a4paper,10pt]{article}
\usepackage[utf8]{inputenc}
\usepackage{geometry}
\usepackage{calligra}
\usepackage{fourier-orns} % Zierlinien-Paket
\geometry{a4paper, margin=1in}
\usepackage{array}
\usepackage{graphicx}
\usepackage{xcolor}
\pagestyle{empty} % Keine Seitenzahlen

\definecolor{myred}{rgb}{0.75, 0, 0}
\definecolor{mygreen}{rgb}{0, 0.5, 0}

\begin{document}

\begin{center}
\textsc{\Huge Bella Pythoneria} \\[0.5cm]
\includegraphics[width=0.2\textwidth]{python_logo.jpeg} % Logo-Bild
 ↪ einfügen
\end{center}

\vspace{1cm}
"""

for name, pizza in ausgewählte_pizzen:
    preis = round(random.uniform(12.80, 18.90), 1)
    zutaten = ", ".join(pizza)
    latex_code += f"\\textbf{{{name}}}:\\newline {zutaten} \\dotfill
     ↪ {preis:5.2f} €\n\n"
    latex_code += "\\vspace{0.3cm}\\centerline{\\decofourleft
     ↪ \\decofourright}\\vspace{0.5cm}"

latex_code += r"""
\vspace{1cm}

\begin{center}
    {\calligra\Huge Buon Appetito}
\end{center}
\end{document}
"""
```

```
# Ausgabe des Latex-Codes
print(latex_code)
```

Führt man den LaTeX-Code aus, den das Programm erzeugt, erhält man eine Speisekarte wie die folgende:

# BELLA PYTHONERIA

**Pizza Lambda-Ausdruck - Pizza Espressione Lambda**:
Tomaten, Mozzarella, Salami, Schinken, Pilze, Paprika .............................. 15.80 €

**Pizza Rekursion - Pizza Ricorsione**:
Tomaten, Mozzarella, Salami, Schinken, Pilze, Oliven .............................. 14.70 €

**Pizza Unveränderlich - Pizza Immutabile**:
Tomaten, Mozzarella, Salami, Schinken, Pilze, Zwiebeln .............................. 15.60 €

**Pizza Syntaxfehler - Pizza Errore di Sintassi**:
Tomaten, Mozzarella, Salami, Schinken, Paprika, Oliven .............................. 17.20 €

**Pizza Bürger-Erster-Klasse - Pizza Cittadino di Prima Classe**:
Tomaten, Mozzarella, Salami, Schinken, Paprika, Zwiebeln .............................. 14.00 €

**Pizza Generator - Pizza Generatore**:
Tomaten, Mozzarella, Salami, Schinken, Oliven, Zwiebeln .............................. 16.10 €

**Pizza Iterator - Pizza Iteratore**:
Tomaten, Mozzarella, Salami, Pilze, Paprika, Oliven ................................ 16.20 €

**Pizza Kapselung - Pizza Incapsulamento**:
Tomaten, Mozzarella, Salami, Pilze, Paprika, Zwiebeln ..............................15.70 €

*Buon Appetito*

### 17.4.3.3 Beispiel: Benachbarte Kantengraphen

Mit `combinations` kann man die benachbarten Kanten eines Graphen durchwandern. Wir möchten dies an folgendem Graphen demonstrieren:

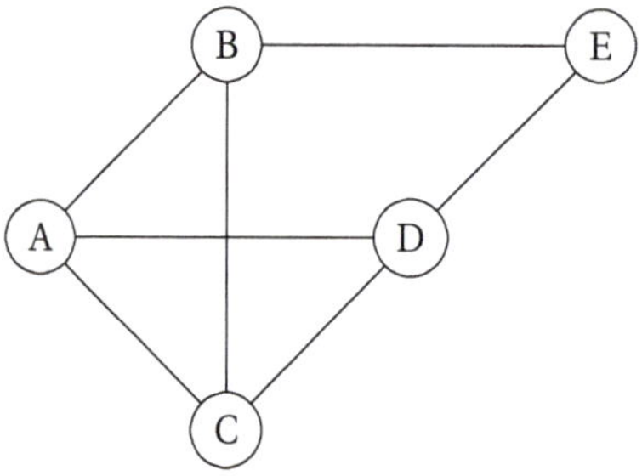


Wir implementieren diesen Graphen nun als Adjazenzliste in Python und iterieren über die benachbarten Knotenpaare:

```
from itertools import combinations

# Beispielgraph als Adjazenzliste
graph = {
    'A': ['B', 'C', 'D'],
    'B': ['A', 'C', 'E'],
    'C': ['A', 'B', 'D'],
    'D': ['A', 'C', 'E'],
    'E': ['B', 'D']
}
```

```
# Iterieren über benachbarte Knotenpaare
for node, neighbors in graph.items():
    print(f"Benachbarte Knotenpaare von {node}:")
    for neighbor1, neighbor2 in combinations(neighbors, 2):
        if neighbor1 in graph[neighbor2] and \
           neighbor2 in graph[neighbor1]:
            print(f"({neighbor1}, {neighbor2})")
```

Ausgabe:

```
Benachbarte Knotenpaare von A:
(B, C)
(C, D)
Benachbarte Knotenpaare von B:
(A, C)
Benachbarte Knotenpaare von C:
(A, B)
(A, D)
Benachbarte Knotenpaare von D:
(A, C)
Benachbarte Knotenpaare von E:
```

### 17.4.4 combinations_with_replacement

`combinations_with_replacement` aus dem Modul `itertools` erzeugt Kombinationen von Elementen eines Iterables mit Wiederholungen. Im Gegensatz zu `combinations` erlaubt diese Funktion, dass Elemente in den Kombinationen mehrfach vorkommen. Dies ist nützlich, wenn du alle möglichen Kombinationen eines bestimmten Längenspektrums erzeugen möchtest, wobei Elemente mehrfach erscheinen dürfen. Zum Beispiel generiert `combinations_with_replacement('ABC', 2)` die Kombinationen (A,A), (A,B), (A,C), (B,B), (B,C) und (C,C).

Das entspricht ungefähr folgender Implementierung:

```
def combinations_with_replacement(iterable, r):
    """
    Gibt r-lange Teilfolgen von Elementen aus dem Eingabeiterier
    ↪ zurück,
    wobei einzelne Elemente mehr als einmal wiederholt werden dürfen.

    Argumente:
        iterable: Eingabeiterator, aus dem die Teilfolgen generiert
                  werden sollen.
        r: Die Länge der Teilfolgen.

    Rückgabewert:
        tuple: Eine Teilfolge der Länge r von Elementen aus dem
        Eingabeiterator
    """
```

```
    pool = tuple(iterable)
    n = len(pool)
    if not n and r:
        return
    indices = [0] * r
    yield tuple(pool[i] for i in indices)
    while True:
        for i in reversed(range(r)):
            if indices[i] != n - 1:
                break
        else:
            return
        indices[i:] = [indices[i] + 1] * (r - i)
        yield tuple(pool[i] for i in indices)

print(list(combinations_with_replacement('ABC', 2)))
print(list(combinations_with_replacement('123', 3)))
```

Ausgabe:

```
[('A', 'A'), ('A', 'B'), ('A', 'C'), ('B', 'B'), ('B', 'C'), ('C', 'C')]
[('1', '1', '1'), ('1', '1', '2'), ('1', '1', '3'), ('1', '2', '2'), ('1',
↪ '2', '3'), ('1', '3', '3'), ('2', '2', '2'), ('2', '2', '3'), ('2',
↪ '3', '3'), ('3', '3', '3')]
```

### 17.4.5 Umfangreiches praktisches Beispiel: csv-Datei lesen

Gegeben ist eine csv-Datei der folgenden Art:

```
Datum;Nutzung;Ausgaben
2024-01-01;Einkaufen;62,61
2024-01-01;Einkaufen;11,73
2024-01-01;Einkaufen;93,98
2024-01-02;Einkaufen;16,95
2024-01-02;Gesundheit;88,15
...
```

Nun schreiben wir ein Programm, welches die Daten aus dieser CSV-Datei liest, die Zeilen in ein spezifisches Format konvertiert und anschließend die ersten *n* Zeilen ausgibt.

```
from typing import Iterator, NewType
from itertools import islice

# Typenhinweis für ein Datum
DatumTyp = NewType('DatumTyp', str)


def konvertiere_zeile(zeile: list[str]) -> tuple[DatumTyp, str,
↪ float]:
```

```
    datum, ausgabe_art = zeile[:2]
    ausgabe = float(zeile[2].replace(',', '.'))
    return datum, ausgabe_art, ausgabe

def zeilen_leser(dateiname: str, sep: str = ",") ->
↪  Iterator[tuple[DatumTyp, str, float]
]:
    with open(dateiname) as daten:
        daten.readline()
        for linie in daten:
            yield konvertiere_zeile(linie.strip().split(sep))

dateiname = "../beispiele/tägliche_ausgaben.csv"
n = 10  # Anzahl der Elemente
erste_n_zeilen = islice(zeilen_leser(dateiname, sep=';'), n)
for zeile in erste_n_zeilen:
    print(zeile)
```

Als Ausgabe erhalten wir die ersten $n$-Zeilen:

```
('2024-01-01', 'Einkaufen', 11.73)
('2024-01-01', 'Einkaufen', 93.98)
('2024-01-02', 'Einkaufen', 16.95)
('2024-01-02', 'Gesundheit', 88.15)
('2024-01-02', 'Einkaufen', 28.57)
('2024-01-03', 'Restaurant', 81.52)
('2024-01-03', 'Bildung', 21.64)
('2024-01-03', 'Gesundheit', 15.73)
('2024-01-04', 'Gesundheit', 8.32)
```

Die Funktion `konvertiere_zeile` konvertiert eine Zeile in ein Tupel, das ein Datum, eine Ausgabenart und einen Ausgabenbetrag enthält. Die Funktion erwartet eine Liste von Strings (`zeile`), die die Daten einer Zeile der CSV-Datei repräsentiert. Die Ausgabe besteht aus einem Tupel mit Datum, Art der Ausgabe und Ausgabebetrag.

Die Funktion `zeilen_leser` liest Zeilen aus einer CSV-Datei und verwendet die Funktion `konvertiere_zeile`, um die Zeilen zu konvertieren.

Die Funktion `konvertiere_zeile` ist speziell auf unsere csv-Beispieldatei abgestimmt. Wir verallgemeinern nun dieses Konzept mit der Generator-Funktion `konvertiere_strings`. Zusätzlich übergeben wir nun ein iterierbares Objekt mit Funktionen, die jeweils auf die Strings angewendet werden sollen. Anders als im vorigen Beispiel wollen wir noch das Datum von der DIN-Norm in die übliche deutsche Notation wandeln. Dazu benutzen wir die Funktion `datum_in_deutsch`:

```
from typing import Iterator, List, Callable, Any

# Typdefinition für eine Funktion, die einen str akzeptiert und einen
↪  beliebigen Typ zurückgibt
StringFunction = Callable[[str], Any]
```

```
def konvertiere_strings(
    zeile: Iterator[str],
    funktionen: List[StringFunction]
) -> Iterator[Any]:
    for string_value, func in zip(zeile, funktionen):
        yield func(string_value)

def datum_in_deutsch(datum_DIN: str) -> str:
    parts = datum_DIN.split('-')
    datum_de = f"{parts[2]}.{parts[1]}.{parts[0]}"
    return datum_de if len(parts) == 3 else datum_din

# Beispielfunktionen:

def to_float(s: str) -> float:
    return float(s.replace(',', '.'))

def to_int(s: str) -> int:
    return int(float(s.replace(',', '.')))

zeile = iter(['2024-06-22', 'Einkaufen', '62,50'])
funktionen = [datum_in_deutsch, str, to_float]

ergebnisse = konvertiere_strings(zeile, funktionen)
for ergebnis in ergebnisse:
    print(ergebnis)
```

Ausgabe:

```
22.06.2024
Einkaufen
62.5
```

Nun passen wir unseren Zeilenleser `zeilen_leser` so an, dass er die Generatorfunktion `konvertiere_strings` benutzt.

```
def zeilen_leser(
    dateiname: str, sep: str = ","
) -> Iterator[
    tuple[DatumTyp, str, float]
]:
    with open(dateiname) as daten:
        daten.readline()  # Erste Zeile überspringen (Header)
        for zeile in daten:
            yield konvertiere_strings(
                zeile.strip().split(sep), funktionen
            )
```

```
dateiname = "../beispiele/tägliche_ausgaben.csv"
n = 10  # Anzahl der Elemente
erste_n_zeilen = islice(zeilen_leser(dateiname, sep=';'), n)
for zeile in erste_n_zeilen:
    datum, bezeichnung, preis = list(zeile)
    print(f"{datum} {bezeichnung:15s} {preis:6.2f}")
```

Die ersten 10 Zeilen der Datei sehen nun wie folgt aus:

```
01.01.2024 Einkaufen        11.73
01.01.2024 Einkaufen        93.98
02.01.2024 Einkaufen        16.95
02.01.2024 Gesundheit       88.15
02.01.2024 Einkaufen        28.57
03.01.2024 Restaurant       81.52
03.01.2024 Bildung          21.64
03.01.2024 Gesundheit       15.73
04.01.2024 Gesundheit        8.32
```

Nun wollen wir die Summe der Ausgaben pro Tag berechnen:

```
from typing import Iterator, Tuple
from itertools import groupby, islice
from functools import reduce

def ausgaben_pro_tag(fn: str) -> Iterator[Tuple[str, float]]:
    ausgaben = zeilen_leser(fn, ';')
    for tag, taegliche_ausgaben in groupby(
        ausgaben, key=lambda row: next(row)
    ):
        # Berechnung des Gesamtbetrags der täglichen Ausgaben
        gesamtbetrag = reduce(
            lambda x, y: x + y,
            (next(islice(x, 1, None)) for x in taegliche_ausgaben)
        )
        yield tag, gesamtbetrag

n = 5
erste_n_zeilen = islice(ausgaben_pro_tag(dateiname), 5)
for tag, betrag in erste_n_zeilen:
    print(f'{tag}: {betrag:7.2f}')
```

Summen der ersten 5 Tage

```
01.01.2024:  105.71
02.01.2024:  133.67
03.01.2024:  118.89
04.01.2024:    8.32
```

## 17.5 Aufgaben

**1. Aufgabe:**

Was liefert der folgende Code zurück?

```
from itertools import chain, dropwhile
x = dropwhile(lambda x: (x+1) % 2, chain(count(1, 2), count(0, 2)))
value = next(x)
while value < 10:
    print(value)
    value = next(x)
```

Lösung: Lösungen zu Kapitel 17 (Das Modul itertools), Seite 316

**2. Aufgabe:**

Was passiert bei folgendem Code?

```
from itertools import chain, dropwhile
x = dropwhile(lambda x: x % 2, chain(count(1, 2), count(0, 2)))
value = next(x)
while value < 10:
    print(value)
    value = next(x)
```

Lösung: Lösungen zu Kapitel 17 (Das Modul itertools), Seite 316

**3. Aufgabe:**

Implementiere eine Funktion `prime_generator()`, die einen Iterator zurückgibt, der eine unendliche Sequenz von Primzahlen generiert.

Lösung: Lösungen zu Kapitel 17 (Das Modul itertools), Seite 317

**4. Aufgabe:**

Schreibe eine Generator-Funktion, die ein endliches Iterable als Argument erhält und dann zuerst die kumulierten Summen und dann die kumulierten Produkte zurückliefert.

Lösung: Lösungen zu Kapitel 17 (Das Modul itertools), Seite 319

**5. Aufgabe:**

Stell dir vor, du bist für die Verwaltung eines kleinen Online-Shops verantwortlich. Dein Ziel ist es, eine Liste von Lebensmitteln nach ihren Kategorien zu gruppieren und diese gruppierten Daten auszugeben.

Verwende die `groupby`-Funktion aus dem Modul `itertools`, um die Lebensmittel nach ihrer Kategorie zu gruppieren. Gehe dabei wie folgt vor:

1. Definiere eine Liste von Lebensmitteln, wobei jedes Lebensmittel ein Dictionary mit den Schlüsseln `name` und `category` ist.

2. Schreibe eine Funktion `key_function`, die den Schlüsselwert für die Gruppierung bereitstellt.
3. Sortiere die Liste der Lebensmittel nach Kategorie.
4. Gruppiere die Lebensmittel mit der `groupby`-Funktion nach Kategorie.

Die Ausgabe sollte so aussehen:

```
Kategorie: Obst
- Apfel
- Banane

Kategorie: Gemüse
- Karotte
- Brokkoli

Kategorie: Fleisch
- Hähnchenbrust
- Rindfleisch
```

Eine Beispieldatei `lebensmittel_dict.txt` mit dem folgenden Dictionary befindet sich im Verzeichnis `data`:

```
lebensmittel = [
    {"name": "Apfel", "category": "Obst"},
    {"name": "Banane", "category": "Obst"},
    {"name": "Karotte", "category": "Gemüse"},
    {"name": "Brokkoli", "category": "Gemüse"},
    {"name": "Hähnchenbrust", "category": "Fleisch"},
    {"name": "Rindfleisch", "category": "Fleisch"}
]
```

Lösung: Lösungen zu Kapitel 17 (Das Modul itertools), Seite 319

**6. Aufgabe:**

Schreibe eine Python-Funktion, die einen unendlichen Iterator erzeugt, der alle Palindrom-Quadratzahlen liefert. Eine Palindrom-Zahl ist eine Zahl, die vorwärts und rückwärts gelesen dasselbe ergibt, z. B. 121 oder 1331. Implementiere eine Funktion `is_palindrome`, die überprüft, ob eine gegebene Zahl ein Palindrom ist. Verwende dann die `islice`-Funktion aus dem Modul `itertools`, um die 30. bis 40. Palindrom-Quadratzahlen aus dem Iterator zu extrahieren und sie in einer Liste zu speichern. Gib diese Liste aus.

Lösung: Lösungen zu Kapitel 17 (Das Modul itertools), Seite 320

**7. Aufgabe:**

Verbessere die in diesem Kapitel eingeführte Generator-Funktion `diff_pairs` (Seite 255) um einen weiteren Parameter `n`, der die Anzahl der zurückzuliefernden Paare angibt.

Lösung: Lösungen zu Kapitel 17 (Das Modul itertools), Seite 321

**8. Aufgabe:**

Schreibe nun die Funktion `diff_pairs` der vorigen Aufgabe so um, dass eine beliebige Funktion (anstatt die Subtraktion) auf die Paare angewendet werden kann, d. h. es soll einen weiteren Parameter für die anzuwendende Funktion geben.

Lösung: Lösungen zu Kapitel 17 (Das Modul itertools), Seite 321

**9. Aufgabe:**

Schreibe ein Python-Programm, das eine bestimmte Anzahl von verschiedenen Lottozahlen erzeugt. Die Lottozahlen bestehen aus einer Kombination von 6 Zahlen aus einem Pool von 49 Zahlen. Das Programm sollte sicherstellen, dass jede Lottoziehung eine eindeutige Kombination von 6 Zahlen ist. Die Zahlen sollen in aufsteigender Reihenfolge ausgegeben werden.

Lösung: Lösungen zu Kapitel 17 (Das Modul itertools), Seite 322

**10. Aufgabe:**

Ein Unternehmen möchte sein Budget effizient auf verschiedene Projekte verteilen. Die Aufgabe besteht darin, alle Kombinationen von Projekten zu identifizieren, die das Budget optimal ausnutzen, indem sie entweder genau das maximale Budget oder bis zu einer definierten Schwelle (z. B. 80 % des Budgets) nutzen. Hierfür sollen `itertools.combinations` und Filterung verwendet werden, um die besten Kombinationen zu ermitteln.

Lösung: Lösungen zu Kapitel 17 (Das Modul itertools), Seite 323

**11. Aufgabe:**

Der Effekt, dass man oft zu einem durchschnittlich niedrigeren Preis kauft, wenn man regelmäßig und unabhängig von den aktuellen Kursen investiert, wird als „Cost-Average-Effekt“ oder „Durchschnittskosteneffekt“ bezeichnet. Dieser Effekt hilft dabei, die Volatilität des Marktes zu glätten, und kann insbesondere in volatilen Zeiten Vorteile bieten, da man bei niedrigeren Kursen automatisch mehr Einheiten kauft und bei höheren Kursen weniger.

Um den Effekt zu zeigen, dass man durch regelmäßiges Kaufen von Aktien zu festen Zeitpunkten (z. B. monatlich) oft zu einem durchschnittlich niedrigeren Preis kauft, schreibe ein Programm unter Verwendung von `itertools.accumulate` zur Berechnung des Durchschnittskurses über den Zeitraum eines Jahres mit fiktiven Kursen. Die folgenden Beispieldaten können verwendet werden:

```
# Fiktive Kurse für ein Jahr (12 Monate)
fiktive_kurse = [110, 105, 112, 108, 115, 120, 116, 122, 118, 125,
↪ 130, 128]

# Regelmäßiger Sparplan: Jeden Monat für 100€ Aktien kaufen
sparbetrag = 100
anzahl_kaeufe = 12
```

Lösung: Lösungen zu Kapitel 17 (Das Modul itertools), Seite 324

**12. Aufgabe:**

Wie Aufgabe 11, benutze nun aber die Funktion `aktienkurssimulator`, die wir in Kapitel 15 Generatoren und Iteratoren (Seite 175) in der Aufgabe 7 (Seite 209) eingeführt haben.

```
# Fiktive Kurse für ein Jahr (12 Monate)
fiktive_kurse = [110, 105, 112, 108, 115, 120, 116, 122, 118, 125,
↪  130, 128]

# Regelmäßiger Sparplan: Jeden Monat für 100€ Aktien kaufen
sparbetrag = 100
anzahl_kaeufe = 12
```

Lösung: Lösungen zu Kapitel 17 (Das Modul itertools), Seite 326

**13. Aufgabe:**

Erstelle ein Python-Programm, das Paare von teilerfremden Zahlen innerhalb eines gegebenen Bereichs identifiziert. Verwende hierfür `itertools.combinations` zur Generierung von Kombinationen und `itertools.filterfalse`, um Paare zu filtern, deren größter gemeinsamer Teiler nicht 1 ist. Implementiere das Programm so, dass es effizient alle möglichen Paare von teilerfremden Zahlen zwischen zwei gegebenen Grenzen findet und ausgibt.

Lösung: Lösungen zu Kapitel 17 (Das Modul itertools), Seite 328

**14. Aufgabe:**

Gegeben ist ein Dictionary, das Personen und die Städte, die sie besucht haben, abbildet. Deine Aufgabe ist es, die Häufigkeit jeder Stadt zu zählen, basierend darauf, wie oft sie in den Besuchen aller Personen erscheint. Benutze in der Lösung `chain` von `itertools`.

```
personen_stadt = {
    'Sarah': {'Paris', 'London', 'New York', 'Tokyo', 'Sydney'},
    'Ernesto': {'Paris', 'London', 'New York', 'Madrid'},
    'Susi': {'Paris', 'Hamburg', 'Berlin', 'Wien'},
    'Frank': {'Paris', 'Hamburg', 'Berlin', 'London'},
    'Maria': {'Paris', 'London', 'Basel', 'Madrid', 'Berlin'}
}
```

Lösung: Lösungen zu Kapitel 17 (Das Modul itertools), Seite 330

**15. Aufgabe:**

Ändere die vorige Aufgabe so, dass nur die Städte mit einer Zustimmungsrate über einem bestimmten Schwellenwert ausgegeben werden. Benutze in der Lösung `filter`.

Lösung: Lösungen zu Kapitel 17 (Das Modul itertools), Seite 331

# TEIL IV

## Lösungen zu den Aufgaben

# 18 Lösungen zu den Aufgaben

## 18.1 Lösungen zu Abschnitt 8.9 (Funktionen als Erste-Klasse-Objekte)

### 1. Aufgabe

```
def generiere_gerade(m, b):
    def gerade(x):
        return m*x + b
    return gerade

g1 = generiere_gerade(1, 0)
g2 = generiere_gerade(0.7, 3)

for x in range(5):
    print(g1(x), g2(x))
```

Die Ausgabe sieht wie folgt aus:

```
0 3.0
1 3.7
2 4.4
3 5.1
4 5.8
```

### 2. Aufgabe

```
def bereichs_prüfer(min_value, max_value):
    def checker(wert):
        return min_value < wert < max_value
    return checker

# Erzeugen von Bereichsprüfern
zwischen_10_und_20 = bereichs_prüfer(10, 20)
```

```
zwischen_0_und_100 = bereichs_prüfer(0, 100)
zwischen_50_und_60 = bereichs_prüfer(50, 60)

# Testen der generierten Bereichsprüfer
print(zwischen_10_und_20(15))
print(zwischen_10_und_20(25))
print(zwischen_0_und_100(50))
print(zwischen_0_und_100(150))
print(zwischen_50_und_60(55))
print(zwischen_50_und_60(45))
```

Die Ausgabe sieht wie folgt aus:

```
True
False
True
False
True
False
```

## 3. Aufgabe

Berechnung des Siedepunkts von Wasser in Abhängigkeit von der Höhe. Näherungsweise sinkt der Siedepunkt um ca. 1°C pro 300 Meter über dem Meeresspiegel.

```
def bereichs_pruefer_kochen(min_temp, max_temp, min_hoehe, max_hoehe):
    def checker(temp, hoehe):
        siedepunkt = 100 - (hoehe / 300)
        return min_temp < temp < max_temp and min_hoehe <= hoehe <=
         ↪ max_hoehe and temp >= siedepunkt
    return checker

# Erzeugen des Bereichsprüfers für den Siedepunkt von Wasser
is_water_boiling = bereichs_pruefer_kochen(0, 150, 0, 5000)  #
 ↪ Temperaturbereich und Höhenbereich

# Beispielaufrufe
beispiele = [
    (99, 0),        # Meeresspiegel
    (100, 0),       # Meeresspiegel
    (96, 900),      # 900 Meter über dem Meeresspiegel
    (97, 900),
    (93, 2100),
    (94, 2100),
    (89, 3000),
    (90, 3000),
]
```

```
for temp, hoehe in beispiele:
    if is_water_boiling(temp, hoehe):
        print(f"Bei {temp}°C und {hoehe} Metern kocht Wasser.")
    else:
        print(f"Bei {temp}°C und {hoehe} Metern kocht Wasser nicht.")
```

Die Ausgabe sieht wie folgt aus:

```
Bei 99°C und 0 Metern kocht Wasser nicht.
Bei 100°C und 0 Metern kocht Wasser.
Bei 96°C und 900 Metern kocht Wasser nicht.
Bei 97°C und 900 Metern kocht Wasser.
Bei 93°C und 2100 Metern kocht Wasser.
Bei 94°C und 2100 Metern kocht Wasser.
Bei 89°C und 3000 Metern kocht Wasser nicht.
Bei 90°C und 3000 Metern kocht Wasser.
```

## 18.2 Lösungen zu Abschnitt 8.3 (Dataclasses und Pattern Matching)

### 1. Aufgabe

```
from dataclasses import dataclass
from typing import Optional
@dataclass(frozen=True)
class Node:
    value: int
    left: Optional['Node'] = None
    right: Optional['Node'] = None

def value_exists(search_value: int, node: Optional[Node]) -> bool:
    match node:
        case Node(value, _, _) if search_value == value:
            return True
        case Node(value, left, right):
            return value_exists(search_value, left) or
             ↪ value_exists(search_value, right)
        case _:
            return False

tree = Node(1, Node(2), Node(3, Node(4), Node(5)))
print(value_exists(3, tree))
print(value_exists(9, tree))
```

Ausgabe:

```
True
False
```

## 18.3 Lösungen zu Abschnitt 8.5 (lambda)

### 1. Aufgabe

```
numbers = [123, 456, 789, 321, 654]

sorted_numbers = sorted(numbers, key=lambda x: int(str(x)[::-1]))

print(sorted_numbers)
```

Ausgabe:

```
[321, 123, 654, 456, 789]
```

### 2. Aufgabe

```
produkte = [
    (3, 'Schraube', 1.5),
    (5, 'Hammer', 2.0),
    (2, 'Zange', 1.8),
    (4, 'Schraubenzieher', 2.2)
]

# Sortieren nach Anzahl * Preis
sortierte_produkte = sorted(produkte, key=lambda x: x[0] * x[2])

print(sortierte_produkte)
```

Ausgabe:

```
[(2, 'Zange', 1.8), (3, 'Schraube', 1.5), (4, 'Schraubenzieher', 2.2), (5,
↪ 'Hammer', 2.0)]
```

### 3. Aufgabe

```
studierende = [
    ('Anna', 21, 15),
    ('Ben', 20, 17),
    ('Charlie', 22, 12),
    ('David', 19, 14)
]
```

```
# Sortieren nach Alter absteigend
# und dann nach Note absteigend
sortiert = sorted(studierende,
                  key=lambda x: (-x[1], -x[2]))

print(sortiert)
```

Ausgabe:

```
[('Charlie', 22, 12), ('Anna', 21, 15), ('Ben', 20, 17), ('David', 19,
↪ 14)]
```

## 18.4 Lösungen zu Abschnitt 8.7 (Rekursive Funktionen)

### 1. Aufgabe

```
def sum_n(lst: list[float]) -> float:
    if len(lst) == 0:
        return 0
    else:
        return lst[0] + sum_n(lst[1:])
```

### 2. Aufgabe

```
def reverse(lst: list) -> list:
    if len(lst) == 0:
        return []
    return [lst[-1]] + reverse(lst[:-1])

print(reverse([4, 7, 9, 12]))
```

Ein Aufruf liefert folgende Ausgabe:

```
[12, 9, 7, 4]
```

Man kann diese Funktion auch mittels einer ternären Bedingung schreiben:

```
def reverse(lst: list) -> list:
    return [] if len(lst) == 0 else [lst[-1]] + reverse(lst[:-1])
```

### 3. Aufgabe

```
def F(n: int) -> int:
    return 1 if n==0 else n - M(F(n-1))
```

```
def M(n: int) -> int:
    return 0 if n==0 else n - F(M(n-1))

for i in range(20):
    print(f'{i=}: {F(i)=} {M(i)=}')
```

Ein Aufruf liefert folgende Ausgabe:

```
i=0: F(i)=1 M(i)=0
i=1: F(i)=1 M(i)=0
i=2: F(i)=2 M(i)=1
i=3: F(i)=2 M(i)=2
i=4: F(i)=3 M(i)=2
i=5: F(i)=3 M(i)=3
i=6: F(i)=4 M(i)=4
i=7: F(i)=5 M(i)=4
i=8: F(i)=5 M(i)=5
i=9: F(i)=6 M(i)=6
i=10: F(i)=6 M(i)=6
i=11: F(i)=7 M(i)=7
i=12: F(i)=8 M(i)=7
i=13: F(i)=8 M(i)=8
i=14: F(i)=9 M(i)=9
i=15: F(i)=9 M(i)=9
i=16: F(i)=10 M(i)=10
i=17: F(i)=11 M(i)=11
i=18: F(i)=11 M(i)=11
i=19: F(i)=12 M(i)=12
```

## 4. Aufgabe

```
def josephus(n: int, k: int) -> int:
    if n == 1:
        return 1
    else:
        ergebnis = (josephus(n - 1, k) + k - 1) % n + 1
        return ergebnis

n = 7 # Anzahl der Leute im Kreis
k = 3 # Jede dritte Person wird eliminiert
result = josephus(n, k)
print(f"Die letzte überlebende Person ist an Position {result}.")
```

Ein Aufruf liefert folgende Ausgabe:

```
Die letzte überlebende Person ist an Position 4.
```

## 5. Aufgabe

```
from collections.abc import Iterable
from pprint import pprint

def flatten(data: Iterable) -> list:
    flattened = []
    if isinstance(data, Iterable) and not isinstance(data, (str,
    ↪ bytes)):
        for item in data:
            flattened.extend(flatten(item))
    elif isinstance(data, dict):
        flattened.extend(flatten(data.items()))
    else:
        flattened.append(data)
    return flattened

# Beispiel
nested_data = [
    "Hello",
    {'Alice': {'Math': 85, 'History': 92},
     'Bob': {'Math': 78, 'History': 85},
     'Charlie': {'Math': 90, 'History': 88},
     'Diana': {'Math': 82, 'History': 91}},
    [('Danielle', 'Kusch'), ('Ayse', 'Köster'),
     ('Priska', 'Johann'), ('Bärbel', 'Austermühle')],
    [42, 88, 99]
]


flattened_data = flatten(nested_data)
pprint(flattened_data)
```

Die berechnete flache Liste sieht wie folgt aus:

```
['Hello',
 'Alice',
 'Bob',
 'Charlie',
 'Diana',
 'Danielle',
 'Kusch',
 'Ayse',
 'Köster',
 'Priska',
 'Johann',
 'Bärbel',
 'Austermühle',
 42,
 88,
 99]
```

## 6. Aufgabe

```python
from typing import Iterable
from collections.abc import Iterable as CollectionsIterable

def flatten_iter(data: Iterable) -> Iterable:
    if isinstance(data, CollectionsIterable) \
            and not isinstance(data, (str, bytes)):
        for item in data:
            yield from flatten_iter(item)
    elif isinstance(data, dict):
        yield from flatten_iter(data.items())
    else:
        yield data


nested_data = [
    "Hello",
    {'Alice': {'Math': 85, 'History': 92},
     'Bob': {'Math': 78, 'History': 85},
     'Charlie': {'Math': 90, 'History': 88},
     'Diana': {'Math': 82, 'History': 91}},
    [('Danielle', 'Kusch'), ('Ayse', 'Köster'),
     ('Priska', 'Johann'), ('Bärbel', 'Austermühle')],
    [42, 88, 99]
]

flattened_iterator = flatten_iter(nested_data)

# Print flattened elements using the iterator
for element in flattened_iterator:
    print(element)
```

Ein Aufruf liefert folgende flache Liste als Ausgabe:

```
Hello
Alice
Bob
Charlie
Diana
Danielle
Kusch
Ayse
Köster
Priska
Johann
Bärbel
Austermühle
42
88
99
```

## 18.5 Lösungen zu Abschnitt 8.9 (Funktionen als Erste-Klasse-Objekte)

### 1. Aufgabe

```
def generiere_gerade(m: float, b: float):
    """
    Generiert eine Funktion, die eine Gerade mit den Parametern m und
    ↪ b darstellt.

    Args:
    - m (float): Steigung der Geraden.
    - b (float): y-Achsenabschnitt der Geraden.

    Returns:
    - Funktion: Eine Funktion f(x), die den y-Wert für ein gegebenes x
    ↪ berechnet.
    """
    def gerade(x):
        return m * x + b

    return gerade

m = 2.5  # Steigung
b = 1.0  # y-Achsenabschnitt

f = generiere_gerade(m, b)

# Test: Berechne y-Wert für verschiedene x-Werte
x_values = [0, 1, 2, 3, 4]
for x in x_values:
    y = f(x)
    print(f"Für x = {x}: y = {y}")
```

Die Ausgabe sieht wie folgt aus:

```
Für x = 0: y = 1.0
Für x = 1: y = 3.5
Für x = 2: y = 6.0
Für x = 3: y = 8.5
Für x = 4: y = 11.0
```

## 18.6 Lösungen zu Kapitel 9 (Dekoratoren)

### 1. Aufgabe

```
import time
import random

def log_time(func):
    def wrapper(*args, **kwargs):
        start = time.time()
        result = func(*args, **kwargs)
        end = time.time()
        wrapper.logs.append(end - start)
        return result
    wrapper.logs = []
    return wrapper

@log_time
def foo():
    wait_time = random.uniform(0.01, 0.03)
    time.sleep(wait_time)

for i in range(3):
    foo()

print(foo.logs)
```

### 2. Aufgabe

```
import functools
import logging

def log_decorator(logfile):
    logging.basicConfig(filename=logfile, level=logging.INFO)

    def decorator(func):
        @functools.wraps(func)
        def wrapper(*args, **kwargs):
            # Log-Eintrag vor der Funktionsausführung
            logging.info(f"Funktion '{func.__name__}' aufgerufen mit
             ↪ Parametern: {args}, {kwargs}")

            # Funktionsausführung
            result = func(*args, **kwargs)
```

```
            # Log-Eintrag nach der Funktionsausführung
            logging.info(f"Ergebnis von '{func.__name__}':
             ↪  {result}\n")

            # Ergebnis der Funktion zurückgeben
            return result

        return wrapper

    return decorator

# Beispiel
@log_decorator("logfile.txt")
def foo(a):
    result = a + 42
    return result

@log_decorator("logfile.txt")
def bar(a, b, c):
    return 3*a + foo(b + c)

# Aufruf der dekorierten Funktionen
foo(3)
foo(9)
print(foo(3), foo(9), bar(4, 5, c=4))
```

Die Datei logfile.txt enthält nach Ausführung des Codes folgenden Inhalt:

```
INFO:root:Funktion 'multiply_numbers' aufgerufen mit Parametern: (4, 7), {}
INFO:root:Ergebnis von 'multiply_numbers': 28

INFO:root:Funktion 'multiply_numbers' aufgerufen mit Parametern: (2, 3), {}
INFO:root:Ergebnis von 'multiply_numbers': 6

INFO:root:Funktion 'foo' aufgerufen mit Parametern: (3,), {}
INFO:root:Ergebnis von 'foo': 45

INFO:root:Funktion 'foo' aufgerufen mit Parametern: (9,), {}
INFO:root:Ergebnis von 'foo': 51

INFO:root:Funktion 'bar' aufgerufen mit Parametern: (4, 5), {'c': 4}
INFO:root:Funktion 'foo' aufgerufen mit Parametern: (9,), {}
INFO:root:Ergebnis von 'foo': 51

INFO:root:Ergebnis von 'bar': 63
```

### 3. Aufgabe

Als Beispiel für eine String-Funktion benutzen wir die sogenannte „leet“-Funktion. Eine Funktion, die „e“ in „3“, „I“ in „1“ und „O“ in „0“ umwandelt, wird oft als „leet“ oder „leet-speak“-Transformation bezeichnet. Leet-speak ist ein alternatives Alphabet, das hauptsächlich im Internet verwendet wird, zum Beispiel bei der Passwortgenerierung. Es beinhaltet das Ersetzen bestimmter Buchstaben durch Zahlen oder Sonderzeichen, die den Buchstaben ähneln, die sie ersetzen.

```
def leet_transform_replace(text):
    replacements = {'e': '3', 'E': '3', 'I': '1', 'O': '0', 'o': '0'}

    leet_text = text
    for original, leet in replacements.items():
        leet_text = leet_text.replace(original, leet)

    return leet_text

original_text = "Die Sonne geht im Osten auf."
leet_text = leet_transform_replace(original_text)
print(leet_text)
```

Ausgabe:

```
Di3 S0nn3 g3ht im 0st3n auf.
```

Nun kommen wir zur eigentlichen Lösung unserer Aufgabe und wollen dort die Funktion `leet_transform_replace` benutzen. Der Dekorator `max_characters` beschränkt die Rückgabe von String-Funktionen auf maximal `limit`-Zeichen.

```
from functools import wraps

def max_characters(limit):
    def decorator(func):
        @wraps(func)
        def wrapper(*args, **kwargs):
            result = func(*args, **kwargs)
            if isinstance(result, str) and len(result) > limit:
                return result[:limit] + "..."
            return result
        return wrapper
    return decorator

@max_characters(20)
def leet_transform_replace(text):
    replacements = {'e': '3', 'E': '3', 'I': '1', 'O': '0', 'o': '0'}

    leet_text = text
    for original, leet in replacements.items():
        leet_text = leet_text.replace(original, leet)

    return leet_text
```

```
original_text = "Die Sonne geht im Osten auf und Oliver ist gerne
  ↪ Oliven im Park."
leet_text = leet_transform_replace(original_text)
print(leet_text)
```

Die Ausgabe lautet:

```
Di3 S0nn3 g3ht im 0s...
```

## 4. Aufgabe

```
import time
import functools

def retry(max_attempts, delay=1):
    """
    Retry-Dekorator, der den Funktionsaufruf bis zu max_attempts
    Mal wiederholt mit einer Verzögerung (in Sekunden) zwischen den
      ↪ Wiederholungen
    """
    def decorator_retry(func):
        @functools.wraps(func)
        def wrapper_retry(*args, **kwargs):
            attempt = 0
            while attempt < max_attempts:
                try:
                    return func(*args, **kwargs)
                except Exception as e:
                    print(f"Attempt {attempt + 1} failed:", str(e))
                    time.sleep(delay)
                    attempt += 1
            raise RuntimeError(f"Function {func.__name__} failed after
              ↪ {max_attempts} attempts.")
        return wrapper_retry
    return decorator_retry

# Example usage:

# Function that sometimes fails
@retry(max_attempts=4, delay=2)
def sometimes_fails():
    import random
    if random.random() < 0.7:
        raise ValueError("Random failure")
    return "Success!"
```

```
# Test the decorated function
result = sometimes_fails()
print("Result:", result)
```

Ausgabe:

```
Attempt 1 failed: Random failure
Attempt 2 failed: Random failure
Result: Success!
```

## 5. Aufgabe

```
import functools

def wrap_lines(n):
    """
    Decorator that wraps the output of a function so that no line
    ↪ exceeds n characters.
    """
    def decorator_wrap_lines(func):
        @functools.wraps(func)
        def wrapper_wrap_lines(*args, **kwargs):
            # Aufruf der Funktion und Erfassung der Ausgabe
            result = func(*args, **kwargs)

            # Verteilung der Ausgabe über Zeilen
            wrapped_result = ""
            current_line = ""
            for word in result.split():
                if len(current_line) + len(word) + 1 > n:
                    wrapped_result += current_line.strip() + "\n"
                    current_line = ""
                current_line += word + " "
            # Füge die letzte Zeile hinzu
            wrapped_result += current_line.strip()

            return wrapped_result

        return wrapper_wrap_lines

    return decorator_wrap_lines

# Beispiel Verwendung:

# Funktion mit dem Dekorator dekorieren
@wrap_lines(20)
def generate_text():
    return "Ein Optimist sieht ein Glas halb voll,\
```

```
    ein Pessimist sieht es halb leer.\
    Ein Programmierer sieht das Glas als doppelt so\
    groß, wie es sein müsste."

# Test der dekorierten Funktion
wrapped_text = generate_text()
print(wrapped_text)
```

Ausgabe:

```
Ein Optimist sieht
ein Glas halb voll,
ein Pessimist sieht
es halb leer. Ein
Programmierer sieht
das Glas als
doppelt so groß,
wie es sein müsste.
```

## 6. Aufgabe

```
import warnings
from functools import wraps

def deprecated(func):
    @wraps(func)
    def wrapper(*args, **kwargs):
        warnings.warn(
            f"{func.__name__} ist veraltet und wird in einer
            ↪ zukünftigen Version entfernt.",
            category=DeprecationWarning,
            stacklevel=2
        )
        return func(*args, **kwargs)
    return wrapper

# Beispielnutzung des Dekorators
@deprecated
def old_function(x):
    print(f"old_function wurde mit {x} aufgerufen!")

# Aufruf der veralteten Funktion
old_function("Test")
```

Ausgabe:

```
old_function wurde mit Test aufgerufen!
```

## 7. Aufgabe

```
from functools import wraps

def call_once(func):
    @wraps(func)
    def wrapper(*args, **kwargs):
        if not wrapper.has_been_called:
            wrapper.has_been_called = True
            return func(*args, **kwargs)
        else:
            print(f"{func.__name__} wurde bereits aufgerufen und")
            print("wird nicht erneut ausgeführt.")
    wrapper.has_been_called = False
    return wrapper


@call_once
def initialize():
    print("Initialisierung erfolgt.")


initialize()
initialize()
```

Ausgabe:

```
Initialisierung erfolgt.
initialize wurde bereits aufgerufen und
wird nicht erneut ausgeführt.
```

## 8. Aufgabe

```
import threading
from typing import Callable, TypeVar
from typing_extensions import ParamSpec

# Typvariablen deklarieren
T = TypeVar('T')
P = ParamSpec('P')

def synchronized(func: Callable[P, T]) -> Callable[P, T]:
    lock = threading.Lock()

    def wrapper(*args: P.args, **kwargs: P.kwargs) -> T:
        with lock:
            return func(*args, **kwargs)

    return wrapper
```

```
# Beispielanwendung des Dekorators

@synchronized
def critical_section(n: int) -> None:
    print(f"Thread {threading.current_thread().name} startet...")
    # Simuliere eine längere Ausführung
    import time
    time.sleep(1)
    print(f"Thread {threading.current_thread().name} beendet.")

def run_threads():
    threads = []
    for i in range(5):
        thread = threading.Thread(target=critical_section, args=(i,),
         ↪ name=f"Thread-{i}")
        threads.append(thread)
        thread.start()

    for thread in threads:
        thread.join()


run_threads()
```

Ausgabe:

```
Thread Thread-0 startet...
Thread Thread-0 beendet.
Thread Thread-1 startet...
Thread Thread-1 beendet.
Thread Thread-2 startet...
Thread Thread-2 beendet.
Thread Thread-3 startet...
Thread Thread-3 beendet.
Thread Thread-4 startet...
Thread Thread-4 beendet.
```

## 9. Aufgabe

```
def add_id_function(cls):
    class DecoratedClass(cls):
        def __init__(self, *args, obj_id: int, **kwargs):
            super().__init__(*args, **kwargs)
            self.obj_id = obj_id

        def get_id(self):
            return f"ID: {self.obj_id}"

    return DecoratedClass
```

```
@add_id_function
class Person:
    def __init__(self, name: str):
        self.name = name

    def greet(self):
        print(f"Hello, my name is {self.name}.")

@add_id_function
class Car:
    def __init__(self, brand: str, model: str):
        self.brand = brand
        self.model = model

    def display_info(self):
        print(f"Car: {self.brand} {self.model}")

person = Person("Julia", obj_id=12345)
person.greet()
print(person.get_id())

car = Car("Alfa Romeo", "Giulia", obj_id=67890)
car.display_info()
print(car.get_id())
```

Ausgabe:

```
Hello, my name is Julia.
ID: 12345
Car: Alfa Romeo Giulia
ID: 67890
```

## 18.7 Lösungen zu Kapitel 10 (Memoisation)

### 1. Aufgabe

```
from functools import lru_cache

@lru_cache(maxsize=None)
def knapsack(weights, values, W, n):
    """
    Berechnet den maximalen Nutzen eines Rucksacks mit Kapazität W
    ↪ unter Verwendung
    von n Gegenständen, die jeweils ein Gewicht und einen Nutzen
    ↪ haben.
```

```
    Verwendet Memoisation, um die Berechnungen zu optimieren.

    Parameter:
    - weights (tuple): Ein Tuple von Gewichten der Gegenstände.
    - values (tuple): Ein Tuple von Nutzenwerten der Gegenstände.
    - W (int): Die Kapazität des Rucksacks.
    - n (int): Die Anzahl der Gegenstände, die in Betracht gezogen
     ↪  werden.

    Rückgabewert:
    - int: Der maximale Nutzen, den der Rucksack mit Kapazität W
     ↪  erzielen kann.

    Beispiel:
    >>> weights = (2, 3, 4, 5)
    >>> values = (3, 4, 5, 6)
    >>> W = 5
    >>> knapsack(weights, values, W, len(weights))
    7
    """
    if n == 0 or W == 0:
        return 0
    if weights[n-1] > W:
        return knapsack(weights, values, W, n-1)
    else:
        include = values[n-1] + knapsack(weights, values, W -
         ↪  weights[n-1], n-1)
        exclude = knapsack(weights, values, W, n-1)
        return max(include, exclude)

# Beispielwerte:
weights = (2, 3, 4, 5)
values = (3, 4, 5, 6)
W = 5

# Berechnung des maximalen Nutzens:
print(knapsack(weights, values, W, len(weights)))
```

Ausgabe:

```
7
```

Der Code implementiert das Rucksackproblem, bei dem es darum geht, den maximalen Nutzen zu berechnen, den ein Rucksack mit einer bestimmten Kapazität erreichen kann. Hierbei gibt es eine Liste von Gegenständen, wobei jeder Gegenstand ein Gewicht und einen Nutzen hat. Die Funktion `knapsack` wird so definiert, dass sie diese Berechnung unter Berücksichtigung der Kapazität des Rucksacks und der Anzahl der Gegenstände durchführt. Der `lru_cache`-Dekorator wird verwendet, um bereits berechnete Ergebnisse zwischenzuspeichern, was die Effizienz der Berechnungen erhöht. Die Funktion überprüft, ob der aktuelle Gegenstand in den Rucksack passt, und vergleicht den Nutzen, den man erzielt, wenn man den Gegenstand einbezieht oder nicht. Schließlich gibt die Funktion den maximalen Nutzen zurück, den der Rucksack erreichen kann. In dem Beispiel werden die Gewichtswerte, Nutzenwerte und die Kapazität des Rucksacks vorgegeben, und die Funktion wird aufgerufen, um den maximalen Nutzen zu berechnen und auszugeben.

## 2. Aufgabe

```
from functools import lru_cache

@lru_cache(maxsize=None)
def lcs_length(X, Y):
    """
    Berechnet die Länge der längsten gemeinsamen Teilsequenz (LCS)
     ↪ zwischen zwei Strings X und Y.

    Verwendet Memoisation zur Optimierung der Berechnungen.

    Parameter:
    - X (str): Der erste String.
    - Y (str): Der zweite String.

    Rückgabewert:
    - int: Die Länge der LCS zwischen X und Y.

    Beispiel:
    >>> X = "ABCBDAB"
    >>> Y = "BDCAB"
    >>> lcs_length(X, Y)
    4
    """
    if not X or not Y:
        return 0
    if X[-1] == Y[-1]:
        return lcs_length(X[:-1], Y[:-1]) + 1
    else:
        return max(lcs_length(X[:-1], Y), lcs_length(X, Y[:-1]))

def lcs_sequence(X, Y):
    """
    Gibt die längste gemeinsame Teilsequenz (LCS) zwischen zwei
     ↪ Strings X und Y zurück.

    Verwendet die Funktion lcs_length zur Berechnung der LCS-Länge und
     ↪ rekonstruiert die LCS selbst.
```

```
    Parameter:
    - X (str): Der erste String.
    - Y (str): Der zweite String.

    Rückgabewert:
    - str: Die LCS zwischen X und Y.

    Beispiel:
    >>> X = "ABCBDABXZ"
    >>> Y = "BDCABYZ"
    >>> lcs_sequence(X, Y)
    'BCAB'
    """
    @lru_cache(maxsize=None)
    def lcs_internal(i, j):
        if i == 0 or j == 0:
            return "", 0
        if X[i-1] == Y[j-1]:
            subseq, length = lcs_internal(i-1, j-1)
            return subseq + X[i-1], length + 1
        else:
            subseq1, length1 = lcs_internal(i-1, j)
            subseq2, length2 = lcs_internal(i, j-1)
            if length1 > length2:
                return subseq1, length1
            else:
                return subseq2, length2

    subsequence, _ = lcs_internal(len(X), len(Y))
    return subsequence

# Beispielstrings
X = "ABCBDABDF"
Y = "BDCABEF"

# Berechnung der Länge der LCS und der LCS selbst
length = lcs_length(X, Y)
subsequence = lcs_sequence(X, Y)

print(f"Die Länge der LCS zwischen '{X}' und '{Y}' ist: {length}")
print(f"Die LCS selbst ist: '{subsequence}'")
```

Ausgabe:

```
Die Länge der LCS zwischen 'ABCBDABDF' und 'BDCABEF' ist: 5
Die LCS selbst ist: 'BDABF'
```

## 3. Aufgabe

```python
import functools

@functools.lru_cache(maxsize=None)
def levenshtein(s1, s2):
    # Basisfälle: wenn einer der Strings leer ist
    if len(s1) == 0:
        return len(s2)
    if len(s2) == 0:
        return len(s1)

    # Wenn die letzten Zeichen der Strings gleich sind, ignoriere sie
     ↪ und fahre mit dem Rest fort
    if s1[-1] == s2[-1]:
        return levenshtein(s1[:-1], s2[:-1])

    # Berechne die minimalen Kosten der Operationen: Einfügen, Löschen,
     ↪ Ersetzen
    insert_cost = levenshtein(s1, s2[:-1])
    delete_cost = levenshtein(s1[:-1], s2)
    replace_cost = levenshtein(s1[:-1], s2[:-1])

    return 1 + min(insert_cost, delete_cost, replace_cost)

# Beispielhafte Anwendung
s1 = "UK"
s2 = "Austria"
s3 = "Australia"

print("Einige Levenshtein-Distanzen:")
print(f"'{s1}' und '{s2}': {levenshtein(s1, s2)}.")
print(f"'{s1}' und '{s3}': {levenshtein(s1, s3)}.")
print(f"'{s2}' und '{s3}': {levenshtein(s2, s3)}.")
```

Ausgabe:

```
Einige Levenshtein-Distanzen:
'UK' und 'Austria': 7.
'UK' und 'Australia': 9.
'Austria' und 'Australia': 2.
```

## 18.8 Lösungen zu Kapitel 11 (Closures)

### 1. Aufgabe

```
from typing import Callable

def make_counter() -> Callable[[], int]:
    count = 0

    def counter() -> int:
        nonlocal count
        count += 1
        return count

    return counter

# Erstellen von zwei Zählern
my_counter1 = make_counter()
my_counter2 = make_counter()

# Verwenden des ersten Zählers
for i in range(3):
    print(my_counter1())

# Verwenden des zweiten Zählers
print(my_counter2())
print(my_counter2())

# Verwenden des ersten Zählers erneut
print(my_counter1())
```

Ausgabe:

```
1
2
3
1
2
4
```

### 2. Aufgabe

```
from typing import Callable

def create_secret_keeper(secret_message: str,
                         correct_password: str) -> Callable[[str],
                          ↪ str]:
```

```
    def secret_keeper(input_password: str) -> str:
        if input_password == correct_password:
            return secret_message
        else:
            return "Access Denied: Incorrect Password"
    return secret_keeper

# Beispiel für die Verwendung:
secret_message = "This is a secret message."
correct_password = "securepassword123"

keeper = create_secret_keeper(secret_message, correct_password)

# Versuche, auf die geheime Nachricht zuzugreifen
print(keeper("wrongpassword"))
print(keeper("securepassword123"))
```

Ausgabe:

```
Access Denied: Incorrect Password
This is a secret message.
```

## 18.9 Lösungen zu Kapitel 16 (Iteratoren der Standardbibliothek)

### 1. Aufgabe

```
bestellungen = [
    ["34587",
     """Learning Python,
     Mark Lutz""",
     4, 40.95],
    ["98763",
     """Numerisches Python: Arbeiten mit NumPy, Matplotlib und Pandas,
     Bernd Klein""",
     5, 29.99],
    ["77227",
     """Einführung in Python 3: Für Ein- und Umsteiger""",
     3, 24.99]
]

mindestbestellwert = 100
```

```
berechne_rechnungsbetrag = map(
    lambda x: (x[0], x[2] * x[3]),
    bestellungen
)

füge_versandkosten_hinzu = map(
    lambda x: x if x[1] >= mindestbestellwert else (x[0], x[1] + 10),
    berechne_rechnungsbetrag
)

for zähler, bestellung in enumerate(füge_versandkosten_hinzu, 1):
   print(f"{zähler}. Bestellung: {bestellung}")
```

Die Bestellungen:

```
1. Bestellung: ('34587', 163.8)
2. Bestellung: ('98763', 149.95)
3. Bestellung: ('77227', 84.97)
```

## 2. Aufgabe

```
from functools import reduce

orders = [["34587", ("5464", 4, 9.99), ("8274", 18, 12.99), ("9744",
 ↪ 9, 44.95)],
          ["34588", ("5464", 9, 9.99), ("9744", 9, 44.95)],
          ["34588", ("5464", 9, 9.99)],
          ["34587", ("8732", 7, 11.99), ("7733", 11, 18.99), ("9710",
           ↪ 5, 39.95)]]

min_order = 100
invoice_totals = list(
    map(lambda x: [x[0]] + list(map(lambda y: y[1] * y[2], x[1:])),
     ↪ orders))
invoice_totals = list(
    map(lambda x: [x[0]] + [reduce(lambda a, b: a + b, x[1:])],
     ↪ invoice_totals))
invoice_totals = list(
    map(lambda x: x if x[1] >= min_order else (x[0], x[1] + 10),
     ↪ invoice_totals))

print(invoice_totals)
```

## 18.10 Lösungen zu Abschnitt 16.5 (Listen-Abstraktion)

### 3. Aufgabe

```
>>> n = 30
>>> [(x, y) for x in range(1, n + 1)
...  for y in range(1, n + 1) if not x % y and x != y]
[(2, 1), (3, 1), (4, 1), (4, 2), (5, 1), (6, 1), (6, 2), (6, 3), (7,
↪ 1), (8, 1), (8, 2), (8, 4), (9, 1), (9, 3), (10, 1), (10, 2), (10,
↪ 5), (11, 1), (12, 1), (12, 2), (12, 3), (12, 4), (12, 6), (13, 1),
↪ (14, 1), (14, 2), (14, 7), (15, 1), (15, 3), (15, 5), (16, 1),
↪ (16, 2), (16, 4), (16, 8), (17, 1), (18, 1), (18, 2), (18, 3),
↪ (18, 6), (18, 9), (19, 1), (20, 1), (20, 2), (20, 4), (20, 5),
↪ (20, 10), (21, 1), (21, 3), (21, 7), (22, 1), (22, 2), (22, 11),
↪ (23, 1), (24, 1), (24, 2), (24, 3), (24, 4), (24, 6), (24, 8),
↪ (24, 12), (25, 1), (25, 5), (26, 1), (26, 2), (26, 13), (27, 1),
↪ (27, 3), (27, 9), (28, 1), (28, 2), (28, 4), (28, 7), (28, 14),
↪ (29, 1), (30, 1), (30, 2), (30, 3), (30, 5), (30, 6), (30, 10),
↪ (30, 15)]
```

### 4. Aufgabe

Die Wahrscheinlichkeit dafür, dass die Summe der Augenzahlen 7 ist, berechnet sich aus dem Quotienten der Anzahl aller Würfe mit Summe 7 (`casts_of_sum_7`), dividiert durch die Anzahl aller möglichen Würfe (`all_casts`):

```
>>> all_casts = [(x, y) for x in range(1, 7) for y in range(1, 7)]
>>> casts_of_sum_7 = [x for x in all_casts if sum(x) == 7]
>>> casts_of_sum_7
[(1, 6), (2, 5), (3, 4), (4, 3), (5, 2), (6, 1)]
>>> probability7 = len(casts_of_sum_7) / len(all_casts)
>>> probability7
0.16666666666666666
```

### 5. Aufgabe

```
def prob_for_sum(number):
    all_casts = [(x, y) for x in range(1, 7) for y in range(1, 7)]
    casts_of_sum = [x for x in all_casts if sum(x) == number]
    return len(casts_of_sum) / len(all_casts)


for i in range(14):
    print("sum: {0:2d}, prob: {1:5.2f} %".format(i, prob_for_sum(i) *
     ↪ 100))
```

Startet man obiges Programm, erhält man folgende Ausgabe:

Ausgabe:

```
sum:  0, prob:  0.00 %
sum:  1, prob:  0.00 %
sum:  2, prob:  2.78 %
sum:  3, prob:  5.56 %
sum:  4, prob:  8.33 %
sum:  5, prob: 11.11 %
sum:  6, prob: 13.89 %
sum:  7, prob: 16.67 %
sum:  8, prob: 13.89 %
sum:  9, prob: 11.11 %
sum: 10, prob:  8.33 %
sum: 11, prob:  5.56 %
sum: 12, prob:  2.78 %
sum: 13, prob:  0.00 %
```

## 6. Aufgabe

```
# Gegebene Preisliste und Liste der Lebensmittel
preisliste = [("Äpfel", 2.5), ("Brot", 1.75), ("Buch", 12.99),
              ("Milch", 1.25), ("Laptop", 899.99)]
lebensmittel = ['Äpfel', 'Banane', 'Milch', 'Brot', 'Eier']

# Filtern der Lebensmittel-Artikel
lebensmittel_artikel = filter(lambda x: x[0] in lebensmittel,
↪ preisliste)

# Filtern der Non-Food-Artikel
non_food_artikel = filter(lambda x: x[0] not in lebensmittel,
↪ preisliste)

# Extrahieren der Preise für Lebensmittel-Artikel
lebensmittel_preise = map(lambda x: x[1], lebensmittel_artikel)

# Extrahieren der Preise für Non-Food-Artikel
non_food_preise = map(lambda x: x[1], non_food_artikel)

# Berechnen der Summen
summe_lebensmittel = sum(lebensmittel_preise)
summe_non_food = sum(non_food_preise)

# Ausgabe der Ergebnisse
print("Summe der Lebensmittel-Artikel:", summe_lebensmittel)
print("Summe der Non-Food-Artikel:", summe_non_food)
```

Ausgabe:

```
Summe der Lebensmittel-Artikel: 5.5
Summe der Non-Food-Artikel: 912.98
```

### 6. Aufgabe

```
produkte = [
    {"name": "Deluxe Widget", "preis": 120, "anzahl": 2, "verfügbar":
    ↪ True},
    {"name": "Economy Widget", "preis": 60, "anzahl": 5, "verfügbar":
    ↪ False},
    {"name": "Premium Gadget", "preis": 150, "anzahl": 1, "verfügbar":
    ↪ True},
    {"name": "Basic Gadget", "preis": 80, "anzahl": 10, "verfügbar":
    ↪ True},
    {"name": "Ultimate Gizmo", "preis": 200, "anzahl": 3, "verfügbar":
    ↪ False}
]

# Listen-Abstraktion: Filter für verfügbare Produkte und Berechnung
↪ der Gesamtkosten
gesamtkosten = sum([p["preis"] * p["anzahl"] for p in produkte if
↪ p["verfügbar"]])

print(gesamtkosten)
```

Ausgabe:

```
1190
```

## 18.11 Lösungen zu Kapitel 15 (Generatoren und Iteratoren)

### 1. Aufgabe

```
def fibonacci():
    """Ein Fibonacci-Zahlen-Generator"""

        a, b = 0, 1
        while True:
                yield a
      a, b = b, a + b
```

```
f = fibonacci()
counter = 0
for x in f:
    print x,
    counter += 1
    if (counter > 10):
                  break
```

## 2. Aufgabe

```
def city_generator():
    cities = ["Paris", "Berlin", "London", "Vienna"]
    for city in cities:
        yield city


def round_robin(g):
    while True:
        for i in g():
            yield i


if __name__ == "__main__":
    for i in round_robin(city_generator):
        print(i)
```

Die Ausgabe dieses Programms sieht wie folgt aus:

```
Paris
Berlin
London
Vienna
Paris
Berlin
London
Vienna
Paris
Berlin
London
Vienna
Paris
...
```

### 3. Aufgabe

```python
def frange(*args):
    """ Generator, der analog zu range funktioniert, jedoch
    float-Zahlen akzeptiert. """
    startval = 0
    stepsize = 1
    if len(args) == 1:
        endval = args[0]
    elif len(args) == 2:
        startval, endval = args
    elif len(args) == 3:
        startval, endval, stepsize = args
    value = startval
    factor = -1 if stepsize < 0 else 1
    while (value - endval) * (factor) < 0:
        yield value
        value += stepsize
```

### 4. Aufgabe

```python
def city_generator():
    cities = ["Paris", "Berlin", "London", "Vienna"]
    for city in cities:
        yield city


def pendulum(g):
    while True:
        l = []
        for i in g():
            l.append(i)
            yield i
        while l:
            yield l.pop()


if __name__ == "__main__":
    for i in pendulum(city_generator):
        print(i)
```

Starten wir dieses Programm, erhalten wir die folgende Ausgabe:

```
Paris
Berlin
London
Vienna
Vienna
```

```
London
Berlin
Paris
Paris
Berlin
London
Vienna
Vienna
London
Berlin
Paris
...
```

## 5. Aufgabe

```
def numbers():
    for i in range(1, 10):
        yield i


def pair_sum(g):
    it = g()
    previous = next(it)
    while True:
        try:
            x = next(it)
            yield x + previous
            previous = x
        except StopIteration:
            it = g()


if __name__ == "__main__":
    for i in pair_sum(numbers):
        print(i, end=", ")
```

Die Ausgabe sieht wie folgt aus:

```
3, 5, 7, 9, 11, 13, 15, 17, 10, 3, 5, 7, 9, 11, 13, 15, 17, 10, 3, ...
```

## 6. Aufgabe

```
import random


def random_ones_and_zeros():
    p = 0.5
    while True:
```

```
        x = random.random()
        message = yield 1 if x < p else 0
        if message is not None:
            p = message


x = random_ones_and_zeros()
next(x)  # wir sind nicht am return-Wert interessiert
for p in [0.2, 0.8]:
    x.send(p)
    print("\nprobability: " + str(p))
    for i in range(15):
        print(next(x), end=" ")
```

Die Ausgabe sieht wie folgt aus:

```
probability: 0.2
0 0 1 0 1 0 0 0 0 0 1 0 0 0 0
probability: 0.8
0 0 0 0 1 1 1 1 1 1 1 0 1 1 1
```

## 7. Aufgabe

```
import random

def aktienkurssimulator(start_wert, zeiteinheiten, volatilitaet, eps):
    """
    Generator-Funktion, die Werte über einen gegebenen Zeitraum
    basierend auf einem Startwert, einer täglichen Volatilität und
    einer leichten steigenden Tendenz simuliert.

    :param start_wert: Anfangswert
    :param zeiteinheiten: Anzahl der Zeiteinheiten, die simuliert
                          werden sollen
    :param volatilitaet: Maximale tägliche prozentuale Wertänderung
    :param eps: Wert, um eine tendenziell steigende oder fallende
                Tendenz zu erzeugen
    :yield: Tuple (aktuelle Zeiteinheit, aktueller Wert)
    """
    aktueller_wert = start_wert
    for zeit in range(1, zeiteinheiten + 1):
        aenderungsprozent = random.uniform(-volatilitaet, volatilitaet)
         ↪ + eps
        aenderung_betrag = aktueller_wert * aenderungsprozent / 100

        aktueller_wert += aenderung_betrag
        aktueller_wert = round(aktueller_wert, 2)
```

```
        yield zeit, aktueller_wert

start_wert = 100
zeiteinheiten = 30
volatilitaet = 2
eps = 0.5

print("Zeiteinheit\tWert")
simulator = aktienkurssimulator(start_wert,
                                zeiteinheiten,
                                volatilitaet, eps)
for zeit, wert in simulator:
    print(f"{zeit:2d}\t{wert:15.2f}")
```

Der simulierte Aktienverlauf sieht wie folgt aus:

```
Zeiteinheit       Wert
 1                101.16
 2                100.00
 3                101.39
 4                103.64
 5                104.41
 6                104.53
 7                104.09
 8                102.93
 9                104.81
10                104.37
11                104.60
12                106.59
13                108.90
14                109.28
15                109.43
16                111.97
17                111.03
18                113.72
19                113.23
20                112.93
21                112.02
22                113.12
23                111.59
24                110.74
25                109.88
26                110.98
27                112.62
28                113.04
29                111.35
30                110.44
```

## 8. Aufgabe

```
import random

def kauflaune(start_wert, volatilitaet):
    """ ähnlich wie aktionaktienkurssimulator """
    aktueller_wert = start_wert
    while True:
        aenderungsprozent = random.uniform(-volatilitaet,
         ↪ volatilitaet)
        aenderung_betrag = aktueller_wert * aenderungsprozent / 100

        aktueller_wert += aenderung_betrag
        aktueller_wert = round(aktueller_wert, 2)

        yield aktueller_wert

def aktienkurssimulator(start_wert,
                        zeiteinheiten,
                        volatilitaet,
                        eps,
                        kauflaune_iterator):
    """
    Generator-Funktion, die Werte über einen gegebenen Zeitraum
    basierend auf einem Startwert, einer täglichen Volatilität und
    einer leichten steigenden Tendenz simuliert.

    :param start_wert: Anfangswert
    :param zeiteinheiten: Anzahl der Zeiteinheiten, die simuliert
                          werden sollen
    :param volatilitaet: Maximale tägliche prozentuale Wertänderung
    :param eps: Wert, um eine tendenziell steigende oder fallende
                Tendenz zu erzeugen
    :yield: Tuple (aktuelle Zeiteinheit, aktueller Wert)
    """
    aktueller_wert = start_wert
    for zeit in range(1, zeiteinheiten + 1):
        aenderungsprozent = random.uniform(-volatilitaet, volatilitaet)
         ↪ + eps
        aenderung_betrag = aktueller_wert * aenderungsprozent / 100

        aktueller_wert += aenderung_betrag
        aktueller_wert = round(aktueller_wert, 2)

        yield zeit, aktueller_wert
```

```
start_wert = 100
zeiteinheiten = 30
volatilitaet = 2
eps = 0.5
sentiment = 1 # startwert für kauflaune
volatilitaet_kauflaune = 1
laune = kauflaune(sentiment, volatilitaet_kauflaune)
print("Zeiteinheit\tWert")
simulator = aktienkurssimulator(start_wert,
                                zeiteinheiten,
                                volatilitaet,
                                eps,
                                laune)
for zeit, wert in simulator:
    print(f"{zeit:2d}\t{wert:14.2f}")
```

Der simulierte Aktienverlauf unter Einbeziehung der allgemeinen Kauflaune sieht wie folgt aus:

```
Zeiteinheit         Wert
 1                 99.84
 2                 99.22
 3                100.57
 4                100.22
 5                102.36
 6                101.02
 7                100.42
 8                102.47
 9                102.01
10                101.61
11                101.51
12                103.43
13                103.30
14                104.69
15                106.86
16                107.10
17                105.79
18                106.75
19                105.92
20                106.24
21                107.86
22                110.18
23                108.76
24                110.15
25                110.49
26                112.38
27                113.41
28                112.30
29                111.80
30                114.34
```

## 18.12 Lösungen zu Kapitel 17 (Das Modul itertools)

### 1. Aufgabe

```
from itertools import chain, count, dropwhile
x = dropwhile(lambda x: (x+1) % 2, chain(count(1, 2), count(0, 2)))
value = next(x)
while value < 10:
    print(value)
    value = next(x)
```

Die Ausgabe sieht wie folgt aus:

```
1
3
5
7
9
```

### 2. Aufgabe

Die Frage lautete, was bei diesem Code passiert:

```
from itertools import chain, , count, dropwhile
x = dropwhile(lambda x: x % 2, chain(count(1, 2), count(0, 2)))
value = next(x)
while value < 10:
    print(value)
    value = next(x)
```

Das Problem bei diesem Code liegt in der Verwendung der Funktion `dropwhile()` in Verbindung mit der Funktion `chain()`, um zwei unendliche Iteratoren zu kombinieren.

Die Funktion `dropwhile()` wird angewendet, um Elemente aus dem kombinierten Iterator zu entfernen, solange das Prädikat `x % 2` `True` ergibt. Allerdings wird `x % 2` verwendet, was `True` für gerade Zahlen und `False` für ungerade Zahlen ergibt.

Der erste Iterator in der Kette (`count(1, 2)`) generiert ungerade Zahlen, und der zweite Iterator (`count(0, 2)`) generiert gerade Zahlen. Daher wird `dropwhile()` Elemente aus dem kombinierten Iterator entfernen, bis es auf eine gerade Zahl stößt. Dies bedeutet, dass `dropwhile()` alle ungeraden Zahlen entfernen wird, aber das erste Element, das es zurückgibt, wird eine gerade Zahl sein.

Daher wird die Schleife, die versucht, Elemente aus `dropwhile()` zu lesen, in eine Endlosschleife geraten, da `dropwhile()` niemals aufhört, gerade Zahlen zu liefern. Das führt zu einer Endlosschleife und keinerlei Ausgabe.

### 3. Aufgabe

Für die Lösung dieser Aufgabe benötigen wir `count` von `itertools`.

```
from itertools import count

def is_prime(n):
    if n <= 1:
        return False
    if n <= 3:
        return True
    if n % 2 == 0 or n % 3 == 0:
        return False
    i = 5
    while i * i <= n:
        if n % i == 0 or n % (i + 2) == 0:
            return False
        i += 6
    return True

def prime_generator():
    for number in count(start=2):
        if is_prime(number):
            yield number

# Testen des Generators
prime_gen = prime_generator()
n = 10
print(f"Es folgen die ersten {n} Primzahlen:")
for _ in range(n):
    print(next(prime_gen))
```

Die Ausgabe sieht wie folgt aus:

```
Es folgen die ersten 10 Primzahlen:
2
3
5
7
11
13
17
19
23
29
```

Der Zweig

```
if n % 2 == 0 or n % 3 == 0:
    return False
```

Wurde eingeführt, um die Berechnung der Primzahlen effizienter zu machen. Wir können darauf verzichten, indem wir die Variable `i` mit 2 initialisieren. Die Lösung sieht dann wie folgt aus.

```
from itertools import count

def is_prime(n):
    if n <= 1:
        return False
    if n <= 3:
        return True
    i = 2
    while i * i <= n:
        if n % i == 0:
            return False
        i += 1
    return True


def prime_generator():
    for number in count(start=2):
        if is_prime(number):
            yield number

# Testen des Generators
prime_gen = prime_generator()
n = 10
print(f"Es folgen die ersten {n} Primzahlen:")
for _ in range(n):
    print(next(prime_gen))
```

Die Ausgabe sieht wie folgt aus:

```
Es folgen die ersten 10 Primzahlen:
2
3
5
7
11
13
17
19
23
29
```

## 4. Aufgabe

Für die Lösung dieser Aufgabe benötigen wir tee von itertools.

```
from itertools import tee

def cumulative_sum_and_product(iterable):
    iterable1, iterable2 = tee(iterable, 2)

    cumulative_sum = 0
    for item in iterable1:
        cumulative_sum += item
        yield cumulative_sum

    cumulative_product = 1
    for item in iterable2:
        cumulative_product *= item
        yield cumulative_product

# Beispiel
data = [1, 2, 3, 4, 5]

for x in cumulative_sum_and_product(data):
    print(x)
```

Die Ausgabe sieht wie folgt aus:

```
1
3
6
10
15
1
2
6
24
120
```

## 5. Aufgabe

```
from itertools import groupby

products = [
    {"name": "Apfel", "category": "Obst"},
    {"name": "Banane", "category": "Obst"},
    {"name": "Karotte", "category": "Gemüse"},
    {"name": "Brokkoli", "category": "Gemüse"},
    {"name": "Hähnchenbrust", "category": "Fleisch"},
    {"name": "Rindfleisch", "category": "Fleisch"}
]
```

```
def key_function(product):
    return product["category"]

# Lebensmittel nach Kategorie sortieren
sorted_products = sorted(products, key=key_function)

# Lebensmittel nach Kategorie gruppieren
grouped_products = groupby(sorted_products, key=key_function)

# Ausgabe der gruppierten Lebensmittel
for category, group in grouped_products:
    print(f"Kategorie: {category}")
    for product in group:
        print(f"- {product['name']}")
    print()
```

Ausgabe:

```
Kategorie: Fleisch
- Hähnchenbrust
- Rindfleisch

Kategorie: Gemüse
- Karotte
- Brokkoli

Kategorie: Obst
- Apfel
- Banane
```

## 6. Aufgabe

```
from itertools import count, islice

def is_palindrome(n):
    return str(n) == str(n)[::-1]

def palindrome_square_numbers():
    for num in count(1):
        square = num ** 2
        if is_palindrome(square):
            yield square


palindrome_squares = islice(palindrome_square_numbers(), 30, 40)

print(list(palindrome_squares))
```

Wir erhalten die folgenden Palindromquadrate:

```
[10000200001, 10221412201, 12102420121, 12345654321, 40000800004,
↪ 637832238736, 1000002000001, 1002003002001, 1004006004001,
↪ 1020304030201]
```

## 7. Aufgabe

```
from itertools import count, pairwise

def diff_pairs(iterable, n=None):
    pairs = pairwise(iterable)
    counter = count(0) if n is None else range(0, n)
    try:
        for _ in counter:
            pair = next(pairs)
            yield pair[1] - pair[0]
    finally:
        return

def fibonacci():
    old, new = 0, 1
    while True:
        yield old
        old, new = new, old + new

n = 10
# Test mit einem Wert für n:
differences = diff_pairs(fibonacci(), n)
print(list(differences))

# Test mit n=None, default
differences = diff_pairs(fibonacci())
for _ in range(n):
    d = next(differences)
    print(d, end=', ')
```

Ausgabe:

```
[1, 0, 1, 1, 2, 3, 5, 8, 13, 21]
1, 0, 1, 1, 2, 3, 5, 8, 13, 21,
```

## 8. Aufgabe

```
from itertools import count, pairwise

def pairs_op(iterable, function, n=None):
```

```
    """
    Wende eine Funktion auf umgekehrte Paare benachbarter Elemente
    eines iterierbaren Objekts an.

    Args:
        iterable (iterable): Das iterierbare Objekt, dessen Paare
            bearbeitet werden sollen.
        function (function): Die Funktion, die auf jedes umgekehrte
            Paar angewendet werden soll.
        n (int, optional): Die maximale Anzahl von Paaren, die
            bearbeitet werden sollen.
            Wenn nicht angegeben, werden alle Paare bearbeitet.

    Yields:
        Das Ergebnis der Funktion, die auf jedes umgekehrte Paar
        ↪ angewendet wird.

    Example:
        >>> iterable = [1, 2, 3, 4]
        >>> function = lambda x, y: x - y
        >>> list(pairs_op(iterable, function, n=2))
        [1, 1]
    """
    pairs = pairwise(iterable)
    counter = count(0) if n is None else range(0, n)
    try:
        for _ in counter:
            pair = next(pairs)
            yield function(*pair[::-1])
    finally:
        return


n = 10
differences = pairs_op(fibonacci(), lambda x, y: x**2 + 2*x*y + y**2,
 ↪ n)
print(list(differences))
```

Ausgabe:

```
[1, 4, 9, 25, 64, 169, 441, 1156, 3025, 7921]
```

## 9. Aufgabe

```
from itertools import combinations
import random
```

```
def generate_lotto_numbers(num_draws):
    pool = list(range(1, 50))  # Pool von Zahlen von 1 bis 49
    draws = set()  # Hier werden die Lottoziehungen gespeichert

    while len(draws) < num_draws:
        # Zufällige Auswahl von 6 verschiedenen Zahlen aus dem Pool
        lotto_numbers = sorted(random.sample(pool, 6))

        # Sicherstellen, dass jede Lottoziehung eindeutig ist
        if tuple(lotto_numbers) not in draws:
            draws.add(tuple(lotto_numbers))

    return draws

# Anzahl der Lottoziehungen
num_draws = 5

# Lottozahlen generieren
lotto_draws = generate_lotto_numbers(num_draws)

# Ausgabe der Lottoziehungen
for i, draw in enumerate(lotto_draws, 1):
    print(f"{i}. Lottoziehung: {draw}")
```

Folgende Ziehungen erhalten wir aus dem vorigen Programm:

```
1. Lottoziehung: (14, 32, 38, 40, 44, 45)
2. Lottoziehung: (1, 4, 15, 19, 29, 49)
3. Lottoziehung: (1, 10, 17, 24, 27, 42)
4. Lottoziehung: (10, 13, 30, 35, 37, 47)
5. Lottoziehung: (15, 17, 25, 29, 37, 39)
```

## 10. Aufgabe

```
import itertools

# Projekte und zugehörige Kosten
projects = {
    'A': 100_000,
    'B': 150_000,
    'C': 80_000,
    'D': 120_000,
    'E': 150_000
}

# Maximales verfügbares Budget und minimale Schwelle
# (z.B. 80% des maximalen Budgets)
```

```
max_budget = 400_000
min_threshold = 0.8 * max_budget

# Liste für alle Kombinationen, die das Budget
# zwischen Schwelle maximalem Budget ausnutzen
valid_combinations = []

# Generiere alle möglichen Kombinationen von Projekten
for r in range(1, len(projects) + 1):
    for combo in itertools.combinations(projects.items(), r):
        combo_names, combo_costs = zip(*combo)
        total_cost = sum(combo_costs)
        if total_cost >= min_threshold and total_cost <= max_budget:
            valid_combinations.append((combo_names, total_cost))

# Ausgabe der gefundenen gültigen Kombinationen
if valid_combinations:
    print("Gültige Kombinationen mit Budget zwischen "
          f"{min_threshold} und {max_budget}:")
    for idx, (names, cost) in enumerate(valid_combinations, start=1):
        print(f"Kombination {idx}: {names}, Total Cost: {cost}")
else:
    print("Keine Kombinationen gefunden, die das Budget zwischen"
          f"{min_threshold} und {max_budget} ausnutzen.")
```

Die möglichen Projektkombinationen unter Wahrung des Budgets sehen wie folgt aus:

```
Gültige Kombinationen mit Budget zwischen 320000.0 und 400000:
Kombination 1: ('A', 'B', 'C'), Total Cost: 330000
Kombination 2: ('A', 'B', 'D'), Total Cost: 370000
Kombination 3: ('A', 'B', 'E'), Total Cost: 400000
Kombination 4: ('A', 'C', 'E'), Total Cost: 330000
Kombination 5: ('A', 'D', 'E'), Total Cost: 370000
Kombination 6: ('B', 'C', 'D'), Total Cost: 350000
Kombination 7: ('B', 'C', 'E'), Total Cost: 380000
Kombination 8: ('C', 'D', 'E'), Total Cost: 350000
```

## 11. Aufgabe

```
from itertools import accumulate
from typing import (Iterator, Tuple, Callable,
                    Iterable)

# Fiktive Kurse für ein Jahr (12 Monate)
fiktive_kurse = [11.0, 10.5, 11.2, 10.8, 11.5,
                 12.0, 11.6, 12.2, 11.8, 12.5,
                 13.0, 12.8]
```

```
# Regelmäßiger Sparplan: Jeden Monat für 100€ Aktien kaufen
sparbetrag: int = 100
anzahl_kaeufe: int = 12

def sum_plus_durchschnittskurs(
    akkumulierte_aktien: Iterable[
        Tuple[int, float]]) -> Iterator[
        Tuple[int, float, float, float, float]]:
    gesamt_kurs: float = 0
    for monat, aktien_anzahl in akkumulierte_aktien:
        gesamt_kurs += fiktive_kurse[monat - 1]
        gleit_durchschn: float = gesamt_kurs / monat
        depotwert: float = (aktien_anzahl *
                            fiktive_kurse[monat - 1])
        durchschnittskurs: float = (monat *
                                    sparbetrag /
                                    aktien_anzahl)
        yield (monat, aktien_anzahl, durchschnittskurs,
               gleit_durchschn, depotwert)

def aktienkauf(sparbetrag: int) -> Callable[[float],
                                             float]:
    def anz_aktion_und_kurswert(kurs: float) -> float:
        return sparbetrag / kurs
    return anz_aktion_und_kurswert

aktien_kauf_pro_monat: Iterable[float] = map(
    aktienkauf(sparbetrag), fiktive_kurse)
akkumulierte_aktien: Iterable[Tuple[int, float]] = (
    enumerate(accumulate(aktien_kauf_pro_monat), 1))

erg: Iterator[Tuple[int, float, float, float,
                    float]] = sum_plus_durchschnittskurs(
    akkumulierte_aktien)

print(f"{'Monat':<6} {'Anzahl':<9} {'Durch-':<14} "
      f"{'Gleit-':<13} {'Wert des':<10}")
print(f"{'Monat':<6} {'Aktien':<9} {'schnitts-':<14} "
      f"{'Durch-':<13} {'Depots':<10}")
print("-" * 58)
for monat, akt_anz, durchschn, gleit_durchschn, depot in erg:
    print(f"{monat:<4} {akt_anz:7.2f} {durchschn:11.2f} "
          f"     {gleit_durchschn:8.2f}     {depot:11.2f}")
```

Die formatierte Ausgabe sieht wie folgt aus:

```
Monat  Anzahl   Durch-       Gleit-       Wert des
Monat  Aktien   schnitts-    Durch-       Depots
----------------------------------------------------------
1        9.09     11.00        11.00        100.00
2       18.61     10.74        10.75        195.45
3       27.54     10.89        10.90        308.48
4       36.80     10.87        10.88        397.47
5       45.50     10.99        11.00        523.23
6       53.83     11.15        11.17        645.98
7       62.45     11.21        11.23        724.45
8       70.65     11.32        11.35        861.92
9       79.12     11.37        11.40        933.66
10      87.12     11.48        11.51       1089.04
11      94.82     11.60        11.65       1232.61
12     102.63     11.69        11.74       1313.64
```

Dieser Code simuliert einen regelmäßigen Sparplan zum Kauf von Aktien über ein Jahr und berechnet verschiedene finanzielle Kennzahlen wie den Durchschnittskurs, den gleitenden Durchschnitt und den Depotwert.

- `fiktive_kurse`: Eine Liste von fiktiven Aktienkursen für 12 Monate.
- `sparbetrag`: Der Betrag in Euro, der jeden Monat investiert wird.
- `sum_plus_durchschnittskurs`: Eine Generator-Funktion, die verschiedene Kennzahlen für den Sparplan berechnet und ausgibt. Die Variable `durchschnittskurs` berechnet sich wie folgt: Der gesamte investierte Betrag, also das Produkt aus den Monaten und dem Sparbetrag, wird durch die insgesamt gekaufte Anzahl an Aktien (`aktien_anzahl`) geteilt. Dies entspricht dem Kurs, zu dem man die Aktien gekauft hätte, wenn man alle Aktien zum aktuellen Kurs auf einmal gekauft hätte.
- `aktienkauf`: Eine Funktion, die für einen bestimmten Sparbetrag eine Funktion liefert, die für einen bestimmten Kurs berechnet, wie viele Aktien man erhält.
- `aktien_kauf_pro_monat`: Ein Iterator, der die Anzahl der gekauften Aktien für jeden Monat liefert. Da immer für den gleichen Betrag eingekauft wird, werden mehr Aktien gekauft, wenn der Kurs günstig, also niedrig ist, und weniger, wenn der Kurs hoch ist.
- `akkumulierte_aktien`: Eine Liste, die die akkumulierte Anzahl der gekauften Aktien über die Monate enthält.
- `erg`: Eine Liste von Ergebnissen, die die verschiedenen Kennzahlen für den Sparplan enthält.

Die Ausgabe des Programms zeigt die monatlichen Kennzahlen in tabellarischer Form.

## 12. Aufgabe

```python
from itertools import accumulate, tee
import random

# Regelmäßiger Sparplan: Jeden Monat für 100€ Aktien kaufen
sparbetrag = 100
anzahl_kaeufe = 12
```

```
# aktienkurssimulator:
start_wert = 21.3
zeiteinheiten = 12
volatilitaet = 10
eps = 2.1

def aktienkurssimulator(start_wert, zeiteinheiten, volatilitaet, eps):
    aktueller_wert = start_wert
    for zeit in range(1, zeiteinheiten + 1):
        aenderungsprozent = random.uniform(-volatilitaet, volatilitaet)
        ↪ + eps
        aenderung_betrag = aktueller_wert * aenderungsprozent / 100

        aktueller_wert += aenderung_betrag
        aktueller_wert = round(aktueller_wert, 2)

        yield zeit, aktueller_wert


def sum_plus_durchschnittskurs(akkumulierter_aktienbestand,
↪ fiktive_kurse):
    for monat, aktien_anzahl in akkumulierter_aktienbestand:
        aktueller_kurs = next(fiktive_kurse)
        depotwert = aktien_anzahl * aktueller_kurs
        durchschnittskurs = monat * sparbetrag / aktien_anzahl
        yield (monat,
               aktien_anzahl,
               aktueller_kurs,
               durchschnittskurs,
               depotwert)

def aktienkauf(sparbetrag):
    def anz_aktion_und_kurswert(kurs):
        return sparbetrag / kurs
    return anz_aktion_und_kurswert


# erzeuge simulierte kurswerte
simu = aktienkurssimulator(start_wert, zeiteinheiten, volatilitaet,
↪ eps)
# wir benötigen die Kurswerte zweimal:
simu1, simu2 = tee(map(lambda x: x[1], simu), 2)

aktien_kauf_pro_monat = map(aktienkauf(sparbetrag),
                            simu1)
```

```
akkumulierter_aktienbestand =
↪ enumerate(accumulate(aktien_kauf_pro_monat), 1)
erg = sum_plus_durchschnittskurs(akkumulierter_aktienbestand, simu2)

# Ausgabe der Ergebnisse
print(f"{'Monat':<6} {'Anzahl':<7} {'Aktueller-':<11} ",
      f"{'Durchschnitts-':<14} {'Wert des':<10}")
print(f"{'':<6} {'Aktien':<7} {'kurs':<11} "
      f" {'kurs':<14} {'Depots':<10}")
print("-" * 51)
for monat, akt_anz, akt_kurs, durchschnittskurs, depot in erg:
    print(f"{monat:<6} {akt_anz:<7.2f} {akt_kurs:<8.2f}"
          f"     {durchschnittskurs:<14.2f} {depot:<10.2f}")
```

Die formatierte Ausgabe sieht wie folgt aus:

```
Monat  Anzahl  Aktueller-   Durchschnitts- Wert des
       Aktien  kurs         kurs           Depots
---------------------------------------------------
1      4.24    23.57        23.57          100.00
2      8.14    25.69        24.58          208.99
3      11.98   26.00        25.04          311.52
4      16.03   24.68        24.95          395.70
5      20.23   23.81        24.71          481.75
6      24.44   23.76        24.55          580.74
7      28.96   22.12        24.17          640.66
8      33.09   24.23        24.18          801.77
9      37.31   23.67        24.12          883.24
10     41.28   25.20        24.22          1040.33
11     45.05   26.56        24.42          1196.47
12     48.74   27.09        24.62          1320.35
```

## 13. Aufgabe

Zur Findung aller teilerfremden Paare in einem bestimmten Bereich müssen wir zunächst alle möglichen Paare in diesem Bereich bestimmen. Statt alle Paare auf einmal in einer Liste zu erzeugen, benutzen wir dazu den Iterator `combinations` von `itertools`. `combinations(range(1, grenze), 2)` ist ein Iterator, der alle möglichen Paare von Zahlen $(a, b)$ aus dem Bereich von 1 bis `limit` erzeugt, wobei $a < b$ gilt. Zur Berechnung des gemeinsamen Teilers zweier Zahlen benutzen wir die Funktion `gcd`, die mittels des Euklidischen Verfahrens implementiert ist.

**Mathematisches:** Der Algorithmus basiert auf der Tatsache, dass der ggT von zwei Zahlen *a* und *b* gleich dem ggT von *b* und dem Rest der Division von *a* durch *b* ist (also $a \mod b$). Der Algorithmus wiederholt diesen Schritt, bis der Rest null ist. Zu diesem Zeitpunkt ist der ggT der zuletzt nicht-null Rest.

Schritte des Algorithmus:

1. **Eingabe**: Zwei natürliche Zahlen $a$ und $b$, wobei $a \geq b$.
2. **Schritt 1**: Berechne den Rest $r$ der Division von $a$ durch $b$ (also $r = a \mod b$).
3. **Schritt 2**: Ersetze $a$ durch $b$ und $b$ durch $r$.
4. **Schritt 3**: Wiederhole die Schritte 1 und 2, bis $b = 0$.
5. **Ausgabe**: Wenn $b = 0$ ist, ist der ggT der Wert von $a$.

```
from itertools import filterfalse, combinations
import math

def gcd(a, b):
    if b:
        return gcd(b, a%b)
    return a

def find_coprime_pairs(limit):
    pairs = combinations(range(1, limit), 2)
    coprimes = filterfalse(lambda pair: gcd(pair[0], pair[1]) != 1,
                           pairs)
    return coprimes

limit = 11
coprimes = find_coprime_pairs(limit)
for pair in coprimes:
    print(pair)
```

Die teilerfremden Paare bis zum Limit:

```
(1, 2)
(1, 3)
(1, 4)
(1, 5)
(1, 6)
(1, 7)
(1, 8)
(1, 9)
(1, 10)
(2, 3)
(2, 5)
(2, 7)
(2, 9)
(3, 4)
(3, 5)
(3, 7)
(3, 8)
(3, 10)
(4, 5)
(4, 7)
(4, 9)
(5, 6)
(5, 7)
```

```
(5, 8)
(5, 9)
(6, 7)
(7, 8)
(7, 9)
(7, 10)
(8, 9)
(9, 10)
```

## 14. Aufgabe

```python
import itertools
from collections import Counter

# Dictionary mit Personen und den Städten, die sie besucht haben
personen_stadt = {
    'Sarah': {'Paris', 'London', 'New York', 'Tokyo', 'Sydney'},
    'Ernesto': {'Paris', 'London', 'New York', 'Madrid'},
    'Susi': {'Paris', 'Hamburg', 'Berlin', 'Wien'},
    'Frank': {'Paris', 'Hamburg', 'Berlin', 'London'},
    'Maria': {'Paris', 'London', 'Basel', 'Madrid', 'Berlin'}
}

# Verwende itertools.chain, um alle Sets von Städten in eine einzelne
→ Iterable zu kombinieren
alle_staedte = itertools.chain.from_iterable(personen_stadt.values())

# Verwende collections.Counter, um die Häufigkeit der Städte zu zählen
stadt_zaehlen = Counter(alle_staedte)

# Ausgabe der Stadtvorkommen
print("Häufigkeit jeder Stadt:")
for stadt, anzahl in stadt_zaehlen.items():
    print(f"{stadt}: {anzahl}")
```

Zustimmungen zu den Städten:

```
Häufigkeit jeder Stadt:
London: 4
New York: 2
Sydney: 1
Paris: 5
Tokyo: 1
Madrid: 2
Wien: 1
Berlin: 3
Hamburg: 2
Basel: 1
```

### 15. Aufgabe

```
from itertools import chain, compress
from collections import Counter

personen_stadt = {
    'Sarah': {'Paris', 'London', 'New York', 'Tokyo', 'Sydney'},
    'Ernesto': {'Paris', 'London', 'New York', 'Madrid'},
    'Susi': {'Paris', 'Hamburg', 'Berlin', 'Wien'},
    'Frank': {'Paris', 'Hamburg', 'Berlin', 'London'},
    'Maria': {'Paris', 'London', 'Basel', 'Madrid', 'Berlin'}
}

alle_staedte = chain.from_iterable(personen_stadt.values())
stadt_zaehlen = Counter(alle_staedte)

threshold = 3
for city, rate in filter(lambda x: x[1] >= threshold,
                         stadt_zaehlen.items()):
    print(city, rate)
```

Die beliebtesten Städte:

```
London 4
Paris 5
Berlin 3
```

## 18.13 Lösungen zu Kapitel 12 (Komposition von Funktionen)

### 1. Aufgabe

```
def compose(*callables):
    def composition(x):
        for callable in callables:
            x = callable(x)
        return x

    return composition

def days2hours(days):
    """A function converting days to hours."""
    return days * 24
```

```python
def hours2minutes(hours):
    """A function converting hours to minutes"""
    return hours * 60

def minutes2seconds(minutes):
    """A function converting minutes to seconds"""
    return minutes * 60

print(compose(minutes2seconds, hours2minutes, days2hours)(5))
```

Ausgabe:

```
432000
```

## 2. Aufgabe

```python
def compose(*callables):
    def composition(x):
        for callable in callables:
            x = callable(x)
        return x
    return composition

def hours2days(hours):
    """ A function converting hours to days. """
    return hours / 24

def minutes2hours(minutes):
    """ A function converting minutes to hours """
    return minutes / 60

def seconds2minutes(seconds):
    """ A function converting seconds to minutes"""
    return seconds / 60

print(compose(hours2days, minutes2hours, seconds2minutes)(432000))
```

Ausgabe:

```
5.0
```

Die folgende alternative Lösung verwendet `lambda`, um den gleichen Effekt zu erzielen:

```python
print(compose(lambda x: x/60, lambda x: x/60, lambda x: x/24)(432000))
```

Ausgabe:

```
5.0
```

### 3. Aufgabe

```
import os

def file_size(file_path):
    """Gibt die Größe einer Datei in Byte zurück."""
    return os.path.getsize(file_path)

def directory_size(directory_path):
    """Berechnet rekursiv die Größe eines Verzeichnisses."""
    total_size = 0
    for entry in os.scandir(directory_path):
        if entry.is_file():
            total_size += file_size(entry.path)
        elif entry.is_dir():
            total_size += directory_size(entry.path)
    return total_size

def format_size(size_in_bytes):
    """Formatiert die Größe in lesbare Einheiten."""
    if size_in_bytes < 1024:
        return f"{size_in_bytes} bytes"
    elif size_in_bytes < 1024 ** 2:
        return f"{size_in_bytes / 1024:.2f} KB"
    elif size_in_bytes < 1024 ** 3:
        return f"{size_in_bytes / 1024 ** 2:.2f} MB"
    else:
        return f"{size_in_bytes / 1024 ** 3:.2f} GB"

def compose(g, f):
    def h(x):
        return g(f(x))
    return h

# Erstellen Sie eine Funktion, die die Verzeichnisgröße berechnet und
↪ das Ergebnis formatiert
formatted_directory_size = compose(format_size, directory_size)

# Beispiel: Berechnung der Größe eines Verzeichnisses
directory_path = '/home/giovanni/TeX/'  # Ersetzen Sie diesen Pfad
↪ durch den tatsächlichen Pfad
print(f"Größe des Verzeichnisses:
↪ {formatted_directory_size(directory_path)}")
```

Ausgabe:

```
Größe des Verzeichnisses: 195.98 KB
```

# 18.14 Lösungen zu Kapitel 13 (Currying in Python)

### 1. Aufgabe

### 2. Aufgabe

```
def filter_by_length(max_length):
    def inner_filter(strings):
        return [string for string in strings if len(string) <=
        ↪  max_length]
    return inner_filter

# Beispielverwendung
filter_length_5 = filter_by_length(5)
strings = ["apple", "banana", "orange", "grape", "kiwi"]

# Filtern der Liste von Strings mit Längenbeschränkung von 5
filtered_strings = filter_length_5(strings)
print(filtered_strings)
```

Ausgabe:

```
['apple', 'grape', 'kiwi']
```

Die obige Lösung kann auch unter Verwendung von `map`, `filter` und `reduce` implementiert werden:

```
from functools import reduce

def filter_by_length(max_length):
    def inner_filter(strings):
        return reduce(lambda acc, string: acc + [string],
        ↪  filter(lambda string: len(string) <= max_length, strings),
        ↪  [])
    return inner_filter

# Example usage
filter_length_5 = filter_by_length(5)
strings = ["apple", "banana", "orange", "grape", "kiwi"]

# Filter the list of strings with a length limit of 5 using map,
↪  filter, and reduce
filtered_strings = filter_length_5(strings)
print(filtered_strings)
```

Ausgabe:

```
['apple', 'grape', 'kiwi']
```

## 18.15 Lösungen zu Kapitel 14 (Funktionale Emulation von OOP-Konzepten)

### 1. Aufgabe

```
class Bibliothekskatalog:
    def __init__(self):
        # Initialisiere ein leeres Wörterbuch für die Bücher
        self.bücher = {}

    def buch_hinzufügen(self, titel, autor):
        # Füge ein Buch zum Katalog hinzu
        self.bücher[titel] = autor

    def buch_entfernen(self, titel):
        # Entferne ein Buch aus dem Katalog
        if titel in self.bücher:
            del self.bücher[titel]
            print(f"Buch '{titel}' wurde aus dem Katalog entfernt.")
        else:
            print(f"Buch '{titel}' ist nicht im Katalog vorhanden.")

    def bücher_finden_nach_autor(self, autor):
        # Finde Bücher nach Autor
        gefunden_bücher = [titel for titel, auth in self.bücher.items()
         ↪  if auth == autor]
        return gefunden_bücher

    def autor_finden_nach_buch(self, titel):
        # Finde den Autor eines Buches
        if titel in self.bücher:
            return self.bücher[titel]
        else:
            return f"Autor von '{titel}' ist nicht im Katalog
             ↪  gefunden."

    def katalog_anzeigen(self):
        # Zeige den Katalog an
        print("Katalog:")
        for titel, autor in self.bücher.items():
            print(f"- {titel} von {autor}")


# Teste die Bibliothekskatalog-Klasse
bibliothek = Bibliothekskatalog()
```

```
# Füge Bücher zum Katalog hinzu
bibliothek.buch_hinzufügen("Homo Faber", "Max Frisch")
bibliothek.buch_hinzufügen("Der Prozess", "Franz Kafka")
bibliothek.buch_hinzufügen("Buddenbrooks", "Thomas Mann")

# Zeige den Katalog an
bibliothek.katalog_anzeigen()

# Finde Bücher nach Autor
print("\nBücher von Max Frisch:",
↪ bibliothek.bücher_finden_nach_autor("Max Frisch"))

# Finde Autor nach Buch
print("\nAutor von 'Homo Faber':",
↪ bibliothek.autor_finden_nach_buch("Homo Faber"))
print("Autor von 'Der Prozess':",
↪ bibliothek.autor_finden_nach_buch("Der Prozess"))

# Entferne ein Buch
bibliothek.buch_entfernen("Buddenbrooks")

# Zeige den Katalog erneut an
bibliothek.katalog_anzeigen()
```

Ausgabe:

```
Katalog:
- Homo Faber von Max Frisch
- Der Prozess von Franz Kafka
- Buddenbrooks von Thomas Mann

Bücher von Max Frisch: ['Homo Faber']

Autor von 'Homo Faber': Max Frisch
Autor von 'Der Prozess': Franz Kafka
Buch 'Buddenbrooks' wurde aus dem Katalog entfernt.
Katalog:
- Homo Faber von Max Frisch
- Der Prozess von Franz Kafka
```

## 2. Aufgabe

```
def Librarycatalogue():

    books = {}

    def self():
        return None
```

```
    # Namen der zu exportierenden verschachtelten Funktionen
    methods = ['add_book', 'remove_book', 'find_books_by_author',
               'find_author_by_book', 'display_catalogue']

    def add_book(title, author):
        books[title] = author

    def remove_book(title):
        if title in books:
            del books[title]
            print(f"Buch '{title}' aus dem Katalog entfernt.")
        else:
            print(f"Buch '{title}' ist nicht im Katalog.")

    def find_books_by_author(author):
        found_books = [title for title, auth in books.items() if auth
         ↪  == author]
        return found_books

    def find_author_by_book(title):
        if title in books:
            return books[title]
        else:
            return f"Autor von '{title}' ist nicht im Katalog
             ↪  gefunden."

    def display_catalogue():
        print("Katalog:")
        for title, author in books.items():
            print(f"- {title} von {author}")

    # Erstellung von Attributen der verschachtelten Funktionsnamen zu
     ↪  self
    for method in methods:
        self.__dict__[method] = eval(method)

    return self


# Testen der Klasse Librarycatalogue
library = Librarycatalogue()

# Bücher zum Katalog hinzufügen
library.add_book("Homo faber", "Max Frisch")
library.add_book("Das Kalkwerk", "Thomas Bernhard")
library.add_book("Die Verwandlung", "Franz Kafka")
```

```
# Den Katalog anzeigen
library.display_catalogue()

# Bücher nach Autor finden
print("\nBücher von Thomas Bernhard:",
↪ library.find_books_by_author("Thomas Bernhard"))

# Autor nach Buch finden
print("\nAutor von 'Homo faber':", library.find_author_by_book("Homo
↪ faber"))
print("Autor von 'Das Kalkwerk':", library.find_author_by_book("Das
↪ Kalkwerk"))

# Ein Buch entfernen
library.remove_book("Das Kalkwerk")

# Den Katalog erneut anzeigen
library.display_catalogue()
```

Ausgabe:

```
Katalog:
- Homo faber von Max Frisch
- Das Kalkwerk von Thomas Bernhard
- Die Verwandlung von Franz Kafka

Bücher von Thomas Bernhard: ['Das Kalkwerk']

Autor von 'Homo faber': Max Frisch
Autor von 'Das Kalkwerk': Thomas Bernhard
Buch 'Das Kalkwerk' aus dem Katalog entfernt.
Katalog:
- Homo faber von Max Frisch
- Die Verwandlung von Franz Kafka
```

## 3. Aufgabe

```
from functools import wraps

def copy_parent_attributes(objekt, elternklassenname):
    attribute = [attr for attr in objekt.__dict__ if not
    ↪ attr.startswith('__')]
    präfix = f'_{elternklassenname}__'
    for attr_name in attribute:
        print(attr_name)
        attr_wert = getattr(objekt, attr_name)
        setattr(objekt, f'{präfix}{attr_name}', attr_wert)
```

```
def erben(klasse, *args, **kwargs):
    self = klasse(*args, **kwargs)
    # Alle Attribute von Instrument werden an self angehängt:
    self = wraps(self)(self)
    copy_parent_attributes(self, klasse.__name__)
    return self

def Instrument(name):
    """
    Diese Funktion simuliert eine Klasse für ein Musikinstrument.
    """
    def self():
        """
        Initialisiert ein neues Instrument mit dem angegebenen Namen.
        """
        return None

    def spielen():
        """
        Spielt das Instrument.
        """
        print(f"Spiele {self.name}")

    def stimmen():
        """
        Stimmt das Instrument.
        """
        print(f"Stimme {self.name}")

    self.name = name
    self.spielen = spielen
    self.stimmen = stimmen

    return self

def Gitarre(name, num_saiten):
    """
    Diese Funktion simuliert eine Klasse Gitarre, die ein
    ↪ Musikinstrument ist
    und von Instrument erbt.
    """

    self = erben(Instrument, name)

    self.num_saiten = num_saiten
```

```
        def stimmen():
            """
            Stimmt die Gitarre, indem ihre Saiten gestimmt werden.
            """
            self._Instrument__stimmen()
            print("Spezifischer:")
            print(f"Stimme Saiten von {self.name}")

        def zupfen():
            """
            Zupft die Saiten der Gitarre.
            """
            print(f"Zupfe {self.num_saiten} Saiten von {self.name}")

        self.stimmen = stimmen      # Alte Methode wird überschrieben
        self.zupfen = zupfen        # Neue Methode

        return self

# Instanziierung eines Gitarrenobjekts
meine_gitarre = Gitarre("Akustikgitarre", 6)

# Aufruf überschriebener Methoden
meine_gitarre.stimmen()
meine_gitarre.spielen()
meine_gitarre.zupfen()
```

Ausgabe:

```
name
spielen
stimmen
Stimme Akustikgitarre
Spezifischer:
Stimme Saiten von Akustikgitarre
Spiele Akustikgitarre
Zupfe 6 Saiten von Akustikgitarre
```

# Stichwortverzeichnis

**A**
Abstraktion 160
accumulate → itertools
Aktienkurssimulator 209
all 107
Anagramm
– als Beispiel einer Permutation 189
Ausnahme
– StopIteration 177

**B**
bipartiter Graph 260
Bytesequenz 20

**C**
__call__ 119
callable 119
chain → itertools
chain.from_iterable → itertools
ChainMap 42
Church, Alonzo 51
close-Methode
– Generator 201
Closure 126, 163
collections
– ChainMap 42
– Counter 44
combinations → itertools
combinations_with_replacement → itertools
compress → itertools
count → itertools
Counter 44
Currying in Python XII, 8, 143, 334
cycle → itertools
– effiziente Implementierung 238

**D**
Decorator → Dekorator
Definition einer Variablen 13
Dekoration
– mehrfach 114
– mit Klasse 119
Dekoration von Generatoren → Generatoren
Dekorator XII, 8, 51, 93, 99, 123, 124, 290
– Anwendungsfälle 107
– Ausführungszeiten 123
– Caching 103
– Einführung 99
– Funktionsdekorator 99
– Klassendekorator 99
– logging 123
– mehrfache Dekoration 114
– Memoisation 126
– mit Parametern 109
– Profiling 103
– Validierung 107
– zum Logging 103
– zur Authentifizierung 103
– zur Erweiterung der Funktionalität 103
– zur Überprüfung von Funktionsargumenten 107
dictionary-Komprehension 223
__doc__
– bei Dekoratoren 112
dropwhile → itertools

**E**
Endlos-Generator 185
erster-Klasse-Objekte XII, 87, 98, 281, 289
Euklidischer Algorithmus 328

**F**
Fabrikfunktion 95
Fakultät 76
– iterativ 77
– rekursiv 77
Fakultätsfunktion
– Fakultät 76
fib 81
Fibonacci 81
Fibonacci-Folge → Fibonacci-Zahlen
Fibonacci-Zahlen 207
– formale mathematische Definition 81
– Generator 207, 308
– rekursive Berechnung mit Dekoratoren 126
– rekursive Funktion 81
filter 214
filterfalse 328, → itertools
First-class function XII, 87, 98, 281, 289
first-class-Objekte XII, 87, 98, 281, 289
firstn-Generator 185
float 17
for-Schleife
– StopIteration 177
functools.lru_cache 129
funktionale Programmierung 47
Funktionen 8, 53
– als Argumente 92
– erster-Klasse-Objekt XII, 87, 98, 281, 289
– Fabrikfunktionen 95
– freie Variablen 59
– Geraden 160
– globale Variablen 59
– Gültigkeit von Variablen 60
– Imitation von Klassen 160
– in Datenstrukturen 89
– in Dictionary 89
– in Listen 89
– verschachtelte Funktionen 93
– Zuweisung an Variable 88
Funktionsabschluss 126
Funktionsdekorator → Dekorator

**G**
ganze Zahlen 17
Generator
– Aktienkurssimulator 209
– close-Methode 201
– Endlosschleife 184
– firstn 185
– frange 208
– isclice zur Ausgabe von unendlichen Generatoren 185
– pair_sum 208, 209
– pendulum 208
– Permutationen 188
– round_robin 208
– unendlich 184
– yield 180
– zur Erzeugung von Variationen 189
Generator-Ausdrücke 191
Generator-Comprehension 222
Generatoren
– Allgemein 175
– Dekoration von Generatoren 206
– flatten 193
– return 193
– send 196
– throw-Methode 202
Generatoren-Abstraktion 222
Generator-Objekt → Generatoren
Geraden
– Erzeugung durch Funktion 160
– Erzeugung durch Klasse 160
Graph 268
– benachbarte Knotenpaare 268
Graph, bipartit 260
groupby → itertools

**H**
Haskell 49

**I**
if
– ternär 28
Imperative Programmierung 50
int 17
islice 185, → itertools
– als Ersatz für firstn 185
is_prime 107
iter 175, 177
iterable → iterierbar
Iteration
– for-Schleife 177
Iteratoren XII, 9, 175, 211, 304
– for-Schleife 177
– unendliche 230
iterierbar 176
itertools XII, 9, 37, 185, 229, 274–277, 316
– accumulate 244
– chain 234
– chain.from_iterable 234
– combinations 265, 328
– combinations_with_replacement 269
– compress 246

– count 231
– cycle 237
– dropwhile 248
– filterfalse 251, 328
– groupby 252
– islice 185, 241
– pairwise 254
– permutations 262
– product 260
– repeat 240
– starmap 258
– takewhile 249
– tee 237
– Übersicht 37, 229
– zip_longest 258

**J**

JavaScript 49

**K**

Kapselung 160
Klasse 160
Klassendekoration 120
Klassendekorator 119, → Dekorator
Kombination 189
Komposition XII, 8, 137, 160, 331

**L**

lambda 71, 214
– Argumentenliste 72
– Default-Werte 72
Lambda-Kalkül 51
Lebrone
– Hybrid zwischen Zebra und Löwe 159
leet 292
leet-speak 292
Leonardo von Pisa → Fibonacci-Zahlen
Levenshtein-Distanz 132
Liber Abaci 81
Lisp 49
List Comprehension
– Kreuzprodukt 220
– pythagoreisches Tripel 220
– Sieb des Eratosthenes 221
– Syntax 219
– Vergleich mit konventionellem Code 220
– Wandlung Celsius in Fahrenheit 220
– Weitere Beispiele 220
– zugrundeliegende Idee 220
list_iterator 177
Listen-Abstraktion
– Kreuzprodukt 220
– pythagoreisches Tripel 220
– Sieb des Eratosthenes 221
– Syntax 219
– Vergleich mit konventionellem Code 220
– Wandlung Celsius in Fahrenheit 220
– Weitere Beispiele 220
– zugrundeliegende Idee 220
Logische Programmierung 50

**M**

map 214
map_n 256
Marktstimmung 209
Memoisation XII, 8, 84, 85, 125, 131, 132, 298
– Längste Gemeinsame Teilsequenz 131
– lcs 131
– mit functools.lru_cache 129
– mit Klasse 129
Memoization → Memoisation
– Aufgaben 131
– Levenshtein-Distanz 132
– Rucksackproblem 131
Memoize 129
memoize-Funktion 126
Mengen-Abstraktion 222
Michie, Donald → Memoisation
Modularität 160
__module__
– bei Dekoratoren 112

**N**

__name__
– bei Dekoratoren 112
next 177
n_grams 256

**O**

Objekte 160
Objektorientierte Programmierung 49, 50
OOP XII, 9, 135, 159, 172, 335, → Objektorientierte Programmierung
– funktionale Emulation XII, 9, 135, 159, 172, 335

**P**

pairwise → itertools
Palindrom 232
PatternMatching
– Aufgabe 70
Pendelgenerator 208
Permutationen 188
– mit Wiederholungen 188
– ohne Wiederholungen 188

permutations → itertools
Permutations-Generator 188
Polynom-Fabrikfunktion 95
Prädikat 248
product → itertools
Programmierparadigmen 49
– Kategorisierung 50
– Übersicht 49

**Q**
Quadratpalindrom 232

**R**
random-Methode
– sample 191
reduce 214
Referenzen 13
Rekursion XII, 75, 85–87, 285
– baumartige 77
– gegenseitige 77
– indirekte 77
– linear 77
– wechselseitige 77
Rekursionsanfang 76
Rekursionsverankerung 76
rekursiv XII, 75, 85–87, 285
Rekursive Funktionen XII, 75, 85–87, 285
round_robin 208

**S**
sample 191
Scala 49
Schleifen 29
– for 29
– Schleifenkörper 29
– while 29
sentiment 209
set comprehension 222
Sieb des Eratosthenes 221
slice 241
sorted 73
– Dateinamen ohne Prefix sortieren 74
Speisekartengenerierung 265
starmap → itertools
StopIteration 177

**T**
takewhile → itertools
tee → itertools
Teilbereichsoperator 19
– Listen 19
ternäres if 28
throw-Methode
– Generatoren 202

**U**
Unendliche Iteratoren 230

**V**
Variable 13
– freie 59
– globale 59
– in verschachtelten Funktionen 60
– lokale 59
– Referenzen 13
Variablen
– nonlocal 62
Variablennamen
– Binnenversalien 15
– CamelCase 15
– gültige 15
– Konventionen 15
Variation 189
Vererbung 160
verschachtelte Funktionen 93

**W**
wraps
– Mehrfachdekoration 115
wraps-Dekorator 113

**Y**
yield 180

**Z**
zip-Funktion 224
zip-Klasse 224
zip_longest → itertools
Zuweisung 13